西部农村失独老人互助养老的模式研究

郭会宁　著

黄河出版传媒集团
阳　光　出　版　社

图书在版编目（CIP）数据

西部农村失独老人互助养老的模式研究 / 郭会宁著
．—银川 ：阳光出版社，2022.11

ISBN 978-7-5525-6670-3

Ⅰ．①西… Ⅱ．①郭… Ⅲ．①农村—养老—服务模式—研究—中国Ⅳ．①F323.89

中国国家版本馆 CIP 数据核字（2023）第 001024 号

西部农村失独老人互助养老的模式研究　郭会宁　著

责任编辑　赵维娟
封面设计　董　欣
责任印制　岳建宁

黄河出版传媒集团
阳光出版社　出版发行

出 版 人　薛文斌
地　　址　宁夏银川市北京东路 139 号出版大厦（750001）
网　　址　http://www.ygchbs.com
网上书店　http://shop129132959.taobao.com
电子信箱　yangguangchubanshe@163.com
邮购电话　0951-50141391
经　　销　全国新华书店
印刷装订　西安日报社印务中心
印刷委托书号　（宁）0027100

开　　本　710 mm×1000 mm　1/16
印　　张　15.5
字　　数　280 千字
版　　次　2023 年 9 月第 1 版
印　　次　2023 年 9 月第 1 次印刷
书　　号　ISBN 978-7-5525-6670-3
定　　价　50.00 元

前言

PREFACE

随着老年人口的快速增长，人口老龄化已经成为21世纪人类面对的重要挑战。根据联合国的统计数据显示，截至2015年年底，全球60岁及以上的老人数量为9.01亿，占全球人口总数的12.5%。2020年年底，我国开展了第七次全国人口大普查，其中60岁及以上人口有2.64亿多，占当时全国总人口的18.70%。预计到2050年，全球老年人口数量将近21亿，占全球总人口的比例将会提升至25%。届时，我国老年人口也会快速增长，这也将成为我国人口和社会发展的瓶颈。中国的养老问题已经迫在眉睫。因此，在2020年《中共中央关于制定国民经济和社会发展第十四个五年规划和二〇三五年远景目标的建议》中，要求“实施积极应对人口老龄化国家战略”。

有一类特殊的老人，被学界称为“失独老人”，失独老人是指失去独生子女的老人群体。自21世纪初起，国家、社会和学界开始关注这个老人群体的养老问题。国家制定的相关制度、政策，学界以及基层力量的持续关注与帮助和失独老人自身的努力，使得这一群体的基本养老有了一定的保障，但与其他老人群体相比，失独老人的养老方式单一，养老的质量有待提高。对这一群体的老人不能在政策、制度上一概而论或者“一刀切”，需要依据不同的情况细化，在普惠性政策的引导下，探索差异化的养老方式。在此背景下，本书将西部农村失独老人作为研究对象，并与国家提倡的互助式养老相结合，探索这类老人互助养老的新模式，不断深化和完善我国养老制度。

本书在深入研究我国人口变化、发展情况的基础上，就产生失独老人这一群体的政策性因素和其他社会因素进行了详尽的阐述，并梳理了学界十几年对失独老人关注与帮助性研究的成果，为与互助养老的结合研究提供理论基础。随后本书对我国各地区失独老人的养老政策形成与落实情况进行了分析，发现东部与中西部的经济发展差异影响着各地对待失独老人的政策。以扶助金为例，东部地区的扶助金普遍较高，中西部地区与东部地区相比还存在一定的差距。除此以外，本书还对国内外互助养老的理论与实践进行了对比研究，从德国、美国等国家的互助养老模式中得到相关的研究经验。由于国内互助养老起步较晚，相关的理论研究并不多。但是，在互助实践方面，国内近年来有很多值得研究的模式，如河北肥乡的互助幸福院模式，浙江安吉县的“互助服务 + 老年餐桌 + 老年电视大学”模式，上海农村的“互助服务 + 睦邻”模式，吉林省私立养老院的托养互助服务模式等。这些宝贵的理论与实践模式为西部农村失独老人互助养老提供了重要参考。

本书的重要内容之一是探索适合西部农村失独老人的互助养老模式，根据西北山区、西南山区和西部城市近郊地区的不同地理环境、经济收入和养老需求，调查了这些地区失独老人的互助养老意愿和参与“一对一”家庭医生签约服务的意愿，并进行深入的分析。在此基础上，针对西南山区、西北山区和西部城市近郊地区分别构建了自发互助模式、政府主导互助模式和半市场化互助模式，并以此丰富我国农村互助养老的理论内容。

本书的出版得到了教育部人文社科青年项目“西部农村失独老人互助养老的模式研究”(项目编号: 20YJC840013)的资助，同时还得到了西京学院马克思主义学院和西京学院科研处的关心与支持，在此表示真诚的感谢。同样，感谢课题组其他成员的付出。

老龄化问题是全球性问题，亦是中国的重大国家战略问题，学界同仁在不断探索，本研究团队在积极探索的过程中也在不断成长。本书所述的理论知识、逻辑关系以及研究发展等方面都可能存在不足，缺点、错误在所难免。此书出版意在抛砖引玉，在探索中前进。因此，敬请各位专家、读者批评指正。

郭会宁

2022 年 1 月 27 日

目录

CONTENT

第一章

我国失独群体形成的概述

第一节 新中国成立后我国人口发展情况

在中国古代几千年的社会发展历程中，人口的增长一直是较为缓慢的，直到清朝，人口才进入了一个较快的发展期。从1840—1949年这109年中，中国人口从4.1亿增长到了5.4亿，约增加了1.3亿人，年均净增不到120万人，这一时期的年均自然增长率只有2.6‰。由此可以看出，在新中国成立之前的100年里，中国人口的数量增速缓慢，同时也呈现出周期性、不平衡性的特点，人口结构不合理、质量水平较低，属于典型的高出生率、高死亡率和低自然增长率的原始人口再生长和传统人口再生产类型。

新中国成立之后，随着经济社会的健康发展，人民的生活水平得到了显著改善，医疗卫生事业也在不断进步，各种有利因素在推动着中国人口数量的大幅度增长，因此出现了人口结构显著改善、人口质量显著提升的情况。但是中国人口的发展，却同中国社会的发展一样，经过了一个漫长而曲折的过程。所幸在党和政府强有力的领导下，经过长期而不懈的努力，正逐渐步入健康发展的轨道。

作为世界人口最多的国家（截至2021年年底），我国人口增长在带来人口红利的同时，也一定程度上影响了国家社会经济的快速发展。为此，我国从20世纪70年代开始推行计划生育政策，在80年代将计划生育确定为基本国策并写入宪法。经过此后数十年的努力，我国的人口控制取得了举世瞩目的巨大成就，不过由于本身人口基数大，每年新增的人口数量仍然十分可观。因此，控制人口数量，提升人口素质，走可持续发展道路就成为了一条必由之路。

从总体发展来讲，新中国成立以来，我国的人口发展历经了两个不同时期：其一，实行计划生育政策之前，这一时期人口的发展处于无计划和自发的高增长时期；其二，实行计划生育政策之后，这一时期人口发展是逐步走向有计划和可控制的平稳增长时期。这两个不同发展时期的区别，不仅表现在出生率与死亡率的变化上，而且还表现在人口发展模式转变，以及人口年龄结构的变化。①

① 沈长月、夏珑、石兵营、李平菊、谭琪：《失独家庭救助与社会支持网络体系研究》，华东理工大学出版社，2016，第8页。

一、人口总量的发展

国家统计局、国务院第七次全国人口普查领导小组办公室于2021年5月11日公布了第七次全国人口普查数据，根据公布的2021年中国人口最新数据显示，截至2020年年底，我国人口的总数达到了141 178亿，其中男性人口为72 334万人，女性人口为68 844万人，男性人口比女性人口多3490万。

很显然，人口的发展是同社会经济的发展密不可分的，根据社会经济发展的不同状况，基本上可以把我国人口总量的发展过程分为如下几个阶段。

（一）我国第一个人口高增长阶段（1949—1957年）

1949年之后社会趋于安定，经济持续发展，我国人民的生活水平和医疗卫生条件不断改善，人口的发展呈现出新的特征，即高出生率，大幅度下降的死亡率，而人口自然增长率也是一个高增长的状况。①

据资料显示，1949年时，全国人口出生率为36‰，而死亡率为20‰，人口的自然增长率为16‰，1949年年底全国的总人口为5.42亿。到了1957年，全国人口的死亡率已经下降到了10.8‰，自然增长率已经上升到了23.2‰，总人口也达到了6.47亿。在1949年至1957年的8年间，我国人口净增达1.05亿。新中国成立以后，我国人口出现了首次生育高峰。②

（二）人口低增长的阶段（1958—1961年）

由于当时国家对人口政策的调整，加上三年困难时期，致使这一时期的人口受到影响，出现了多次变动，在总体特征上表现为大起大落。

连续三年（1959年至1961年）的困难时期，使我国的经济发展受到极大影响，经济的波折又直接使人民的生活水平明显降低，导致人口的死亡率突增，出生率锐减。1959年当年，我国的人口死亡率就上升到了14.6‰，1960年则进一步上升到了25.4‰，而当时的人口出生率仅为20.9‰，人口自然增长率呈现大幅度下降趋势。其中，1960年和1961年，更是连续两年出现了人口负增长。总体来看，这一阶段全国的总人口由6.72亿下降到了6.59亿，减少了

---

① 沈长月、夏珑、石兵营、李平菊、谭琪：《失独家庭救助与社会支持网络体系研究》，华东理工大学出版社，2016，第8页。

② 张宁、吴雄、唐虹、刘碧：《中国农村养老保障的历史演进与现实考察》，西南财经大学出版社，2018，第40-43页。

1300万。

（三）第二个人口高增长阶段（1962—1970年）

经过三年困难时期，国民经济发展状况开始逐渐好转，生育环境的优化促使人口出生率迅速回升，同时期的人口增长也顺利进入到了新中国成立以来前所未有的一个高峰期，这一状况也一直持续到了20世纪70年代初。

在这一时期，我国的人口死亡率又重新下降到了10‰以下，并呈逐年稳步下降之势，到1970年更是下降到了7.6‰。因为出生率在上升而死亡率在下降，遂使这一阶段的人口年均自然增长率达到了27.5‰，9年期间净增人口达到了1.57亿，这就形成了新中国成立以后的“第二次人口生育高峰”。①

（四）人口有计划控制增长阶段（1971—1980年）

进入20世纪70年代，中国人口发展开始出现根本性转变。这一时期由于新中国成立以来我国人口的高速增长所带来的压力，促使人们认识到加强人口控制已经迫在眉睫了。我国政府也开始了在全国范围内的计划生育号召，并且制定和完善了具体而明确的计划生育政策，由此我国高出生、高增长的人口发展势头得以控制。人口的发展也自然由无计划自发的高速增长逐步进入到了有计划和可控制的稳增长时期。数据表明，这一时期的人口出生率与自然增长率均迅速下降，人口出生率由1971年的30.7‰下降到1980年的18.2‰，而自然增长率也由1971年的23.3‰下降到1980年的11.9‰。但是，不可否认的是，因为我国总的人口基数是庞大的，这个阶段我国人口净增的绝对数值仍然相当可观。自1971年至1980年，全国总人口自8.52亿增加到了9.87亿，净增人口为1.35亿，已经超过了1949—1957年这个时期第一次人口高增长阶段的净增人口。

（五）第三个人口高增长阶段（1981—1990年）

20世纪80年代以后，计划生育被确定为我国的一项基本国策，一些更加严格的控制人口增长的政策和举措相继出台，国家也把实行计划生育和控制人口增长提升到了战略性高度。但事实却是，在60年代初“第二次人口生育高峰”当中出生的那些人口已经陆续进入到了生育年龄，这就自然使得人口的出生率出现

① 沈长月、夏珑、石兵营、李平菊、谭琪：《失独家庭救助与社会支持网络体系研究》，华东理工大学出版社，2016，第8页。

回升的现象。我国的人口出生率于1987年达到了23.3‰，短短9年人口就净增了1.43亿，其总体增长量要远高于上述前两次生育高峰的增长。这是新中国成立之后我国出现的“第三次人口生育高峰”。①

（六）人口平稳增长阶段（1991—2010年）

自20世纪90年代以来的20年，在我国计划生育政策和计划生育工作的不断加强与完善中，80年代出现的人口高出生率得以有效控制，并呈持续稳步下降之势。根据相关数据显示，1991年我国人口出生率为19.7‰，到了2004年该数值已经降到了12.3‰，13年间下降了7.4个千分点，同时此后一直稳定在一个较低的水平上。经过不懈努力，20世纪末期我国的人口自然增长率出现了重大拐点——1998年首次下降到了10‰以下。同时，自2000年开始，我国年净增人口低于1000万，由此进入了平稳增长的阶段。

（七）人口低速增长的阶段（2011年至今）

2020年，我国迎来了第七次全国人口普查，在2021年5月发布的第七次全国人口普查结果中，可以看到我国总人口共141 178万人（14.117 8亿人），同2010年的六次全国人口普查的133 972万人（13.397 2亿人）相比，十年间我国人口增加了7206万人，增长率为5.38%，年平均增长率是0.53%，这与2000年至2010年的年平均增长率0.57%相比，下降了0.04个百分点。这表明，这十年来我国人口呈现继续低速增长的态势。与此同时，这一阶段，我国人口在性别构成、年龄构成、户别人口、受教育程度人口、人口地区分布、城乡人口、流动人口等方面均有其自身的特色。②

二、人口结构的变化

根据人口的年龄结构来看，早在1953年和1964年的两次人口普查中，我国的人口年龄结构还属于典型的年轻型；而18年后的第三次人口普查时，我国的人口年龄结构已经开始由年轻型向成年型过渡；当1990年第四次人口普查及2000年第五次人口普查时，资料显示，我国的人口年龄结构已经转变为典

---

① 沈长月、夏珑、石兵营、李平菊、谭琪：《失独家庭救助与社会支持网络体系研究》，华东理工大学出版社，2016，第8页。

② 黄耀明：《失独家庭社会工作干预体系构建研究》，中国社会出版社，2020，第49-50页。

型的成年型，并且老龄化的趋势十分明显；根据2010年第六次全国人口普查主要数据公报，我国0~14岁人口的比重下降明显，人口年龄结构的老龄化趋势进一步突显；2020年第七次全国人口普查的数据表明，我国少儿人口比重有所回升，生育政策调整取得了一定的积极成效，同时人口老龄化程度却也进一步加深。根据最新的第七次全国人口普查数据，可以清晰地看到我国人口在户别人口、民族人口、地区人口、城乡人口、人口性别构成等方面呈现的一系列变化。

从户别人口来看，全国共有家庭户（指以家庭成员关系为主、居住一处共同生活的人组成的户）494 157 423户，集体户为28 531 842户，家庭户人口为1 292 809 300人，集体户人口为118 969 424人。平均每个家庭户的人口数量为2.62人，比2010年第六次全国人口普查时的3.10人减少了0.48人。

从地区人口来看，全国人口总数超过1亿的省份有2个。其中，人口居前五位的省份，人口合计占到全国人口的35.09%。与2010年第六次全国人口普查相比，人口增长较多的有5个省份，依次是广东、浙江、江苏、山东、河南，分别增加了21 709 378人、10 140 697人、6 088 113人、5 734 388人、5 341 952人。

在城乡（城镇、乡村是按国家统计局《统计上划分城乡的规定》划分的）人口中，一改过去长时段内的全国城镇人口低于乡村人口的状况。在当前的全国人口中，居住在城镇的总人口为901 991 162人，占到了63.89%（2020年我国户籍人口城镇化率为45.4%）；而居住在乡村的人口为509 787 562人，占到了36.11%。同2010年第六次全国人口普查相比，城镇人口增加了236 415 856人，乡村人口相应减少了164 361 984人，城镇人口比重上升了14.21个百分点。在全国流动人口（指人户分离人口中扣除市辖区内人户分离的人口）中，人户分离人口达492 762 506人，其中市辖区内人户分离的人口数为116 945 747人，流动人口为375 816 759人。而流动人口中，跨省流动人口是124 837 153人，省内流动人口是250 979 606人。同2010年第六次全国人口普查相比，人户分离人口增加231 376 431人，增长率为88.52%；市辖区内人户分离人口增加了76 986 324人，增长了192.66%；流动人口增加数为154 390 107人，增长率为69.73%。

在全国人口性别构成中，全国男性人口为723 339 956人，所占比率为51.24%；女性人口为688 438 768人，所占比率为48.76%；总人口性别比（以女性为100，男性对女性的比例）为105.07，与2010年第六次全国人口普查基本上持平。

三、人口质量的提高

新中国成立以来，我国的经济建设、教育事业、医疗和卫生事业均有较大的发展，由此我国人民的生活得以改善，人口的健康水平、科学与文化水平以及思想道德素质等都有显著提高。尤其是在党的十一届三中全会后，我国经济取得快速发展，改革开放的事业持续推进，人口的质量开始发生了深刻而影响深远的变化，总体质量提升到了一个新的水平。

截至2020年，在全国受教育程度人口中，拥有大学（指大专及以上）文化程度的人口数量是218 360 767人；拥有高中（含中专）文化程度的人口有213 005 258人；拥有初中文化程度的人口为487 163 489人；拥有小学文化程度的人口则是349 658 828人（以上各种受教育程度的人包括各类学校的毕业生、肄业生和在校生）。这同2010年第六次全国人口普查相比，每10万人中拥有大学文化程度的人口由8930人上升到了15 467人；拥有高中文化程度的人口由14 032人上升到了15 088人；拥有初中文化程度的人口则由38 788人下降到了34 507人；拥有小学文化程度的人口由26 779人下降到了24 767人。从平均受教育年限上来看，同2010年第六次全国人口普查相比，在全国人口中，15岁及以上人口的平均受教育年限由9.08年提高到了9.91年。

结合我国人口的身体素质，政府不断加大对公共卫生事业建设的力度，使得人口健康素质得到不断提高，我国人口的平均预期寿命也从1949年的35周岁上升到了2010年的74.8周岁，成为目前世界上平均预期寿命提高速度最快的国家之一。在1949年之前，我国人口的死亡率高达20‰，到1990年就下降到了5.28‰，而孕产妇的死亡率则从20世纪50年代初期的15‰直接下降到了2004年的0.51‰。在经济发展的同时，我国的卫生基础设施也得到较大改进，1949年时全国平均每千人医院床位数量仅有0.15张，2000年时已经增加到了每千人医院床位数量2.38张，而平均每千人专业卫生技术人员的数量也从1949年的0.93人增加到了2000年的3.63人。此外，各种传染病和地方性疾病的发病率也呈大幅度下降之势，某些急性传染病诸如霍乱、鼠疫等，也都基本消灭。

从我国人口的科学文化素养来看，政府通过不断加快教育事业的发展，已经基本建立起了具有中国特色的社会主义教育事业体系，也逐渐形成了从学前教育到高等教育，同时普通教育与职业教育结合、学历教育与非学历教育结合、课堂教学与远程教育结合等多层次、多种类别与多样化形式的教育体系，并且也正在向终身教育的方向发展。我国人口的科学文化素质显著提高。随着义务教育普及率的提升，各类受教育程度的人口占总人口的比重也分别上升。在经济发展和社会进步的同时，我国人口的思想道德素质也得到大幅度的提高，人们正逐步建立起适应社会主义市场经济的一些新观念，由此人们的生育观念、市场观念、竞争观念、商品观念等也正在发生深层次的变化。

第二节 计划生育政策的实施

我国于1980年出台的独生子女政策，其中明确规定已婚夫妇在生育一个子女之后不得再次生育，而子女在十八周岁以内的夫妻双方可以通过申请和核实来获得与领取“独生子女父母光荣证”，同时享受奖励和优待。在计划生育政策实施的30多年当中，确实在一定程度上起到了控制人口的作用，使得城市里的独生子女渐渐成为一种主流。根据第六次全国人口普查的数据，当时我国的独生子女人数已经超过了1.5亿。而第七次全国人口普查的最新数据表明，从2010年的第六次人口普查以来，我国的人口仅增加了7200万，这可能会进一步加大我国政府放宽现有生育限制的压力。从国家统计局的统计数据来看，2020年我国出生人口为1200万，同2019年的1465万人相比下降了18%，并且这一趋势将会增加我国政府放松余下的计划生育政策压力。此外，这也是我国出生人口连续第四年呈现下降之势。我国的出生人口曾在结束实施了30多年之久的独生子女政策后的第一年，也就是2016年，出现了增长。

一、新中国成立初期我国控制人口生育的思想及政策实施

根据生育政策的不同取向、生育政策的变动状态以及生育政策的主要内容，我国学者对于人口计划生育政策的划分有着不同的见解，也提出了不同的阶段性划分。徐天琪在他的《人口政策概论》一书中将中国人口政策的形成过程具体分为了四个阶段，即放任人口生育的阶段（1949—1954年），提出节制生育与计划

生育的阶段（20 世纪五六十年代），推行计划生育的阶段（20 世纪 70 年代），全面开创计划生育新局面的阶段（1980 年至今）。[①] 此外也有学者在《中国计生政策 60 年》一文中提出我国的生育政策经历了曲折发展的过程，同时也提出了七个阶段的划分办法。[②]

1949 年，新中国成立之初，迎来了一个积极向上的社会建设与发展阶段，这时劳动力的增长自然被视为了建设新国家所必要的重要人力资源保障，于是鼓励生育成为了那个时期的政策主导。

随着社会稳定发展，国家也开始对人口发展进行宏观调控。新中国成立之初，便有人提出："人多，这是我们的一个优点。但是，优点也带来了困难，这样多的人口，要满足他们的需要，就是一个很大的负担。"[③]同样对人口问题尤为关注并表示忧虑的还有邵力子，他曾多次在不同场合大声疾呼："在经济还没有发展起来的困难很多的环境里，人口应该得到控制。"

1957 年，我国著名人口学家、经济学家、时任北京大学校长的马寅初教授经过三年实证研究著写了《新人口论》，这一著作成为了我国人口计划生育政策的一大理论来源。

二、政策的历史转向：从独生子女到全面二孩

随着计划生育政策的一步步推进和落实，我国每一个家庭和个体在日常生活中都清晰地感受到政策的改进和变化，这些变化在普通百姓的生活中也逐渐成为了一代又一代人的集体记忆。纵观我国计划生育政策，其实也就是一个趋向于晚婚晚育、优生优育的变化过程。

国家层面的政策及背景影响，直接促使很多地方政府也于 1978 年至 1979 年间开始相继制定并实施一胎化政策。1978 年年底，四川省什邡县（今什邡市）就率先制定出了"鼓励一对夫妻只生一个孩子"的政策；随后上海市在 1979 年 9 月 1 日起也开始实施独生子女政策，并开始发放独生子女证，凭借独生子女证可以享受政府的奖励待遇。在这段时间之内，北京、天津、辽宁、河北、吉林、山西、

① 徐天琪：《人口政策概论》，杭州大学出版社，1993，第 23 页。

② 马晓红、孙超：《中国计生政策 60 年》，《北京社会科学》2011 年第 4 期，第 34-38 页。

③ 韩生学：《中国失独家庭调查》，群众出版社，2017，第 8-12 页。

江苏等省、市相继出台政策，从具体层面推动并且实施独生子女政策。自此以后，“只生一个孩子”的独生子女政策便真正在全国实施开来，而独生子女也就自然成为了一个横跨30多年的特殊性符号。

如今，独生子女政策实施已过去了40多年，从另一个侧面见证了我国生育工作所走过的那一段极不平常的历程。最初人口过快增长的势头得到了有效缓解和控制，同时，国家的人口整体素质也明显得以提高，妇女和儿童的身心发展状况得到极大改善，人口与环境资源的互动进一步优化，我国创造了一个较长的人口红利期，国家经济社会进步的可持续性动能充足，一举使我国成为世界上进步最快的国家之一。这也为我国实现“两个一百年”奋斗目标奠定了坚实的基础。与此同时，也应该看到，由于长期实行独生子女政策所产生的影响，再加上国民在生育态度与生育意愿上出现的较大转变，我国的人口结构面临老龄化和少子化的双重压力。人口老龄化进程变快，养老产业供给侧改革的压力也相应逐步加大。失独家庭的生活风险以及失独家庭养老问题成为一大社会难题；家庭规模趋向于小型化，在养老抚幼上显现出明显的功能弱化趋势；人口红利正在快速地消减，我国作为人力资源大国正面临新的危机，等等；这些问题以及人口结构的变化给国家经济、社会稳定带来了全新的压力与挑战。基于这样的状况，适时调整人口政策就成为了时代的呼声和人民的期待。

从2011年11月起，我国在全国各地开始施行了“双独二孩政策”，并于随后的2013年11月，十八届三中全会审议通过了《中共中央关于全面深化改革若干重大问题的决定》，提出我国仍坚持计划生育的基本国策，但启动实施一方是独生子女的夫妇可以生育两个孩子的政策，这就是“单独二孩”政策。从政策顶层变革与制度设计的角度来看，此次从最初的独生子女到“单独二孩”的政策松动足以看出国家对于人口控制政策的重视程度。[①]根据相关资料显示，当时全国符合生育二孩条件的夫妇有1100万对，然而截至党的十八届五中全会召开前的2015年8月底，真正提出申请生育二孩的夫妇仅有169万对，占比为15.4%。实际上真正生育二孩的夫妇则更少。2014年全国新增出生人口为1687万人，仅仅比2013年多出了47万人。然而，我国2015年新增的出生人口为1655万人，比2014年减少了32万人。

① 韩生学：《中国失独家庭调查》，群众出版社，2017，第43-44页。

“单独二孩”政策出台和施行以来，生育政策预期与实际结果相去甚远，我国的专家学者、政府官员以及社会媒体均表述了各自的看法。综合来看，大致有如下几大原因：适龄人口的生育意愿呈现明显降低的趋势；当前80后、90后作为生育主体的生育观念发生了重要变化；养育二孩的成本增加；国家的社会保障水平有待提高；传统养儿防老的社会观念已经明显弱化；长期以来的优生观念已经成为了社会生育观念的主流，等等。面对这种情况，及至2015年10月29日，党的十八届五中全会果断作出政策调整并正式公布了全面二孩政策，自2016年1月1日开始，我国将全面实施二孩政策。自此从20世纪70年代以来，为控制我国过快人口增长，真正有效缓解人口与经济社会，甚至资源环境的紧张关系，我国开始全面推行，并于1982年9月经中共十二大确定为基本国策，同年11月写入新修改《宪法》的计划生育政策，在施行了34年、跨越了两个世纪之后开始出现了大的变动并正式退出历史舞台，也反映了我国人口发展所呈现出的重大转折性变化。

三、新时代的战略决策：从全面二孩到三孩政策

计划生育政策的实施，在加速我国人口老龄化进程，使人口结构出现不合理的同时，也使独生子女家庭比过去的多子家庭承担着更多的风险。为了化解这一难题，自2011年起我国逐步放开了二孩生育政策，从双独二孩到全面二孩。2021年5月31日召开的中共中央政治局会议指出，要进一步优化我国的生育政策，实施一对夫妻可生育三个子女的政策及其配套支持措施，这有利于改善目前我国的人口结构，有利于落实积极应对人口老龄化的国家战略，有利于保持我国人力资源的禀赋优势。随后，国家卫健委也明确表示，2021年5月31日以后均可生育三孩，生育登记可以先行备案后再补办。

针对三孩生育政策，国家卫健委强调指出，要加强做好统筹规划、政策协调和相关的工作落实，确保依法组织实施三孩生育政策，并进一步促进生育政策与相关经济社会政策的配套衔接，最终健全重大经济社会政策人口影响评估机制。

面对新的时代背景和国家的长期战略，接下来更多的是要将婚嫁、生育、养育乃至教育一体化考虑，并且加强对适婚青年的婚恋观、家庭观教育引导，

对于婚嫁陋习、天价彩礼等不良的社会风气进行有效治理，切实提高优生优育服务水平，持续发展普惠性托育服务体系，扎实推进教育公平和优质教育资源的保障供给，降低家庭教育开支。与此同时，也要进一步完善生育休假和生育保险制度，加强国家税收、住房等政策性支持，真正保障女性就业的合法权益。此外，对于全面两孩政策调整之前的独生子女家庭以及农村计划生育双女户家庭，仍然要继续实行现行的各项奖励扶助制度与优惠政策，并且建立健全计划生育特殊家庭全方位帮扶保障的制度，切实完善政府主导、社会组织参与的扶助关怀工作体系机制，维护好计划生育家庭的正当合法权益。最终深化国家人口中长期发展战略以及区域人口发展规划研究，促进我国人口长期均衡发展。

第三节　失独因素分析

一、政策性失独

1980 年我国颁布了独生子女政策，经历了 30 多年的时间，目前我国已经全面放开了二孩政策并走向“三孩”。以全球视角来看，截至目前，我国是全世界唯一一个坚持从国家宏观层面来颁布政策以控制人口生育情况的国家。30 多年的独生子女政策使我国的人口结构发生了变化。很多已步入中老年的独生子女家庭的父母，在其子女遭遇某些不测而发生意外之后，因年龄因素无法再次生育，那么这些家庭就必然会出现无子女的情况。因此，失独父母这一群体遂而产生。独生子女父母在丧失子女之后精神深受打击，同时也出现养老等其他问题。北京大学人口研究所的穆光宗教授曾提到过，独生子女家庭一般在失去唯一的孩子之后就相当于支柱倒塌，通常会引起一系列的反应与问题，如夫妻间情感矛盾加剧甚至破裂，失独父母因身体和心理难以承受而致使家庭瓦解等。湖北省的一份有关失独群体的调查中显示，我国城镇失独群体有将近七成在经历了失独事件之后会主动离婚，调查资料也表明，在接受访谈的失独群体当中，真正身心健康的比例只有 11%，而患有轻度抑郁症、中度抑郁症乃至重度抑郁症的人数比例则分别达到了 45%、29% 和 2%。[①]

---

① 黄耀明：《失独家庭社会工作干预体系构建研究》，中国社会出版社，2020 年，第 44-45 页。

对此，我国学者也纷纷撰文，分别从不同的角度对因政策性原因导致的失独问题作出了相关论述。吴世勇曾提到：“从直接原因方面来看，独生子女的离世和只倡导生一个孩子是没有关系的，但是此类倡导倾向和做法实际上潜藏着内源性风险。”此外，因为失独而产生的养老问题也变得较为突出。刘芳、马明君就曾指出，失独家庭更加需要解决实际生活以及在老年护理上所面临的照顾问题。当前的社会环境在某些程度上也会影响到失独群体的精神世界。对此，孙炜红提出，现有政策规定下的老年人入住养老院需要监护人签字确认制度，对于失独老人而言，因子女失去后，一旦所在单位或者街道办拒绝为其签字，那么必然会造成入住难的问题。刘亚娜曾总结，失独老人面临着“老难所养、老难所医、老难所依、老难善终”四大问题。而肖云也认为该群体面临着“养老困境、精神创伤、经济困难、疾病折磨、基本生活困境以及机构养老困境”等诸多问题，这个分析是较为全面的。①

二、风险社会导致的失独

风险社会指的是在全球化发展的背景下，因为人类实践所导致的全球性风险逐渐占据主导地位的社会发展阶段，在这样的社会里，各类全球性风险对于人类的生存和发展是存在着严重威胁的。根据各个不同领域学者和专家的研究文献来看，当前风险社会是导致失独群体形成的另一原因。从风险社会本身来看，其主要特征表现在，人类面临着威胁其生存的由社会所制造的风险。

对此，又有不同学者给出了相关说明。王娟娟在对 1990 年与 2010 年的相关人口数据进行了细致分析后，发现生育一个子女的家庭与生育一个以上子女的家庭相比，在子女离世的比例方面并没有明显的差异，也就是说都存在子女离世的这种风险，所以她得出结论：“独生子女政策不是决定失独家庭产生的唯一因素。”李欢欢等人则认为，正是由于全世界处于风险社会的状态，故而加剧了家庭风险。②

---

① 黄耀明：《失独家庭社会工作干预体系构建研究》，中国社会出版社，2020 年，第 49 页。

② 沈长月、夏珑、石兵营、李平菊、谭琪：《失独家庭救助与社会支持网络体系研究》，华东理工大学出版社，2016，第 10 页。

三、食品、交通等方面的安全问题导致的失独

我国作为一个发展中国家，面临着诸多挑战与危机，比如食品安全的问题、交通安全的问题、网络安全的问题等都极有可能会造成家庭中子女的意外离世或者自杀行为。

所谓食品安全，指的是食品无毒、无害，符合其应当有的营养要求，对于人体健康不会造成任何急性、亚急性或者慢性危害。当前的食品安全是一门专门探讨在食品加工、存储、销售等过程中确保食品卫生以及食用安全，降低疾病隐患，做好防范食物中毒的一个跨学科的研究领域。交通安全则是指人们在道路上进行活动时，按照交通法规的相关规定，做到安全地行车、走路，以避免发生人身伤亡或者财物损失。在当前的社会发展过程中，由于食品安全、交通安全等方面的安全问题，会导致过去几十年中所形成的独生子女出现种种不可期的特殊问题，从而影响甚至导致失独群体的产生。

第二章

学界对失独群体的关注与研究

在生育政策方面，国外的基本情况是大多数发达国家不限制生育，还用各种各样的奖励办法来激励本国的公民多生育，如较为常见的新生婴儿奖励金及夫妻二人均享有的带薪产假等。究其缘由，一方面是基于其人口总数较少，劳动人口不足；另一方面是国家本身有实力提供更为优渥的福利。另外一些如亚洲、非洲、拉丁美洲等的发展中国家，像印度也会采取控制人口增长的生育政策。一些发达国家也会出现子女因意外状况去世的情况，但因为这些国家的公民大多没有像中国人一样有“养儿防老”观念，因而，在文化、制度等方面并没有产生过多的压力。养老在国外更多地被视作社会责任或个人行为。因此，国外并没有失独家庭相关领域研究的文献，主要的研究文献仍集中于国内。①

2001 年王秀银等人发表了一篇调查报告，名为《一个值得关注的社会问题：大龄独生子女意外伤亡》②，文中在对荣成市 15 岁及以上的独生子女伤亡家庭进行统计和分析的基础上，首次提出了针对独生子女出现伤亡时对其家庭和父母予以补偿的建议，这成为了国内对失独家庭最早进行研究的文献，也是使“失独”这一问题引起社会关注的一个标志性事件。随后，在 2004 年的“人口与发展论坛”上，失独问题经过与会者的进一步探讨，相关专家、学者以“对成年独生子女意外死亡家庭问题的深层思考”为主题，纷纷阐述了自己的观点。穆光宗在会上论述了我国计划生育政策的弊端，并对当时独生子女家庭的数量作出了估算，同时也阐释了独生子女家庭可能存在的风险；桂世励针对当前应该采取的具体措施（对因为独生子女死亡给这个家庭予以关爱）的问题进行了探讨③；而王秀银、李兰永则从人口经济学的角度对成年独生子女因意外伤亡的问题进行了审视，同时也从扶持组建完整的家庭、养老保障、发挥非政府组织的作用以及基金补助等方面对相应的关怀及补偿措施提出了建议。④

① 刘春梅：《农村养老资源的供给及模式研究》，中国农业出版社，2019，第 6-8 页。

② 王秀银、胡丽君、于增强：《一个值得关注的社会问题：大龄独生子女意外伤亡》，《中国人口科学》2001 年第 6 期，第 61-62 页。

③ 范琳琳：《我国失独群体互助养老问题研究》，硕士学位论文，武汉大学，2017 年。

④ 王峰：《我国失独者权益保障制度供给研究》，博士学位论文，对外经济贸易大学，2017 年。

第一节　学界对失独群体的关注

一、失独群体的概念与数量

（一）失独群体的概念

从最初学界开始关注“失独”这一群体，一直到现今，关于失独群体这一概念仍尚未有一个统一的界定标准。但在各类研究和调查中，可以较明显地发现有些学者已自发地将这一概念划分为了两类，即“狭义失独”和“广义失独”。

所谓狭义失独，定义的乃是一种永久性的状态，也就是说失去了独生子女这一状态不大可能发生改变，并且这种状态会伴随一生。张帆曾将失独家庭定义为“独生子女因疾病或车祸、自然灾害、自杀等意外原因死亡，并且其父母不再生育或收养子女的家庭”；胡叠泉等学者则认为失独家庭是“组成家庭的夫妻二人只生育过一个子女，其中妻子年龄在49周岁以上，并且现无存活子女的家庭”；柳志艳则指出“失独群体是由因其独生子女死亡而永远失去独生子女的父母组成的，他们年龄大部分在50周岁以上，一般情形下无法或者不愿再生育或者领养子女”；在武诗的定义中，认为“彻底失独者”乃是“失独者中最痛苦的群体”，他们已经丧失生育能力，其独生子女死亡，子女在去世前也未留下孩子。

广义失独，则包含了暂时性失去独生子女与永久性失去独生子女。其中，从永久性失去独生子女的角度来看，其实与上述的狭义失独相同；暂时性失独则指的是对于这一群体而言，“失独”这一状态会发生某些变化，他们或可能在今后继续生育子女，以致结束“失独”状态。学者陈恩曾经指出“家庭里独生子女死亡的即被称为失独家庭，不排除失独后再次生育的家庭”；高可则专门从社会学的角度来给失独定义，认为其实质是“由于自然灾害、生理疾病、意外事件等主客观原因致使单一家庭唯一子女死亡，且暂未再生育、收养，因而破坏稳定家庭结构的社会学现象”。还有部分学者提出，失独群体的年龄大部分是在50岁以上，而不同的失独群体所经历的痛苦程度又是不一样的，对于失独较早的人群来说可能会选择再去生一个孩子，而对于失独较晚的人群而言则又可能有孙子或孙女来作为情感的寄托。[①]

① 杨阳：《失独群体抗逆力的社会工作干预研究——基于南京市鼓楼区M街道的调查》，硕士学位论文，重庆大学，2017年。

由于失独情况具有特殊性，所以不难发现狭义层面的失独群体要面对的问题更为紧迫和严重。立足于此，可以将失独群体这一概念作出如下定义：因独生子女去世且没有其他直系血缘作为继承人的群体，他们本身也没有再次生育和领养孩子的意愿。

（二）失独群体的数量

关于我国失独者的人数，目前并没有官方发布的确切数据，不过从我国卫生部发布的《2010 中国卫生统计年鉴》中所统计的不同年龄段的人口疾病死亡率来看，15 岁至 30 岁年龄段之间的死亡率至少为 0.04%。我国人口学领域学者易富贤曾在其《大国空巢：反思中国计划生育政策》中根据第六次人口普查的数据指出："1990 年之后生育率急剧下降，独生子女比例继续增加：1995 年的 35.1%、2000 年的 49.5%、2005 年的 64%，假设 2006 年到 2010 年的独生子女比例是 64%，那么 1975 年到 2010 年共产生了约 2.2 亿个独生子女家庭，而根据 2000 年人口普查的自然死亡率计算，每出生 1 万人，有 463 人在 25 岁之前死亡，全国约为 1009 万人。"① 这也就预示着我国会面临产生千万失独家庭的状况。北京大学人口研究所教授穆光宗也曾在《人口研究》中指出："独生子女家庭本质上是风险家庭。"② 据他的推断，大约有 5.4% 的人会在 25 岁之前出现各类死亡事件，在 1 亿独生子女中，出现的失独家庭数量也将达到 540 万户。学者杨支柱作过一个最为保守的估计，当前全国无法再生育的这类彻底失独家庭约有 250 万户。

此外，王广州、郭志刚、郭震威等人根据全国人口普查和人口抽样调查等数据，构建起了独生子女及其母亲的二维年龄结构分布，基于此对伤残死亡独生子女母亲人数作出了初步的测算，据他们的估算，2007 年 49 岁及以上全国失独母亲总数当在 30 万以内，并且这一数值将在 2008 年以后持续增长，其峰值规模估计在 110 万左右。③ 其实无论我们采取什么样的方式推算失独家庭的数量，总之，失独家庭的数量不容小觑并呈现逐年增加的态势。

---

① 易富贤：《大国空巢：反思中国计划生育政策》，中国发展出版社，2013，第 208-210 页。

② 胡志瑞：《失独者权利保护研究》，硕士学位论文，云南财经大学，2015 年。

③ 王广州、郭志刚、郭震威：《对伤残死亡独生子女母亲人数的初步测算》，《中国人口科学》2008 年第 1 期，第 37-43 页。

二、国内对失独群体的研究

据相关资料显示，国内在2012年以前对于“失独家庭”不管是在政策上，还是在问题的研究上，总体表述都是“独生子女死亡家庭”。2012年5月9日，广州日报刊登了一篇题为《暮年丧独子，他们的余生该何去何从》的文章，并随即在社会上引起巨大反响，“失独”作为一个专有名词在该文中首次被提出，随之“失独者”“失独家庭”以及“失独群体”等相关概念亦开始成为公众舆论与学术研究领域的专门性术语。因此，我国国内相关研究的主题词也就自然成为了“失独家庭”“独生子女死亡家庭”等。

其实，早在2001年，王秀银等就曾在《中国人口科学》上发表了一篇题为《一个值得关注的社会问题：大龄独生子女意外死亡》的文章[①]，文章一经发表就引起了社会和学者对于失独家庭的普遍关注。文章是王秀银等基于对山东省荣成市年满15周岁及以上的独生子女伤亡家庭情况进行问卷调查得出的，通过对调查结果的分析，作者发现独生子女伤亡家庭的数量是十分庞大的，并由此提出了对因意外而伤亡的大龄独生子女家庭予以补偿的政策建议。后来，不同的专家、学者也开始展开了对失独群体的广泛研究。

这一研究自进入学者的视野开始至今大致可以分为三个阶段。第一个阶段：初步探索的阶段。自王秀银等对山东省荣成市15周岁及以上独生子女伤亡家庭的调查研究，并提出对因意外而伤亡大龄独生子女的父母给予必要经济补偿和精神关爱开始，很多人也开始关注并展开了对“失独问题”的研究。2004年，《人口研究》编辑部举办了以“对于成年独生子女意外伤亡深层次思考”为主题的人口发展论坛，在论坛上多位学者分别从生育成本、独生子女家庭的风险以及人力资本投资等研究视角对失独相关问题展开了探讨。第二个阶段：广泛关注的阶段。时至2008年，在汶川地震发生后，《人口与发展》编辑部随即发起了一场关于“救助和关怀遭遇意外风险的计生家庭”的专题讨论。因为此次大型灾难已经实质上造成了处于地震范围内的很大一部分家庭失去了他们唯一的子女，同时也引起了社会上各个阶层对这一群体状况及其未来出路的关注。由此，很多的学者也开始从不同的角度尝试着对这一群体进行更为细致的研究。作为《中国经济周刊》记者的汪孝宗，在走访

① 王秀银、胡丽君、于增强：《一个值得关注的社会问题：大龄独生子女意外伤亡》，《中国人口科学》2001年第6期，第61-62页。

并实地调查了北京线上和线下的由多个失独群体所组成的团体后，细致记叙了他们的现状以及悲伤之情。穆光宗等学者提出“低生育文化”所带来的不应当仅仅是荣誉感，现在我们要看到的是这一文化所造成的问题。他还从三个视角、九个层面更为详细地分析了独生子女家庭所面临的风险。第三个阶段：深入研究的阶段。从2012年开始，学术界对失独群体的关注呈越来越高之势，所做的研究也越来越深入和细致。以“失独”作为主题在中国知网、国家哲学社会科学学术期刊数据库、万方数据库、维普网以及数字资源系统等相关数据库去检索我国近15年来关于失独的相关文献，可以看到，2001—2011年，学者们共发表了与失独相关的文献30篇，而2012—2013年所发表的失独相关文献迅速上升到了136篇，并且其中大多数都集中在2013年，研究的内容也更为深入、细致。具体来说，不同学科领域的学者都分别从他们各自相关的领域进行了研究。姚金丹从社会工作的增能角度对当前失独家庭如何才能增能展开了具体分析。王宁、刘珍一致认为“丧子符号”对于失独者而言，是一种日常社交伤疤，不仅会引起他们的痛苦回忆，而且也会造成交往对象的某些不自在，进而导致失独者被迫主动退出以往的社交圈，久而久之就会逐渐被社会边缘化。谭海峰则从社会支持的视角探讨了失独家庭两方面的内容，即正式社会支持与非正式社会支持。孙静具体运用了情感依附理论、马斯洛的需要层次理论以及生命历程理论，从社会适应视角出发来考察失独者的适应性问题，她提出可以通过增强社会人文关怀、构建中国式亲属网络等具体途径来帮助失独者复原。而张必春、江立华两人以湖北省8市的调查为例，提出要想打破失独父母困境，就需要构建失独父母同国家之间的“沟通性文化网络”，同时也要引入风险分担与化解机制，从而对失独父母形成一个立体性社会救助体系。欧颖、李春凯则将危机介入和个案管理的相关方法与技巧有效结合了起来，并运用于以失独者为对象的个案工作当中，试图利用社会工作的专业知识来帮助失独个体摆脱困境。

第二节　学界对失独群体帮助的研究梳理

一、关于对失独者权益保障制度的研究

（一）研究专著

失独问题近年来一直为学界和社会所关注，但是目前专门论述这一方面的学术专著并不是太多。唯一一部以“失独”为题的著作是杨晓升的《失独：中国家

庭之痛》[1]，作者通过调查失独家庭的具体经历与生存现状，梳理了造成这一状况的原因及政府应对政策和扶助效果等现实问题，因而具有较强的现实意义与一定的理论价值。同时还有一篇长篇报告文学作品《中国失独家庭调查》[2]，作者为韩生学，他以一个人口和计划生育管理干部的身份对失独进行了调查，并对30多年来我国的独生子女政策作了回眸与反思，是一部感恩亲情、舐犊情深的沥心之作，也是一部记录失独家庭生存状况的"史记"。

在学术研究方面，我国的一些学者在反思和建言中国计划生育政策及法律的专著中，逐渐涉及了对失独者现状的关注以及对他们利益的维护。例如易富贤博士曾在他的《大国空巢：反思中国计划生育政策》[3]一书中提出了要从政策角度出发遏制失独家庭数量的增长，以此来增强整个社会应对失独危机的能力。对失独者权益保障探讨较多的当属潘金洪教授所著的《独生子女家庭养老风险研究》[4]一书，书中作者采用了实证研究与综合分析的方法来剖析独生子女家庭的风险，尤其是失独家庭的养老风险，同时系统地提出了较为完善的生育政策，如构建多元化赡养、生活照料以及精神慰藉体系，设立风险基金，建设养老产业等多样化对策。保障失独者权益对于我们构建和谐社会具有十分重要的现实意义。

针对失独家庭，部分学者还从社会救助、社会工作干预等角度作出了相应的探讨。如黄耀明的《失独家庭社会工作干预体系构建研究》[5]一书，作为国家社会科学基金项目的结题成果，课题组成员秉承着科学的精神、热切的人文情怀，采用了定量与定性结合的方法开展研究，具体使用了问卷调查、文献研究、深入访谈、实务研究和行动研究等多维方式来梳理我国人口计划生育政策的具体嬗变，同时深入描述了失独家庭群体的生活图景，详细评估失独家庭的普遍性和多样性困境及需求，发现了失独家庭具有的抗逆力和复原力，认为要干预失独家庭面对多元化生活困境，帮助失独家庭逐渐走出阴霾、重建生活，可谓是一次构建失独家庭社会工作干预体系的积极、有益的探索，也是一次社会工作本土化的城乡实践。

---

① 杨晓升：《失独：中国家庭之痛》，太白文艺出版社，2014年。
② 韩生学：《中国失独家庭调查》，群众出版社，2017年。
③ 易富贤：《大国空巢：反思中国计划生育政策》，中国发展出版社，2012年。
④ 潘金洪：《独生子女家庭养老风险研究》，中国社会出版社，2009年。
⑤ 黄耀明：《失独家庭社会工作干预体系构建研究》，中国社会出版社，2020年。

在沈长月等人的《失独家庭救助与社会支持网络体系研究》一书中，作者提出随着第一批失独人群渐渐步入老年，他们的精神慰藉、医疗、养老等问题正日益突显，对这一特殊群体的救助与社会支持进行研究已迫在眉睫，着力构建失独父母身心健康的社会支持体系，用以关爱遭遇丧失独生子女的诸多失独空巢家庭，理应成为中央与地方政府切实保障民生的重点工作之一。所以书中梳理了学界对于失独问题的一些研究成果，并且依托河北省开创的失独家庭“暖心续航”项目，以问卷调查和深度访谈等方法，对失独群体展开了深入研究，既全面了解了失独群体的特征和需求，也在此基础上结合老年社会工作的一些实务经验与公共管理学相关理论，创造性地提出了失独家庭社会工作干预的机制和操作的细则，从宏观的视角提出失独群体帮扶救助的长久性策略——构建社会支持网络。除此之外，还有一些学者在其研究著述中针对失独群体的规模作出了估算和预测。

（二）研究论文及内容分析

通过在中国知网、国家哲学社会科学学术期刊数据库、万方及维普期刊等数据库搜集与“失独”“失独家庭”“失独群体”相关的文献，将其进行分析与总结，可以发现就其内容而言，论文主要围绕失独家庭的内涵和外延、失独者的数量、失独产生的原因、失独者的主要困境、失独保障方面的问题、接下来应该采取的对策与建议等方面展开研究。

关于失独家庭、失独群体问题的提出，把失独者作为研究对象开展专门的研究起始于本世纪初，具有代表性的是桂世勋、王秀银、李兰永、穆光宗等在2004年以学术论坛的形式开展针对成年独生子女意外伤亡家庭的相关讨论，他们指出独生子女家庭其实是风险家庭，若不幸发生成年独生子女死亡事件，那么于父母而言无疑是遭受了灭顶之灾。[①] 潘金洪教授也在2007年运用社会调查与统计分析的方法去呈现了独生子女家庭风险，同时也指出了独生子女家庭既然是一个风险家庭、脆弱家庭，那么国家就应当建立和完善关于失独家庭的救助与保障制度。[②]

① 桂世勋、王秀银、李兰永、穆光宗等：《对成年独生子女意外伤亡家庭问题的深层思考》，《人口研究》2004年第1期，第34页。

② 潘金洪、姜继红：《江苏省独生子女数量测算及其风险分析》，《扬州大学学报》（人文社会科学版）2007年第1期，第103-108页。

关于失独家庭的内涵和外延，包括失独者数量方面，不同的学者对于失独者内涵的认识差别并不大，但是对其外延也就是范围的界定并不太一致，由此也导致在数量的估算上有悬殊。有鉴于此，中国人口与发展研究中心的陈恩早于2013年就对“失独家庭”的内涵作过一个可操作性的定义，他把“失独家庭”分成了广义和狭义两个方面来予以解读。在陈恩看来，需要在广义和狭义定义间进行一个明确的界定，正是因为不同的理解方式才会造成对全国“失独家庭”的数量估计形成较大偏差。[①] 在这方面，王广州、郭志刚、郭震威等学者在2008年就对伤残死亡独生子女母亲的人数进行了测算，他们估算指出，到2038年独生子女死亡的父母人数峰值将达到220万。[②] 但是，因为缺乏较准确的数据，王泽宁、王琼雯等也提出，我国应当开展一个专门针对全国失独者的普查工作，并且完善失独者三方救助机制。[③]

失独者所面临的困境是研究的一个重要方面。孙炜红于2014年就指出，父母养育子女其实就是一种人力投资，子女作为父母未来收益的一种源泉，不仅包括经济效益、养老效益，还包括享乐效益等，然而失独家庭却丧失了这些效益，因为失独导致了失独者经济状况的窘迫，身心状态更是欠佳，所以会存在很沉重的养老负担。[④] 学者张瑞凯根据调查研究的数据得出，失独老人主要依靠的是养老金以及特别扶助金来维持本身就并不宽裕的生活，对于农村失独者来说因为没有退休金，所以他们在经济上显得尤为困难。[⑤] 随着时间的推移，年事已高的失独者会越来越多。王伟伟、胡晨等学者进一步指出这一群体除了面临经济困难以外，他们的生活、医疗也都将成为亟待解决的难题，而若是选择住养老院的话，则又存在无子女担保的困境。[⑥]2012年，陈雯曾对失独家庭进行过心理测量，研究发

① 陈恩：《全国“失独”家庭的规模估计》，《人口与发展》2013年第6期，第103页。

② 王广州、郭志刚、郭震威：《对伤残死亡独生子女母亲人数的初步测算》，《中国人口科学》2008年第1期，第42页。

③ 王泽宁、王琼雯：《关于失独家庭法律扶助机制的思考》，《萍乡高等专科学校学报》2013年第2期，第23页。

④ 孙炜红：《失独家庭养老困境研究》，《四川理工学院学报》（社会科学版），2014年第4期，第28页。

⑤ 张瑞凯：《独生子女伤残或死亡家庭现状及救助体系的实证研究——基于北京市Y区的调查》，《河北省社会主义学院学报》2012年第10期，第91页。

⑥ 王伟伟、胡晨：《关于我国失独家庭问题研究综述》，《重庆城市管理职业学院学报》2013年第3期，第9页。

现他们在精神上是遭受了沉重打击，因而普遍长期会存在诸如绝望、孤独、压抑、逃避、无助、失落甚至没有尊严感等一系列的负面心理或者情绪，更有甚者，竟有四分之三以上的受访对象是患有不同程度抑郁症的。① 此外，学者汪孝宗在对失独家庭的健康情况进行过调查后指出："失独家庭中不愿意出门，更害怕与人交流的人数约占63%，这种生活近乎与世隔绝的状态进一步加剧了他们的精神问题。"②

我国在失独者权益的制度保障方面基本上是欠缺的。2013 年梅迪等学者就指出，现有的对失独老人帮扶的措施仍然主要停留于自上而下的经济方面的扶助上，但是却忽略了他们最真实的需求与自身的能动性，尤其是对他们亟需的心理上的慰藉及关怀，仍显得极为不足。而在经济扶助方面，目前有的地方的失独家庭并不能同时享有特别扶助金与最低生活保障。陆杰华和卢镜逢等学者在 2014 年就发表文章指出，失独家庭的扶助标准过低，并不能解决他们现实的经济困难问题，同时制度本身也存在性质定位的模糊、权责关系的缺位以及执行效果上的欠缺等问题。③

学者们关于失独者研究的另一个重点乃是对于失独者权益的保护，尤其是在养老权益方面的制度上。④ 学者谢勇才提出了关于失独群体的救助问题，也指出政府的相关部门应该加强对失独群体的心理救助以及医疗救助工作。我国失独群体的救助体系应追求综合性、多层次和发展性，也要整合各方面资源，逐步形成由政府主导，计生、民政部门和社会各方面都积极参与的新型机制，最终构建以国家救助制度为主、社会的互助制度为辅，同经济与文明发展水平都相适应的失独者救助体系。⑤ 同时，周伟、米红等学者也对失独者需要发放的特扶金等问题进行了仿真测算，从而提出降低放款条件、简化程序和提高待遇等

---

① 陈雯：《从"制度"到"能动性"对死亡独生子女家庭扶助机制的思考》，《中共福建省委党校学报》2012 年第 2 期，第 116 页。

② 汪孝宗：《从经济养老到精神养老有多远》，《中国经济周刊》2009 年第 12 期，第 53 页。

③ 陆杰华、卢镜逢：《失独家庭扶助制度的当下问题与改革路径分析》，《国家行政学院学报》2014 年第 6 期，第 35 页。

④ 陈协平、丁芳：《失独老人社会保障体制探究》，《湖北警官学院学报》2013 年第 6 期，第 119-120 页。

⑤ 谢勇才、黄万丁、王茂福：《失独群体的社会救助制度探析》，《社会保障研究》2013 年第 1 期，第 77 页。

一系列完善特扶金制度的建议。[①] 蒋慧、王芳等学者分析了失独者养老所面临的诸多困境，指出应该完善社会养老制度及社区养老服务体系，并提供人道主义关怀。[②]

关于机构养老方面的问题，孙炜红指出应该将失独老人与普通老人区别开来，给予失独老人一定的优先权，并且要尽快建立起针对失独老人的养老机构。[③] 而王建平、冯林玉等在2014年就分析了监护制度设计的一些考量因素，他们认为关于失独老人监护制度的运行措施、激励措施及权责体系如果能够同现行的监护制度有效衔接，那么对于减少失独者的养老孤独和晚年困境意义重大，也是国家在推行计划生育基本国策之后，对于失独者法律意义上的"国家道义义务"的一种改革型偿还。[④]

与此同时，齐恩平、傅波等也提出了扩大法定继承人范围、进一步完善和落实《人口与计划生育法》等系列相关法律法规、提高社会保险金额和设立专门性基金等建议，这将有利于解决失独者的生存困境，切实维护好失独老人的养老权益。[⑤] 袁野在介绍了失独者基本情况并分析了现有政策与法律后，着力从完善收养制度的角度为失独者提供法律上的救济和制度保障。[⑥]

上述诸多代表性论述不仅引起了全社会对于失独者的关注，而且也对失独者的权益保障起到了积极的推动作用。这一系列调查和研究尚处于起步阶段，因而缺乏系统的有关失独者权益保障的专门性研究。从目前的情况来看，部分失独者们在生育、监护、收养、婚姻乃至探视孙辈等方面的民事权益是难以得到有效保障的。在经济方面，失独者并未得到明确的国家补偿，国家给予失独者的特扶金也未达到全覆盖，而特扶金水平对经济困难的失独者来说依然是杯水车

---

① 周伟、米红：《中国失独家庭的规模估计及扶助标准探讨》，《中国人口科学》2013年第1期，第8页。

② 蒋慧、王芳：《社区失独家庭养老困境分析及解决对策》，《全科护理》2013年第9期，第2396页。

③ 孙炜红：《失独家庭养老困境研究》，《四川理工学院学报》（社会科学版）2014年第7期，第29页。

④ 王建平、冯林玉：《失独老年人意定监护的制度设计》，《天府新论》2014年第2期，第101页。

⑤ 齐恩平、傅波：《完善失独老人养老路径的法律探析》，《天津商业大学学报》2013年第5期，第66页。

⑥ 袁野：《论失独者收养制度的构建》，《学理论》2013年第19期，第128页。

薪，所以需要国家给予更多经济扶助；在养老方面，失独者在养老照顾、医疗护理方面的保障还不充分，老年生活面临重重困难；在精神方面，失独者会长期陷于孤独、悲伤、无助和寂寞之中，他们的身心健康受到严重影响，也因为在亲情与代际角色中出现中断，所以会有明显的脱离社会的倾向，而随着社会适应能力的下降，最终也难以回归正常生活等。这诸多难题均亟待进一步研究并妥善解决。

二、关于对失独群体养老保障的研究

（一）对失独群体养老状况的研究

独生子女通常是父母的精神与养老支柱，父母每每在孩子的身上倾注了毕生心血。[①]失独父母大多都已年过中旬，一旦失去独生子女，必将会给他们带来无法弥补的伤痛。

首先，失独群体面临经济上的困境。《扬子晚报》曾在2010年发表了一篇题为《中国孩子培养成本计算》的文章。文章指出，中国的孩子培养成本普遍很高，这往往会给一个家庭带来沉重的经济压力。[②]如今，独生子女的死因呈现出多样化的态势，若是发生交通事故致亡故且责任并不在死者时，其父母或许还能获得一定的补偿。但是有数据表明：仅仅是在2010年，我国15~30岁这个年龄段因为疾病而去世的人数就高达264.06万，这一些家庭通常会因为救治子女而倾家荡产，有的甚至是债台高筑。随着年龄的增长，失独群体会逐渐失去劳动能力以致入不敷出，若老人在丧子后身患重病，就更加无力去承担医疗费用与日常开支。[③]此外，还有一些失独群体在承受着沉重的社会责任。根据统计数据显示，有34%的失独家庭是有孙子（女）的，这也就意味着，在他们自身生活已经较为艰难的情况下，还要努力去抚养下一代，我们很难想象，这样一些失独老人又是如何扛起了这样沉重的责任？[④]

---

① 赵仲杰：《城市独生子女伤残、死亡给其父母带来的困境及对策——以北京市宣武区调查数据为依据》，《南京人口管理干部学院学报》2009年第25卷第2期，第55-59页。

② 金珑嘉：《失独家庭现状及其养老问题研究》，《汕头大学学报》2013年第4期，第75-78页。

③ 秦秋红、张甦：《“银发浪潮”下失独家庭养老问题研究——兼论社会养老保险制度的完善》，《北京社会科学》2014年第7期，第50-56页。

④ 王莲璀：《城市失独家庭养老及长期照料问题研究》，《劳动保障世界》2013年第5期，第32-33页。

其次，要长期忍受精神上的痛苦。家庭是一个复合体，包括着经济、教育、抚养、赡养以及情感等多样化功能。[①] 对于失独群体而言，他们都曾经拥有过幸福的家庭，但因为自然灾害、交通事故、疾病等致使父母永远失去了他们唯一的孩子，因此很多人就陷入到了长期的痛苦当中而难以自拔。失独群体所面临的最大困境并非经济上的，而是来自于精神上的痛苦。孩子对于父母来说，不仅仅是养老上的依靠，更多的是生活上的希望与情感上的寄托；一旦独生子女去世，失独群体就更容易在精神上濒临崩溃的边缘，有的家庭甚至在孩子已经去世近十年时，其父母还没能从丧子之痛中走出来，每当谈到子女时就会流泪不止。[②] 很多失独群体始终觉得活着要比死去更为痛苦，甚至会想不开。解决这类问题不能通过给予他们一定的经济补偿，应该想办法从他们的精神层面出发给予帮助。[③]

最后，城市失独群体面临着更为严峻的困境。根据我国人口的分布特点显示，位于城市的独生子女所占到的比例要比全部城市出生人口的比例高，所以城市的失独家庭数量相比农村来说，是只会多而不会少。[④] 这些失独群体，大都出生在二十世纪五六十年代，他们大多数人是没有接受太多教育的，工资也不是很高，但他们却几乎把所有的收入都用在了孩子的身上，让子女接受教育，去给孩子看病。据相关的调查显示，在我国的独生子女伤残家庭中，因为医疗而返贫的比例甚至高达 50%。这些失独老人大都处于退休状态，他们每月只有 1000~3000 元的退休金，只够勉强维持基本的生活，有的还需要偿还欠下的外债，经济上是很拮据的。所以很多的失独群体都处于无房也无钱的困境。[⑤]

（二）对失独群体养老困境成因的研究

关于失独群体养老困境的成因，学者们分别从政府角度、社会支持角度进行了分析。首先，我国计划生育政策的实施对减少人口的数量、缓解人口的压力，

---

① 姜国民、姜影：《重构家庭功能保障体系》，《人口与计划生育》2011 年第 9 期，第 33-34 页。

② 徐继敏：《成年独生子女死残的困境与政府责任》，《重庆行政》2007 年第 3 期，第 60-62 页。

③ 董丽红：《失独家庭养老问题的思考》，《绥化学院学报》2012 年第 32 卷第 6 期，第 37-38 页。

④ 袁珍：《城市失独家庭养老保障研究》，硕士学位论文，安徽财政大学，2014 年。

⑤ 晁霞、高春凤：《城市社区失独老人面临的问题与对策研究》，《产业与科技论坛》2014 年，第 13 卷第 6 期，第 11-13 页。

确实起到了巨大作用，但却相对造成了失独群体的养老困境。[①] 其次，社会保障制度不够健全。当前我国针对失独群体的扶助政策还主要参照的是“三无”老人（即无劳动能力、无生活来源、无法定义务赡养人的老人）[②]，而关于失独群体如何养老的问题，在制度和政策上还缺乏更为详细的实施细则。失独群体同城市的“三无”老人及农村的“五保”户情况不同，对于他们而言甚至都没有被纳入政府民政部门特殊保障范围的资格。当前有法律规定：独生子女因意外伤残或者死亡，其父母又不能够再次生育和收养的，地方人民政府应当配合给予必要的帮助。这项条款的内容过于模糊，并没有对失独群体给予实质性的帮助，因而也不利于解决失独群体的养老问题。[③] 最后，签字面临的困境。失独群体发生疾病的概率会随着年龄的增长而不断增加，因此他们更需要得到一些专业的照顾和治疗，但若生病住院或居住于养老院，这都需要子女进行签字，这无疑又给老人造成了很多现实困境。[④]

从社会支持的角度分析可以发现，造成失独群体养老困境的原因有以下几点。首先，社区养老的水平较低。社区作为城市居民生活和活动的场所，也是社会保障制度得以实施的社会基础及组织的载体，失独群体一旦失去独生子女，就会变得更为依赖社区。同时，随着年龄的不断增长、身体素质的日趋下降，他们也更加迫切地希望社区能够为他们提供养老服务，从而满足他们不同的生活需求。然而，总体来看，我国的社区起步较晚，且发展较为缓慢，社区没有也缺乏必要的硬件以及软件设施，再加上缺乏较为完善的管理制度，目前社区所能提供的养老服务尚不能够满足普通老人的基本需求，更加不能够满足失独群体对养老的各类特色性需求。[⑤] 其次，非营利组织的不成熟。非营利组织在参与失独家庭养老方面是可以发挥重要作用的，并且是可以有效弥补政府、市场不足的：他们提供

---

① 郭倚铭：《明天我们如何养老——失独家庭养老困境探究》，《东方企业文化》2014 年第 8 期，第 141-142 页。

② 金珑嘉：《失独家庭现状及其养老问题研究》，《汕头大学学报》2013 年第 4 期，第 75-78 页。

③ 黄盛泉、秦伟：《失独者养老问题及解决途径探析》，《长春工业大学学报》2014 年第 26 卷第 4 期，第 17-20 页。

④ 吕联生：《我国失独家庭养老困境及其出路研究——以制度安排为视角》，《福建行政学院学报》2013 年第 6 期，第 12-18 页。

⑤ 秦秋红、张甦：《“银发浪潮”下失独家庭养老问题研究——兼论社会养老保险制度的完善》，《北京社会科学》2014 年第 7 期，第 50-56 页。

更为专业的服务，组织志愿者参与服务，整合各类社会资源，所以非营利组织可以为特殊群体提供服务，从而改善社会福利，发挥着政府不能发挥的积极作用。但是，目前我国非营利组织的发展还较为落后，尤其同发达国家相比，存在着人均拥有量不足、法制较为滞后、经费不足甚至志愿者提供的服务也显得不足等系列问题。非营利组织的这种落后状况同失独群体的养老需求是存在很大的不一致性的，面对失独群体的各类特殊性需求，对于非营利组织而言，更是难以实现。①

三、对失独群体养老对策的研究

（一）关于解决失独群体养老困境的探讨

关于如何解决失独群体面临的养老困境问题，很多学者的建议主要集中在政府多提供经济援助、加强失独家庭间的互助、建立精神帮扶机制等不同方面。学者穆光宗在2016年提出可以将失独老人纳入“社会化养老模式”当中②，要逐渐认可失独家庭的抱团取暖与同质性的养老模式。谢勇才、丁建定则提出了提前退休、设立失独帮扶制度及集中养老的建议；同时，谢勇才、丁建定二人也在另一篇文章中指出应当建立起特别监护人制度，来解决失独者手术无人签字的窘境。在如何解决失独群体经济方面的困难上，谢勇才和王茂福提出，地方政府应当结合当地的经济状况，适当地提高失独家庭的扶助和保障水平，也要逐步建立同当地居民收入联动的调整型机制。冯乃林认为，政府在应对失独家庭的问题上可以开展医疗救助，以为其减免部分的医疗费用，同时对因病致贫的失独家庭提供一些相应的医疗补助与大病救助金。在秦秋红、张甦的建议中，政府财政部门应当适当地对存在经济困难的失独老人予以援助，比如提高他们相应的医疗保险、待遇水平，减少他们大病的自费支出等。周谨平、刘激扬认为，对于失独群体，一方面要专业团队同志愿者团队长期关注与帮助，另一方面则需要在失独家庭间建立起互助社群，因为相似的痛苦经历和情感变化可以使他们更好地理解彼此、相互安慰。龚钰淋、吕学静指出，我们要充分地考虑失独家庭的心理特征，更要建

① 杨子仪：《我国失独者养老困境及援助路径研究》，《社会工作》2014年第1期，第135-156页。

② 穆光宗：《中国传统养老方式的变革和展望》，《中国人民大学学报》2000年第5期，第39-43页。

立精神帮扶与心理干预机制。这不同于一般的心理咨询及精神慰藉，对于失独群体而言，精神帮扶需要更具专业化和针对性，这也就对从事该项工作的人员要求更高了。那么，这也就需要建立失独家庭数据库，在摸清失独家庭现状后，对失独群体展开定期、不定期的心理咨询服务，以排除他们的心理障碍，真正减轻他们的精神痛苦。

关于互助养老问题，学者朱传在1997年就对20世纪90年代天津的新街村、杭州的花园新村北村大院等一些地方出现的具有某种自发性质的老年人互助组合的养老模式进行了介绍。金华宝曾指出，互助养老其实指的是把社区作为单位，采用“社区主办、互助服务、群众参与、政府支持”①的方式，进一步整合社区内所有生活能够自理的老人力量以及养老资源，让这些老人们合住在一起，从而实现自助、互助的一种新型养老形式。在具体的操作实践中，因条件的不同，各地互助养老的方式也是多种多样的。据了解，河北省肥乡区的具体做法是集体建院、集中居住，自我保障与互助服务；内蒙古自治区化德县的做法是集中居住、就近养老，统一管理与分户生活；山东省青岛市的做法则是自愿结合、互助养老，互相帮助与共建和谐；四川省阆中市的做法是邻里互助、托养寄养，入住互助养老区与日间照料。因为失独群体的老龄化程度较高，且自理能力较弱，所以互助养老成为了解决养老问题的有效举措。

（二）对失独群体养老对策的研究

当前，失独群体养老对策方面的研究集中在五个大的方面。

第一，适时地调整计划生育政策。计划生育作为我国的一项基本国策，在人口老龄化以及失独群体的冲击之下，已经不再适合中国当前的经济社会发展状况，因而调整计划生育政策可谓势在必行。从放开单独二孩政策到全面放开二孩政策再到三孩政策，从根源上来减少失独家庭，这对解决失独群体的养老问题，是有着重要作用的。

第二，制定相应的政策，加大资金的投入。为切实解决我国失独群体的经济困境，国家要尽快地建立起一套失独群体的国家政策性补偿方案，并配备专门的国家专项扶助基金，同时根据物价水平来适当调整对失独群体的扶助标准，也要

① 金华宝：《社区互助养老，解决我国城乡养老问题的理性选择》，《东岳论丛》2012年第22期，第123-127页。

逐步增加对失独群体的养老服务优惠补贴，从而解决失独群体经济上的困境，让他们至少在经济层面没有后顾之忧，真正地安心养老。①

第三，建构起失独群体的养老保障体系。一方面，建构失独群体的政府扶助体系。失独群体在失去子女之后，他们其实都很渴望政府能够为他们建立一个专门的失独群体养老机构，使他们能够抱团取暖。为进一步满足失独群体的现实诉求，应该由政府出资建立失独群体专门的养老院或者实行社区内失独群体集中养老，如此不仅可以解决入住养老院签字难的问题，而且可以避免入住普通的养老机构，因其他老人的子女在探望时对失独群体所造成的重复性刺激和伤害。另一方面，建构失独群体的社会救助体系。政府应当大力支持各类社会养老机构的建设，积极鼓励商业类保险公司针对失独家庭开展和开发相应的保险产品。同时由政府出资，以招标的方式来购买第三方社会组织以为失独家庭提供一种社会化的养老服务。②

第四，发挥社区对于失独群体的帮扶性作用。社区作为城市失独群体生活的场所，也自然成为了他们最为熟悉的地方，为此应整合社区力量，充分发挥社区对于失独群体的有效帮扶作用。一方面社区要配备专门的管理人员，对社区内存在的失独群体进行统一管理，有条件的社区可以建立社区失独数据库，从而对失独群体的基本生活状况、身体状况以及经济状况等有一个清楚的了解。另一方面，依据失独群体的多样化需求，尽力为失独群体提供相应的家政服务，做好生活照料服务等；积极为合法权益受到不法侵害的失独群体提供可靠的法律援助；安排专门的志愿者以定期或不定期的方式到失独群体家里同他们聊天，以解决他们精神慰藉问题。同时，社区还应努力为失独群体提供专门性的活动场所，以积极开展社区内部的各类娱乐活动，陪他们一起过节等。③

第五，建立失独群体的心理疏导体系。失独群体大都会面临精神以及心理方面的各种问题，因而他们迫切地需要得到更为专业的心理辅导，以疏通心理障碍。

① 晁霞、高春凤：《城市社区失独老人面临的问题与对策研究》，《产业与科技论坛》2014年第13卷第6期，第11-13页。

② 王丽丽：《大庆市“失独”家庭问题的现状分析及对策》，《大庆社会科学》2014年第5期，第102-106页。

③ 吕联生：《我国失独家庭养老困境及其出路研究——以制度安排为视角》，《福建行政学院学报》2013年第6期，第12-18页。

然而，当前我国针对失独群体心理疏导方面的专业性人士还较为缺乏，所以，首先应成立一些专门的心理疏导队伍，从而加强对专业心理医生的培养、培训。其次，积极搭建失独群体的各类网络交流平台，积极鼓励他们通过“中国失独者”这一类的网站与“失独 QQ 群”等同全国各地的失独群体做好沟通交流，帮助他们尽快走出失独的阴影。最后，进一步搭建失独群体的实体交流平台，以为失独群体提供能够面对面、更为直接的交流平台，最终也引起失独家庭在情感上的共鸣。[①]

（三）解决失独群体问题的实践

目前，我国多个不同地区所施行的对失独群体的帮扶政策实践中，以北京市的帮扶政策实践最具有代表性，对于其他地区来说是具有标杆性、可参照性的。北京市目前出台了具有地区性质的“三帮扶政策”（即新政策、新经济补助和新精神关怀），基本上覆盖了北京地区的失独群体，从而为他们的生活提供了更为坚实的物质基础，也在一定程度上切实缓解了这一类失独群体的哀伤情绪。

此外，我国其他省份也相继开展了各种类型的失独群体帮扶的实践，既包括政策层面的，也有实践层面。江苏省曾在 2016 年就将年满 60 周岁的失独者的扶助金提高到了每月 700 元，并且探索建立了失独老人的保险制度，同时也适时开展了个人税收递延型的商业养老保险试点，计生与妇联等部门也一直在开展着“五大关怀”行动，即生育、健康、心理、养老、生活关怀。山东省的各市、县依据其各自的特点设立了具有针对性的帮扶方式：淄博张店年满 65 周岁以上的失独老人养老由政府负责，并且一次性给予 1 万元的特别补助；烟台芝罘区则开展了失独家庭的“四关爱”活动，相关人员可以申领 1 万元的帮扶金；聊城高唐则为 125 户失独家庭开展了项目需求调查；淄川龙泉镇开展了每户 1000 元的政府购买服务，主要在家政等方面帮扶失独家庭。

除了上述这些地区性的宏观政策之外，2012 年我国首条关注失独群体心理健康状态的免费咨询热线——“爱心传递热线”开通了，与此同时各类失独网站及微信群、QQ 群，在数量与规模上都在不断扩大，如“失独者之家”网站，就是

① 吕联生：《我国失独家庭养老困境及其出路研究——以制度安排为视角》，《福建行政学院学报》2013 年第 6 期，第 12-18 页。

由失独群体自发组织和设立的一个较为成熟的论坛，论坛分为了几个不同的版块，主要有及时更新的各地的失独政策、有关领养的讨论以及生活感悟分享，等等。

第三节　学界对失独群体研究的趋势

一、学界对失独群体的帮扶和研究简评

从整个社会层面来看，关于失独家庭的帮扶和研究主要集中于以下三个方面：其一，失独家庭帮扶政策实施的主体较为单一，主要依赖政府；其二，失独家庭的社会资源较为单一，其中绝大部分都集中在亲朋好友以及邻居等非正式的支持上，但是像社区、专业社会工作人员等的介入则显得并不多；其三，过于注重突显失独家庭问题的普遍性，却忽略了其问题的特殊性。据此可以看出，目前在宏观政策上的帮助虽然对失独家庭提供了一定程度上的帮扶，但是经过具体的调查与走访却可以发现，在实际政策的落实上同理想状态有着较大差距。第一，相关的补助还只是简单停留于形式方面，补助金额的不足让大多数家庭难以填补经济空缺，因而也就更无暇顾及养老资金的筹集；第二，补助是以农村 / 城镇抑或伤残 / 死亡作为划分的标准，而这种近乎一刀切的方式更加难以顾及不同的失独家庭所具有的特殊性，也就使得补助不可能体现针对性。①

从当前学术界的研究情况来看，针对如何增强失独者抗逆力的研究还较少，而这方面存在的局限性主要在于：一是所做的研究主要集中于失独造成的影响以及失独者养老和社会保障的政策上，并且缺乏多学科和多层次的综合性研究；二是研究的内容主要停留于表面，缺乏深入的分析，比如失独者在经历了丧子伤痛之后是怎样的一种心路历程，他们又如何从封闭隔离重新回归社会。目前关于此类情况研究的文献相对匮乏，而在增强失独者抗逆力的系统研究方面也较为缺乏。对失独者的扶助政策，在经济上的支持明显比精神上的抚慰更细致。

---

① 杨阳：《失独群体抗逆力的社会工作干预研究——基于南京市鼓楼区 M 街道的调查》，硕士学位论文，重庆大学，2017 年。

二、失独群体养老保障的局限

虽然对失独群体的研究是近些年才开始的，样本量还不够多，但是不同的专家学者对于失独群体的研究，已然引起了政府、社会的广泛关注。当前，学界对失独家庭的数量、失独家庭的养老问题以及失独家庭的完善对策等方面已经有了一些集中性的研究，当然这些研究也主要是从制度角度进行的。故而，尚存在一定程度上的不足。①

第一，关于失独群体数量的统计。目前不同的专家学者主要通过人口普查、具体的调查乃至预测的方式，对我国的失独群体数量进行了统计，但这并不等同于实际上的失独者数量。应该做进一步的调查研究，统计出真实的失独家庭数量。

第二，缺乏对城市失独群体的研究。当前对失独群体的研究较多，但大多数仍是关于全部的失独群体抑或农村的失独群体，很少有涉及城市失独群体及其养老问题的。

第三，关于如何有效解决失独群体养老保障问题方面的研究，大部分都简单停留于制度层面。很多的文献都集中强调应该从政策制定、法律帮扶与社会保障等方面进行研究。对于一些非制度性层面的，诸如对社会当中的非营利组织、某些社区以及失独者自身等方面的研究还较少。

第四，关于完善失独群体养老问题方面的研究，大都强调的是经济需求。失独群体失去了独生子女，他们必然会面临经济上的困境，然而更为重要的则是精神上的空虚。因而，不能仅仅从物质层面进行资助，同时也要更加关心失独群体精神上的需求。

① 张莹莹：《城市失独群体养老保障研究》，硕士学位论文，山东师范大学，2016年。

第三章

政府对失独群体的政策研究

第一节 政府层面对于失独家庭的国家扶助与社会关怀政策

我国先后出台了一系列促进养老事业发展的相关政策，以积极应对人口老龄化，这对完善我国的养老服务和开展养老实践具有重要的指导意义。有研究指出，自新中国成立至今，我国养老政策总共分为四个阶段。第一阶段，从新中国成立至改革开放初期，以家庭式养老服务为主要供需主体，政府主要提供辅助支持。第二阶段，20 世纪 80 年代到 90 年代末，家庭、个人独自承担起了养老服务，而政策也开始鼓励市场参与。第三阶段，从 2001 年至 2012 年，政府主导了养老服务体系化建设，系列政策出台均以顶层设计与规划指导为主。第四阶段，自 2013 年至今，每年出台的各项政策内容各有侧重，促进养老产业市场化发展。①

一、国务院五部委关于失独家庭的扶助政策

2013 年 12 月，由国家计划生育委员会牵头，民政部、财政部、人力资源和社会保障部、住房和城乡建设部等部委参与联合下发了《关于进一步做好计划生育特殊困难家庭扶助工作的通知》（国卫家庭［2013］41 号）。在这一《通知》的指导之下，各级地方政府随即又陆续推出了一系列结合各地具体情况的有关失独家庭扶助政策的针对性实施意见。

《通知》中失独家庭被称为“计划生育特殊困难家庭”，指的就是“独生子女发生伤残（指被依法鉴定为三级以上伤残）或死亡，未再生育或收养子女的家庭”。《通知》中提出，这类计生特殊困难家庭主要在“生活保障、养老照料、大病医疗、精神慰藉等方面遇到一些特殊困难”，因此，国家的政策也主要是围绕这几个大的方面推出扶助性措施，初步形成一个有效针对失独家庭的扶助政策体系。具体来讲，这一政策体系主要包括以下五大部分内容。

第一，经济扶助。失独家庭通常情况下可能会丧失基本生活来源，也就会缺乏基本的收入，针对这一问题，中央和各级地方政府将切实根据国家和地区的经济社会发展水平，逐步地提高经济扶助的标准。从 2014 年起，我国将女方年满 49 周岁并且其独生子女出现伤残或死亡家庭夫妻的特别扶助金标准分别提

① 杭州和睿养老产业发展有限公司编著《中国式持续照料养老社区开发全流程解析：CCRC 的中国本土化实践经验》，化学工业出版社，2020，第 6-7 页。

升到：城镇每人每月 270 元、340 元，农村每人每月 150 元、170 元，同时建立动态增长机制。而中央财政也将按照不同比例，对东、中、西部地区予以相应补助。

第二，养老保障。根据《通知》要求，对于失独家庭正在以及即将面临的养老照料问题，针对符合条件的那些计划生育特殊困难家庭成员，其中参加了新型农村社会养老保险及城镇居民社会养老保险的，按照规定应当给予参保缴费的补贴。对于年满 60 周岁及以上的计划生育特殊困难家庭成员，尤其是失能或者部分失能的，应当优先安排其入住由政府投资兴办的养老机构。对于有条件的地区，可以对计划生育特殊困难家庭成员当中的那些生活长期不能自理以及经济困难的老年人发放一定的护理补贴。

第三，医疗保障。对于失独家庭可能面临的某些疾病风险，《通知》提出，要进一步将那些符合条件、收入较低的计划生育特殊困难的家庭成员逐步纳入到城乡医疗救助范围，给予他们相应的医疗救助，同时帮助他们参加城镇居民基本医疗保险或者新型农村合作医疗。对于那些有再生育意愿的独生子女伤残或死亡家庭，并且参加有生育保险或者城镇职工基本医疗保险甚至城镇居民基本医疗保险的，可以将其接受取环、输卵（精）管复通等有关计划生育手术以及再生育服务产生的医疗费用按照相关规定纳入到医保支付范围；同时免费向农村的居民提供取环、输卵（精）管复通等有关计划生育的手术服务，并给予其住院分娩补助；对于确需实施辅助性生殖技术的，要积极做好咨询指导工作，并且给予必要的帮助。积极鼓励、支持各级医疗机构逐步开通“绿色通道”，建立起社区医疗服务相关巡诊制度，为计划生育特殊困难的家庭提供更为便利的就医条件。

第四，社会关怀。对于失独家庭的精神慰藉与心理关爱，《通知》也相应制定了更为广泛的“社会关怀”行动，包括以下内容。

（1）充分发挥各级各类社会组织、企事业单位及群众自治组织，尤其是志愿服务组织、基层计划生育协会、社会工作专业服务机构以及人口福利基金会等应有的积极作用，把精神慰藉与心理疏导作为重点，深入开展各种形式的社会关怀活动，以营造良好的社会氛围，并且探索发挥保险机制的作用。

（2）对那些生活贫困、住房困难的城镇失独家庭申请公租房、廉租房等社会保障性住房的，应当优先给予安排；对农村失独家庭，要按照有关规定优先将其纳入到农村危房改造范围之内。

（3）对于符合条件，同时也有收养意愿的失独家庭，在同等条件下，给予优先安排收养子女。

（4）加大对残疾独生子女帮扶的力度，逐步地实行高中阶段的免费教育，多鼓励参加各类职业技能培训，对于符合条件的人员应当按照规定给予相关政策扶持，并且优先安排医疗康复项目，也优先适配基本型辅助器具。

（5）对于失独家庭成员出现死亡的，可以提供必要的丧葬服务补贴。

（6）建立一整套失独家庭的联系人制度，将那些失去了民事行为能力的失独家庭成员有计划地纳入到国家成年监护制度的安排当中，及时了解和沟通情况，明确需求，提供必要的生活和精神帮助。

第五，配套措施。对有关政策的组织领导以及资金和舆论等方面的配套措施，《通知》提出，失独家庭的扶助本身就是一项政治性与政策性都很强的工作，妥善解决好失独家庭的相关问题，事关群众的切身利益和社会的和谐稳定。依照《中华人民共和国人口与计划生育法》的相关要求，要切实承担责任，加强组织领导，结合工作实际制定出具体的措施，进一步明确各级有关部门的职责，确保能够投入到位、工作到位，监督落实到位。落实好当前失独家庭在扶助上所需要的资金，对于有条件的地方，可以探索建立起生育公益金或者生育关怀基金，其作用在于帮扶那些失独家庭。此外，也要加强舆论引导，积极营造全社会都关心和帮助失独家庭这样的良好社会环境。

二、原计生系统关于失独家庭的社会关怀政策

原国家卫生和计划生育委员会和中国计划生育协会联合发出了《关于开展计划生育特殊困难家庭社会关怀的通知》（国卫办家庭发［2014］1号）。该《通知》明确提出，开展失独家庭的社会关怀，就是要逐步通过建立“政府主导、部门协同、社会参与、多方关怀”的新工作模式，尽可能地动员社会各界力量，从而为特殊困难家庭提供一些基本的生活、医疗、养老及精神慰藉与心理疏导等方面的服务，也逐步建立起失独家庭社会关怀的一种长效机制。[①] 具体来讲，《通知》围绕着生活、健康、养老、精神及生育五个方面的内容，对失独家庭的社会关怀工作提出了下面几点细节性的规定。

---

① 王洋：《全面部署计生特殊困难家庭社会关怀工作》，《中国人口报》2014年1月30日。

（一）生活关怀

（1）实施紧急救助。落实好计划生育家庭的特别扶助制度，并且建立紧急救助工作机制，从而及时为特殊困难的家庭发放抚慰金或者补助；同时当失独家庭遭遇到突发事件以及重大灾害等意外事故或者生产、生活当中出现某些重大困难时，要及时进行紧急救助。

（2）开展慰问活动。主要由各级的卫生计生部门负责人来带队，定期特别是在传统节日期间，主动走访、慰问特殊困难的家庭，及时去了解他们的困难与需求，从物质上与精神上切实给予他们帮助和慰藉。

（二）健康关怀

（1）加强健康管理。把失独家庭作为重点服务的对象，为老年人、糖尿病患者、高血压及重性精神病患者建立个人健康档案，定期开展随访评估与健康指导工作。

（2）提供就医便利。建立医疗服务的巡诊制度，对那些行动不便的失独家庭的老人提供上门服务。鼓励并支持各级医疗机构及时开通“绿色通道”，为失独家庭提供更为便利的就医条件。

（三）养老关怀

（1）安排养老照料。对满 60 岁的失独家庭成员，尤其是失能或者部分失能的，要帮助他们优先入住政府投资、兴办的养老机构。

（2）老年护理补贴。探索建立一套失独家庭的老年护理补贴制度，对于有条件的地方，要对失独家庭成员中那些生活长期不能够自理、经济又较为困难的老年人发放一定数额的护理补贴。

（四）精神关怀

（1）建立联系制度。建立失独家庭的信息档案，实行一对一帮扶、联系人制度，做好沟通，了解需求，提供一些必要的帮助。

（2）进行心理疏导。通过开通咨询和热线等有效的方式为他们提供必要的心理咨询与疏导服务，必要的时候可以请心理专家或者有经验的社会工作者上门来进行心理干预等服务，以帮助失独家庭尽快恢复健康的精神状态。

（3）开展亲情牵手。动员各级党政机关、企事业单位、部队、学校、慈善机构及群团组织等同失独家庭开展一对一或多对一的帮扶活动，鼓励党员、团员、在校学生、部队战士等群体同失独家庭建立起亲情关系，给予他们精神慰藉。

（4）组织联谊活动。在有条件的地方，应当组织失独家庭高效开展各种文化联谊类活动，引导他们积极面对生活，从而重新融入社会。

（五）生育关怀

（1）提供生育服务。为那些有再次生育意愿的失独家庭提供一些免费的计划生育服务与孕前优生健康检查，做好普及生殖健康知识活动，指导他们制订适宜的生育计划。对于需要接受辅助生殖技术治疗的，要做好咨询、指导工作，同时给予必要的帮助。

（2）协助安排收养。为有收养意愿，也具备收养条件的某些失独家庭提供必要的收养信息，帮助他们办理收养手续与入户手续。①

第二节　东部、中西部地区政策的形成与落实

一、东部地区对失独群体的政策

（一）北京、上海、广州、深圳的政策

我国的东部地区主要包括北京市、上海市、广东省、天津市、山东省、河北省、江苏省、浙江省、海南省、福建省、台湾省、香港特别行政区以及澳门特别行政区。就城市的失独家庭而言，我国东部10省、市（除港澳台地区）的扶助金发放标准要数广东省最高，达到了每人每月800元；而标准最低的则是河北省，其所执行的乃是国家的最低标准，每人每月340元。在整个东部地区，所见的最高标准是最低标准的2.35倍。

1. 北京市的相关政策

《北京市人口与计划生育条例》当中第二十条、第二十一条最具有说明性。第二十条规定："独生子女发生意外伤残致使基本丧失劳动能力或者死亡，其父母不再生育或者收养子女的，女方年满五十五周岁，男方年满六十周岁的，所在区人民政府应当给付每人不少于5000元的一次性经济帮助。"第二十一条规定："本市各级人民政府和各有关部门应当制定和完善有利于独生子女父母的老年保障制度和措施。"同时也明确指出："本市有条件的乡镇，可以根据政府引导、农民自愿的原则，实行多种形式综合养老保障办法。"

① 沈长月、夏珑、石兵营、李平菊、谭琪：《失独家庭救助与社会支持网络体系研究》，华东理工大学出版社，2016，第13-14页。

北京市的失独家庭目前有3900余个，而失独父母有近8000人。北京的这项补贴从2008年就已经开始发放，发放的金额为每人每月200元，一直到亡故为止。此外，依据北京各区、县的具体情况，失独家庭中若女方年满55周岁、男方年满60周岁的话，还可以一次性领取5000元到10 000元不等的一项补贴。自2012年起，郑州地区符合条件的部分失独者扶助金，也从原来的100元调整到了270元。据了解，北京市平谷区的失独家庭每人每月可以领到780元的生活补贴，夫妻双方一年的补贴金额将近2万元。失独父母如果不幸发生了重大的疾病或者意外事故而导致家庭困难的，还将会给予每人5000元至10 000元的补贴。

此外，北京市的独生子女若发生某些意外伤残致使其基本上丧失劳动能力或死亡的，并且其父母不再生育或收养子女的，当父亲年满60周岁的时候，所在区的人民政府应当给予每人不低于5000元的一次性经济帮助。①

2. 上海市的相关政策

上海市再没有生育可能的失独家庭总数达到了7000余户，由所在区、县政府给予每人每月150元的扶助金，后来又调整为：独生子女伤残家庭的特别扶助标准是每人每月400元，而独生子女死亡家庭的特别扶助标准则是每人每月500元。从上海市失独家庭一次性补助来看，凡是上海户籍并且持有“独生子女父母光荣证”的独生子女伤残父母将会得到政府发放的一次性补助3000元，至于独生子女死亡父母，则发放一次性补助5000元。

根据上海市的失独家庭养老扶助政策，对那些有入托社区日间照料中心意向的失独老人，经过评估后给予优先安排。至于失独老人优先入住的养老机构，只要是符合入住养老机构条件的，就会给予优先轮候入住基本公共服务的养老机构的机会。根据上海市失独家庭生活扶助的政策规定，那些有助餐服务需求的失独老人，可以为其优先提供助餐服务。上海市年满60周岁的计划生育特殊困难家庭以及55周岁至60周岁的单身独生子女死亡父母，可以获得每月4个小时的免费家政服务、精神慰藉与结对关爱等；至于年满70周岁的老人，则可以获得每月8小时的家政服务。

与此同时，上海市还通过“生育关怀·情暖夕阳”服务为上海市年满60周岁的失独家庭，通过“久久关爱”这一服务平台（962899），为其免费安装救援关爱

① 沈长月、夏珑、石兵营、李平菊、谭琪：《失独家庭救助与社会支持网络体系研究》，华东理工大学出版社，2016，第185-188页。

一键通话机 1 台，并且提供“紧急救助”的电话服务；为年满 70 周岁的独生子女死亡家庭增加了“信息查询”“牵线搭桥”“关爱服务”这三类电话服务。在保险保障服务上，上海市为年满 60 周岁的失独老人赠送“银发无忧”老年人意外伤害的综合保险；在最低生活保障上，上海市为失独老人申请了最低的生活保障。在医疗扶助方面：对于医疗救助来说，凡是符合条件的上海市失独家庭都可以享受医疗救助；对于居家医疗护理服务而言，凡是符合居民医疗护理服务评估的年满 75 周岁以上的失独老人，都可以享受到居家医疗护理服务；对于再生育支持来说，对于有再生育意向的家庭，提供取出宫内节育器、实施输卵（精）管复通等计划生育手术（治疗）服务；在住院护工补贴保障机制方面，独生子女死亡家庭父母若因病或者因意外伤害而入住二级及以上医院者，一般的住院护工补贴费是每人每天 60元，至于重症住院，护工补贴费则是每人每天 120 元。[①]

3. 广州市相关政策

广州市政府针对失独家庭及独生子女伤病残的家庭实行按月发放补助金的制度。具体来说，失独家庭从女方年满 49 岁时起，就由政府按照每人每月 150 元的标准来发放计划生育扶助金；而男性年满 60 周岁、女性年满 55 周岁的次月起，扶助金的标准就会提高到每人每月 300 元。同时，只要是本市户籍的独生子女父母，不论是在城镇还是农村，从男性年满 60 周岁、女性年满 55 周岁的次月起，将会由政府给予每人每月 150 元的计生奖励金。

4. 深圳市相关政策

深圳给予农村失独家庭一次性补助金 2 万元，城镇失独家庭 3 万元；对于年满 60 周岁的失独家庭夫妇，所实行的扶助金标准是农村每人每月 800 元、城镇每人每月 1000 元。此外，广东省深圳市福田区还拟定了《计划生育家庭特别扶助办法》，同时还向全社会公开征求了意见，针对独生子女死亡、病残以后没有再生育或者收养子女的夫妻，每人每月由政府补贴 600 元至 750 元不等。

（二）浙江、江苏、河北、福建、山东的政策

1. 浙江省的相关政策

浙江省生活无法自理的那些失独老人是由政府来负责养老的。根据浙江省卫生和计划生育委员会 2015 年 10 月 12 日公布的最新扶助政策，将要逐步去解决浙

---

① 沈长月、夏珑、石兵营、李平菊、谭琪：《失独家庭救助与社会支持网络体系研究》，华东理工大学出版社，2016，第 189-194 页。

江失独家庭当前老无所养、病无人陪、死无人送的境况。失独家庭作为一个特殊的群体，白发人送黑发人的悲恸让人难以接受，因此，如何养老的问题更受社会各方关注。

浙江省卫生和计划生育委员会2015年出台的《浙江省卫生计生委等部门关于进一步完善计划生育特殊家庭扶助关怀政策的意见》（以下简称《意见》）①，是在2014年版的基础之上进一步提高了扶助的标准，也细化了具体的政策，并且增强了可操作性。《意见》的扶助对象不仅仅包括失独家庭，还包括了那些独生子女发生三级以上伤残的家庭以及计划生育手术并发症的对象。浙江省卫生和计划生育委员会相关负责人曾指出："虽然发生计划生育手术并发症的人并不多，但是她们也应享有政府的扶助和关怀。"

浙江省原卫计委、民政厅等六大部门也曾联合出台了关于进一步完善当前计划生育特殊家庭扶助关怀政策的意见，明确提到失独家庭若依法收养子女可以获得5万元的补助等相关内容。这项政策自2016年1月1日起开始实施。

此外，宁波市则自2008年开始对失独群体进行补助，政策规定每人每月补助金额为150元，待年满60周岁以后，达到享受城镇职工社会养老保险金的那部分对象仍补助每人每月150元，至于其他的对象，扶助标准也相应提高到了每人每月360元。宁波市海曙区提出，将每年一次性为那些失独老人每人发放1800元的生活补助金，如果是年满60周岁及以上且没有社保的，将每年发放4320元的生活补助。至于杭州市则适度提高了失独家庭的特别扶助金标准。政策也考虑到了经济发展、物价上涨等其他因素，建议这项特别扶助金的标准可以从现行的每人每月200元逐步提高到300元，并且实行全市统一标准。

2. 江苏省的相关政策

江苏省设立了失独、伤独扶助金和再生育手术免费政策。失独、伤独扶助金政策规定，自2016年起，凡是年满60周岁的独生子女伤残、死亡的，其扶助金的标准每月将会上涨200元，即由此前每人每月400元、500元分别提高到每人每月600元、700元。同时，对那些符合条件的年满60岁的失能及部分失能或生活较为困难的特别扶助对象，并且自愿入住公办养老机构或者选择居家养老的，由其各地政府按照就近的原则提供基本养老服务，对于符合条件的对象，按照规

① 浙江省卫生健康委员会：https://wsjkw.zj.gov.cn/art/2015/10/8/art_1229123416_856809.html，访问日期：2021年7月2日。

定享有政府购买的养老服务与补贴。

因为不少家庭在独生子女出现伤残或者死亡事件之后，都会有更为强烈的再生育意愿，所以这部分人群在接受宫内节育器取出、输卵（精）管复通等手术服务时全部免费。对那些符合条件的农村孕产妇按照规定给予住院分娩的补助。而为了进一步提高这部分人群的医疗保障，对于生活困难的特别扶助对象在其参加城镇居民基本医疗保险或新型农村合作医疗时，由他们个人缴费的那部分则由当地政府按照规定给予适当补贴。对于符合医疗救助条件的这一类特别扶助对象，按照规定应予以医疗救助，对参加城镇居民基本医疗保险或新型农村合作医疗的，由其个人缴费的那部分，应当给予全额资助；对经基本医疗保险、大病保险与其他医疗保险支付后，个人及家庭又难以承担的那部分，符合规定的基本医疗自付的费用也给予补助。①

3. 河北省的相关政策

河北省对失独群体的政策以石家庄市最为典型。石家庄市规定，针对5000多个失独等计生特殊家庭给予一次性救助金，凡是年满49岁的独生子女死亡或者三级以上残疾家庭的父母每人每月由市、县两级财政给予生活补贴的金额不低于150元。到了法定退休年龄，独生子女死亡的父母每人每月不低于600元；到达退休年龄，独生子女三级残疾家庭的父母每人每月不低于200元；到达退休年龄，独生子女二级以上残疾家庭的父母则每人每月不低于400元等。如果发生独生子女死亡或者重大残疾的，市、县两级财政将会直接给予15 000元的一次性救助金。②

目前，石家庄的失独家庭每月每人有补助金635元，当各项补助加起来时，失独家庭父母达到退休年龄之时，仅从政府那里领取到的补助金每年每人就约有8000元，而不少县、区更是达到了人均每年1万元以上，基本上达到了当地人均的中等生活水平。

4. 福建省的相关政策

福建省规定，失独家庭的补助是每月每人400元，全年共4800元。厦门市规定，失独家庭每月每人的补助是500元，全年共6000元。宁德市则规定，失独家庭每

---

① 沈长月、夏珑、石兵营、李平菊、谭琪：《家庭救助与社会支持网络体系研究》，华东理工大学出版社，2016，第195-198页。

② 同上书，第173-184页。

月每人的补助是400元，全年一共是4800元。①

5. 山东省的相关政策

目前，山东省的失独家庭已经超过了5万。根据2004年的政策，青岛市的补助是每人每月135元；同时，有代表委员还曾建议，应该发放相应的失独人员一次性特别救助金5万至8万元。②

二、中西部地区对失独群体的政策

我国中部地区，东接沿海诸省，西接内陆诸省，按照自北向南、自西向东的排序包括6个相邻的省份，即安徽、湖北、山西、河南、江西、湖南。中部6省当中，发放标准最高的当属河南省，达到每人每月680元，而发放标准最低的则是安徽、江西和湖南三省，他们所执行的是国家最低标准，仅为每人每月340元。

2013年1月21日，“关爱贫困失独老人”的活动在湖南省长沙市启动，这也成为了湖南省第一个致力于帮助改善贫困失独老人当前生活状况的慈善活动。

陕西省于2012年出台了《关于建立完善失独家庭养老扶助制度的意见》，年满60周岁失独夫妇的扶助标准，从当前每人每月140元提高到了农村居民每人每月800元，而城镇居民则是每人每月1000元，同时也建立起失独家庭养老扶助标准的动态调整机制。

第三节　相关政策落实的效果与反馈

失独家庭这一群体的产生是伴随独生子女家庭的出现而出现的。到2015年年底的时候，我国独生子女的总量累计已经超过了2.18亿，而这些家庭毫无疑问必然会面临无子女与独生子女伤残的风险。王广州等人依据全国第五次、第六次人口普查的资料推算，约有3.91%的人可能会在18岁之前死亡，另有5.1%的人可能会在30岁之前死亡，这其中1.17%的人是会在18~29岁死亡的。③据此可以看到，截至2000年我国的独生子女死亡数量已经超过了100万人，而到2015年，每年也有超过10万的独生子女死亡，这也就意味着，到2017年年底我国的失独

① 沈长月、夏珑、石兵营、李平菊、谭琪：《家庭救助与社会支持网络体系研究》，华东理工大学出版社，2016，第248-250页。

② 同上，第203-207页。

③ 王广州、胡耀岭、张丽萍：《生育政策调整》，社会科学文献出版社，2013，第37页。

家庭群体会达到170万。我国原国家人口计生委副司长郭震威也从另外一个角度作出了估算，在城市中的独生子女父亲的失独率大约是9.65%，平均的丧子年龄约是54岁，而在丧子之后存活的时间约为24年。相较而言，我国农村地区独生子女父亲的丧子率会更高，其平均丧子的年龄也会更小，但相应的丧子后的存活时间却更长。①

在数量极为庞大的失独群体背后其实蕴含的是极为敏感的现实性问题，而有很多问题都是伴随着失独事件的发生而出现的，比如失独哀伤问题、精神创伤问题、法律援助问题、子女后事处理问题、经济援助问题等；另又有一些问题则是在失独事件发生之后的一段时期内长期存在的，比如精神孤独问题、医疗保障问题、生活态度问题、经济援助问题、养老保障问题、家庭重建问题以及社区融入问题等；还有一些问题却是会伴随失独老人逐渐老去而依然存在的，比如养老保障问题、遗产处置问题、医疗保障问题、后事处理问题等。上述问题有一些是群体性普遍存在的，诸如医疗与养老保障问题、经济援助问题等；有些则是因人而异的个性化问题，诸如法律援助问题、遗产处置问题等。与此同时，对于失独群体而言，其生活困境以及现实问题也都相应存在着城乡上的差异、性别上的差异等。因此，国家在具体实施失独家庭群体帮扶政策时，既需要考虑群体性的需求，又需要回应不同的个体需求。

一、失独家庭特别帮扶制度的实践与反思

（一）失独家庭问题的政策表述

失独家庭问题需要社会工作者结合具体的场景，同时根据不同的对象需求做出有效的回应，也需要做出政策的改变回应服务对象的问题。从我国失独家庭特别帮扶政策实践来看，实际上经历了一个从模糊到清晰、由理论转化到实践、从社会救助的层面实施再到社会保障的层面予以建构的过程。

关于专门对失独家庭予以社会救助的政策性表述，目前可见的资料显示，最早以立法的方式出现是在2001年版的《中华人民共和国人口与计划生育法》中。其中规定："独生子女发生意外伤残、死亡，其父母不再生育和收养子女的，地方人民政府应当给予必要的帮助。"从这个规定来看，有两点值得重视的意义：

---

① 姜保全、郭震威：《独生子女家庭丧子概率的测算》，《中国人口科学》2008年第6期，第23-28页。

第一，我国政府已经开始意识到了失独父母群体的困境以及实施相应社会救助的重要性；第二，首次明确了帮扶失独父母的实施主体乃是地方的人民政府。但是，随之也发现，政策当中也存在模糊不清的地方，即不仅未提及地方人民政府的哪一个具体部门来负责实施，也未提及所谓的必要帮助形式究竟指的是什么。随后在2006年12月，中共中央、国务院又在《关于全面加强人口和计划生育工作统筹解决人口问题的决定》中明确提出："建立和完善政府为主、社会补充的人口计划生育导向政策体系。积极探索建立独生子女伤残死亡家庭扶助、长效节育措施奖励、节育手术保险、城市计划生育夫妇老年一次性奖励等制度。"这是我国中央文件中首次提出要对失独家庭群体实施帮扶，但是仍然未规定如何具体实施。①

（二）失独家庭问题的政策实践及反思

为了响应中央号召，同时回应失独家庭群体产生的系列严重问题，在2007年8月，我国有关部门又再次联合印发了《全国独生子女伤残死亡家庭扶助制度试点方案》。该文件中明确提出："建立和实施独生子女伤残死亡家庭扶助特别制度。"与之前的提法相比，该文件可以说是比较清晰地对独生子女伤残或死亡家庭扶助制度的对象界定、扶助对象的确认、扶助的标准、基本的原则、试点的范围、扶助金发放的方式、资金的来源与管理、组织管理、评估监督和考核以及工作的具体要求等作出了较为明确的规定。同年9月，国家人口计生委办公厅联合中国残联印发了《关于开展独生子女伤残死亡家庭扶助制度试点地区目标人群调查登记工作的紧急通知》，《通知》要求各试点省、市务必认真研究《独生子女伤残死亡家庭扶助制度目标人群调查登记方案》，进一步明确统计的口径，立即着手部署本地区的统计调查工作，并开展目标人群的调查登记工作，以有序推进扶助制度的实施和推进。2011年12月，国家有关部门又印发了《关于建立全国农村部分计划生育家庭奖励扶助和计划生育家庭特别扶助标准动态调整机制的通知》，其中作出了特别扶助金标准要同农村居民家庭年人均生活消费支出的增长幅度挂钩的决定，同时也将特别扶助金的标准提升到了每人每月不低于135元。②2013年，国家五部委联合下发了《关于进一步做好计划生育特殊困难家庭扶助工作的通知》。《通知》中明确要求：一要加大

① 谢勇才：《失独家庭社会保障的现实困境与破解之道》，《探索》2016年第4期，第131-138页。

② 谢勇才、丁建定：《父母的社会保障诉求及其实现路径——基于失独父母四份诉求书的分析》，《国家行政学院学报》2015年第6期，第78-82页。

经济上的扶助力度，建立对失独及子女伤残家庭的经济补助并且建立起动态的增长机制；二要考虑到失独家庭的养老问题，并对失独家庭的养老保障做出合理安排，这包括社会保险、养老服务以及医疗保障均要有相应的政策性支持；三要提高医疗保障水平，对于那些有再次生育意愿的特殊家庭可以提供生育服务与医疗费用补助；鼓励、支持各级医疗机构积极为特殊家庭成员的就医提供“绿色通道”，等等；四要开展社会关怀活动，要重视计生特殊家庭在精神方面的慰藉与社会关系的融入，充分发挥好社会组织特别是社会工作机构以及保险机构的作用，积极开展以精神慰藉与心理疏导为重要基点的特殊家庭成员社会关爱活动；对于特殊家庭的住房保障、伤残子女教育康复与就业、收养子女、丧葬服务等生活困境要及时做出详细的规定和安排。在原国家卫计委的文件出台之后不久，全国各地也纷纷出台了配套性的政策，同时，针对各地计生特殊家庭情况，结合本地区经济收入、消费状况，做出了包括经济扶助、养老保障、精神慰藉、困难救助、医疗保障以及交通出行等诸多方面的政策性安排。

在 2016 年 4 月，国家有关部门又印发了《关于进一步完善计划生育投入机制的意见》，提出进一步完善计划生育家庭的特别扶助制度，要统一城乡独生子女伤残以及死亡家庭的扶助标准，将农村的扶助标准提高到同城镇水平一致，也就是分别为 270 元、340 元。根据原国家卫计委、各省卫计委的官方网站资料显示，在接下来的具体实施中有 24 个省（区、市）采用了地方财政配套的方式来提升失独家庭特扶金的标准，然而最终同全国标准保持一致的仅有海南省和甘肃省。当时，全国最高的省份是广西，达到了 860 元，而其他超过 700 元的也只有江苏省和广东省。与此同时，各地市、县（区）相应的扶助标准也是趋高，比如福建省泉州市、漳州市就达到了每人每月 1000 元，有一些市、县、区更是达到了 1500 元。可以说，《全国独生子女伤残死亡家庭扶助制度试点方案》与《关于进一步做好计划生育特殊困难家庭扶助工作的通知》是我国国家层面针对失独家庭所做出的政策性实践，其操作性也很强，两个文件的出台不仅成为了各地在解决失独家庭问题时的指导性政策，而且也为无数的失独家庭带来了国家的慰问、政府的关怀，更是为社会力量的积极介入提供了政策上的依据。

失去独生子女是所有失独家庭的共性，但同时存在的是失独家庭的个性差异。不同地区、不同城乡间的失独家庭有需求困境上的差异。因而，国家不可能统一制定出一套固定的帮扶失独家庭的实施细则。这就必须充分发挥好社会工作机构、社区、公益性慈善组织以及各类社会组织所具有的专业力量和社会资源，结合各地区的实际来探索适合本地帮扶失独家庭的这样一种多样性的实务模式。2012 年 2 月，我国计划生育协会决定在全国的 14 个省（区、市）与 15 个地级市试点开展针对特殊家庭的帮扶模式。2013 年 4 月又再次将试点的范围扩大到了 49 个。以开展帮扶失独家庭模式试点的积极探索为起点，全国各地很快积累了丰富和极为宝贵的帮扶失独家庭的有效经验。这其中最为典型的有，早期江苏省启东市的失独心理关爱项目、福建省漳州市的政府购买社会工作以介入失独家庭的“携爱家园”关爱项目、湖北省武汉市的失独家庭自发性组织“连心家园”关爱项目，等等。

二、失独家庭扶助政策的实践反思

失独是一种难以承受的痛，在历经了学者、人大代表以及失独父母等群体的长期呼吁之后，在 2007 年 8 月，国家人口与计划生育委员会与财政部联合下发了《全国独生子女伤残死亡家庭扶助制度试点方案的通知》，从而开始了在我国东中西部十来个省、市试点实施失独家庭的国家扶助制度，也迈开了国家帮扶失独家庭的重要一步。2008 年，在经过了一年的试点之后，国家人口计生委又决定进一步推广，在全国范围内实施失独家庭国家扶助制度，我国现行的失独家庭扶助制度就是由此而来的。在数年时间里，通过推行实施失独家庭国家扶助制度，确实在一定的程度上缓解了失独家庭面临的多重困境，对于保障我国大部分失独家庭的正常生活也起到了一定的积极作用。但不可否认的是，这一制度也存在着诸多的弊端。例如：公平与立法不足；给付标准过低，形式较为单一；政策定位不准，未实现全覆盖等。①

（一）公平与立法不足

1. 公平不足

失独家庭扶助政策的公平不足主要表现在两大方面，即区域之间的公平不足和城乡之间的公平不足。

首先，是区域之间的公平不足。区域之间的公平缺失指的是现行的失独家庭扶助制度规定的失独家庭扶助金发放的标准在不同的区域间存在着较大的差异。

① 程星：《失独家庭国家补偿标准研究》，硕士学位论文，华中师范大学，2018 年。

受地理空间以及区域发展水平等很多不同因素的影响，东中西部区域之间，东部的发展水平明显要高于中部、西部；而在区域的内部，不同省份的发展水平也存在差异。根据现行的失独家庭国家扶助制度，东部地区、中部地区及西部地区各省份的失独家庭国家扶助金标准差异较大。从城市失独家庭来看，东部 8 省、市的扶助金发放标准以广东省为最高，达到了每人每月 800 元；执行国家最低标准的是河北省，每人每月 340 元。东部地区的最高标准是最低标准的 2.35 倍。在中部 6 省当中，河南省的发放标准最高，达到了每人每月 680 元；而安徽、江西和湖南三省发放的标准是最低的，其所执行的也是国家最低标准，每人每月 340 元，即中部地区最高标准是最低标准的两倍。而在西部地区，广西执行的标准最高，每人每月达到了 860 元，云南的标准最低，仅有 285 元，即最高标准是最低标准的 3.02 倍。除了城市失独家庭扶助金的发放标准因区域不同而存在差异之外，农村失独家庭扶助金发放标准也因区域之间的不同而存在较大差异。

其次，是城乡之间的公平不足。除了区域间的公平缺失以外，城乡之间的失独家庭国家扶助也存在着公平缺失。在一定历史时期内，我国部分省份对于城市失独家庭的扶助标准是要明显高于农村失独家庭扶助标准的，有些省份的城市标准甚至是农村标准的两倍。通过 2016 年的一些数据就可见一斑。当年江西省城市失独家庭扶助标准是每人每月 340 元，同期农村的扶助标准是每人每月 300 元，城市的标准是农村的 1.13 倍。当时甘肃省依旧在执行 2013 年国家卫计委在《关于进一步做好计划生育特殊困难家庭扶助工作的通知》（以下简称《扶助通知》）中所规定的最低标准，根据该《扶助通知》，甘肃城市失独家庭的扶助标准为每人每月 340 元，农村失独家庭的扶助标准为每人每月 170 元，城市标准是农村标准的 2 倍。

2016 年 4 月，国家卫计委针对长期存在的这种城乡有别的失独家庭的扶助制度，决定在各省实施城乡统一的失独家庭扶助金发放的标准，从而将农村失独家庭的扶助标准真正提高到同城镇水平一致，将全国的最低标准统一为每人每月 340 元。这也就标志着过去长期实施的城乡公平不足的失独家庭国家扶助制度退出了历史舞台。

2. 立法不足

法律作为公民权利的来源，也成为了公民维护自身权利的强有力武器。但我国目前在有些方面尚缺乏较为健全的法律体系，关于失独家庭权益保护的一些立法也不够完备，一旦失独家庭的自身权益受到损害，常常会面临无法可依的窘境。

我国于2002年9月1日起施行了《中华人民共和国人口与计划生育法》（以下简称《计生法》），这是我国现有法律体系中所有的有关失独家庭权益的规定中位阶[①]最高的法律。《计生法》作为一部行政法，不仅规定了我国公民有计划生育的义务，还规定了当发生独生子女伤残及死亡之后获得相应国家扶助的权利。细观这些法律条文可以发现，2001年颁布的法律，原则上规定了“独生子女发生意外伤残、死亡，其父母不再生育和收养子女的，地方人民政府应当给予必要的帮助”；随后在2015年通过的修正案中虽然在表述上有所不同，但是仍然明确指出“获得‘独生子女父母光荣证’的夫妻，独生子女发生意外伤残、死亡的，按照规定获得扶助”[②]，从而再次对失独父母应该获得的国家扶助权利予以了确认。然而，无论是修正前的“地方人民政府应当给予必要的帮助”，还是修正之后出现的“按照规定获得扶助”，均在表述上存在模糊性，也就缺乏一定的操作性。

在缺乏具体指标的情况下，各地地方政府在执行上就会出现各种不同的状况。要么是不执行、要么就是执行水平低，更为极端的情况则是失独家庭扶助政策虽然遍地开花，但是所起到的作用却显得杯水车薪。在通过后的修正案中规定的失独父母“按照规定获得扶助”，并未指明失独父母可参照哪些规定来获得扶助，而扶助的标准又是什么。由于法律缺乏操作性，所以，失独家庭获得国家扶助的权利在某种程度上也就未能完全实现。

（二）给付标准过低，形式较为单一

1. 给付标准过低

各省现行的失独家庭扶助制度基本上依据的是2013年五部委印发的《扶助通知》，同时结合地方经济社会发展的状况以及失独群体的利益诉求来制定的地方性规章。而在具体的扶助金发放标准上，很多省、市仍然执行的是《扶助通知》当中规定的最低标准，对失独父母按月发放扶助金，同时在发放月度基本扶助金的基础之上，提高了60周岁及以上的失独父母扶助标准，逐步发放了独生子女意外伤残与死亡一次性补助金。

2017年的上海市扶助金发放标准就曾明确规定，凡持有“独生子女光荣证”

① 法律位阶是指在一国的某一法域中，某一部法律所处的位置，法律的位阶与其效力密切相关，高位阶法律具有比低位阶法律更高的法律效力。

② 这些原则性规定在《人口与计划生育法》修改前后均为第二十七条第三款。

的公民，其独生子女在未年满16周岁之前若发生意外伤残或死亡，也没有意愿再次生育、收养子女的，由各区、县的人民政府按照各市人民政府的相关规定给予一次性补助。具体的标准是：对于符合独生子女意外伤残一次性补助申领条件的公民，由其户籍所在地的区、县人民政府给予不少于3000元的一次性补助；对于符合独生子女死亡一次性补助申领条件的公民，由其户籍所在地的区、县人民政府给予不少于5000元的一次性补助，具体金额根据家庭的困难程度而定。而陕西省早在2013年就将年满60周岁及以上的失独老人扶助金标准分别提升到了城镇居民户口每人每月1000元和农村居民户口每人每月800元，独生子女若出现死亡的，则一次性补助金额分别提升到了城镇家庭3万元和农村家庭2万元。

不可否认的是，现有的失独家庭国家扶助制度对于改善部分失独家庭的经济状况确实起到了一定的缓解作用，但是总体而言，扶助金发放的标准始终还是低水平、低层次的，自然也就难以从根本上改善我国绝大多数失独家庭面临的悲惨现状和对现实生活的迫切需要。

我国当前的失独家庭扶助政策中给付标准过低也突出表现为有效的增长机制缺乏。在2013年颁布并且实施的《扶助通知》中曾明确规定，国家和政府要根据我国经济社会发展的水平，建立一整套动态增长机制，以逐步提高经济扶助的标准，但对于建立扶助金标准的增长机制仅仅是做了一些原则性的规定，并未就诸如扶助金标准的调整周期、调整方式、调整比例等关键性问题给以明确的指示，这方面的模糊性也给各地政府在变通执行当中留下了较大的余地。所以，从2013年通知颁布以来，真正建立起了有效的失独家庭扶助金增长机制并且认真施行了的省份极其有限。除此之外，通货膨胀及货币贬值等因素对失独家庭而言也会造成一些不可控的外部因素，这些同样会对失独家庭的生活质量造成消极影响。

2. 形式较为单一

失独对于独生子女家庭所造成的伤害与损失是全方位的，首先就在于经济上的损失。对很多独生子女家庭而言，其父母是把毕生心血都投入到了对独生子女的培养当中的。[①] 对于依靠子女养老的家庭来说，一旦出现独生子女死亡也就意味着其所养育子女的投资彻底地丧失了回报的可能，日益年老的父母也将不再能够获得子女提供的养老资源了。其次则是情感上的损失。中国社会是重视亲子关系

① 朱艳敏：《老人养老态势与困境摆脱》，《重庆社会科学》2013年第8期，第34-41页。

的社会，子女的存在会给予父母更多的精神寄托。因而对于独生子女家庭而言，独生子女不仅具有更为重要的情感功能，而且是父母情感的唯一寄托。但是失独事件的发生，却使父母丧失了最为基本的情感寄托，在情感上遭受着巨大的损失。因而，失独对于独生子女家庭所造成的损失是全方位的，不仅有物质损失也有情感损失，而且有显性的经济损失也有着隐性的面子损失。

反观我国现有的失独家庭国家扶助制度，不难发现对于失独家庭给予的通常是物质性扶助，如向失独家庭发放国家扶助金、发放最低的生活保障金，给居住条件恶劣的失独家庭提供好的住房及环境，在失独父母接受医疗服务的时候为其提供基本的医疗救助服务，在特殊的节假日里向失独家庭发放节日慰问金等。[①] 这些以物质帮助为主的单向性扶助政策和形式对改善某些经济状况较差的失独父母生活起着明显的作用，但是对于那些经济状况较好、更注重精神需求的失独父母而言，是根本无法弥补失独这一事件对他们在情感和精神上所造成的那些创伤的。

（三）政策定位不准，未实现全覆盖

1. 政策定位不准

政策定位不准主要指的是，现行的失独家庭国家扶助制度在政策本身方面，对于失独父母及失独家庭的某些界定不够准确，从而导致政策施行中难以实现预期的目标，进而自然就会影响到人们认识政策的功能。这集中表现为两大方面。

第一，失独父母并不等于“三无”老人。当 2012 年失独问题刚进入公众视野的时候，民政部门就曾明确地表示过，可以参照解决“三无”老人养老问题的那些方式去解决失独家庭的养老问题[②]，而且该提议也在民政部门后续的失独家庭扶助政策中有体现。但问题在于失独老人并不等于“三无”老人，所以参照“三无”老人的标准去解决失独家庭的养老问题，必然弊端诸多。依概念而论，“三无”老人与失独父母各有不同的概念内涵和外延，甚至两个概念的差异还很大。从内涵来讲，失独父母并不一定都是不具备劳动能力的，部分身体素质比较好的失独父母仍具备较强的就业和劳动能力；同时，失独父母也并不一定就没有生活来源，有相当一部分的失独家庭是有稳定收入的，并且足以维持失独父母即使是在年老之后仍然能保持体面的生活。第二，失独家庭并不都等同于困难家庭。在 2013 年出台的《扶助通知》中是将失独家庭视之为计划生育特殊困难家

① 贾锋：《农村失独老人社会救助权的国家保障》，《理论探索》2014 年第 2 期，第 115-120 页。
② 杨春：《失独家庭养老可参照“三无”老人保障办法》，《南方日报》2012 年 9 月 21 日第 2 版。

庭的，同样，现行的失独家庭扶助制度也是把对失独家庭实施的扶助视之为是对计划生育特殊困难家庭的一种救助。但是，失独家庭从本质上来看是痛苦家庭，于其而言，最主要的困难在于因独生子女死亡而给整个家庭所带来的巨大伤痛。所以，情感寄托的失去、人生意义的中断乃至于延续香火的无望，反而成了远远超过经济困难的更为重要的困难。

因此，虽然所有的失独家庭都会面临着丧失本由子女来提供经济资源的状况，但是对相当一部分具有一定经济能力的失独家庭而言，其现实需要是如何弥补失独给其家庭所带来的巨大创伤与痛苦。这也就直接指明了现行失独家庭国家扶助制度将失独家庭简单地视为计划生育特殊困难家庭这样一种做法是有失妥当的，失独家庭的现实需求更应该被重视。

2. 未实现全覆盖

从理论上看，为实现社会的公平公正，任何一位具有我国公民身份的失独父母都是有权享受并且领取失独家庭国家扶助金的，同时失独家庭国家扶助制度也应当是百分百覆盖。然而，事实却远非如此。据 2016 年的统计数据显示，全国范围内领取了独生子女伤残死亡扶助金的约有 100.5 万人[①]，而其中失独父母约有 61 万人，此数据是远低于学者对于失独群体规模估算的。这主要在于：一是政府部门掌握的有关失独家庭规模的数量其实主要来自于失独家庭的自愿申报，但实际上，因为政策在推行、贯彻执行上会遇到一些问题，相当一部分的失独家庭未能主动申报，这就必然会导致政府所掌握的失独家庭数量是会低于实际的失独家庭数量的[②]；二是在部分失独父母看来，失独本身就是一个“不光彩”的标签，尤其是那些具有较强经济能力的失独父母会拒绝申领。

除了部分失独人群未能实现覆盖以外，我国城乡在覆盖率上存在的较大差异也值得我们关注和思考。2012 年 6 月，江苏省民政厅曾组织了一项针对苏北五市（分别是徐州市、淮安市、宿迁市、连云港市和盐城市）的调查结果显示，当前的失独家庭扶助制度在城市与农村的覆盖率存在着明显的倍数级差异——城市的失独家庭扶助制度覆盖率都达到了 85% 以上，最高的高达 99.38%；但农村的覆

① 数据源于《中国卫生和计划生育统计年鉴 2016》。

② 周伟、米红：《中国失独家庭规模估计及扶助标准探讨》，《中国人口科学》2013 年第 5 期，第 2-9+126 页。

盖率却都不足50%，至于最低的宿迁市，其覆盖率只有36.10%。[①] 此外，虽然城市地区明显地高于农村地区，但是都未能实现对失独家庭的全面覆盖。

综上所述，我国现行的失独家庭扶助制度是存在诸多弊端的，并没能较好地实现最初的预期政策目标。为此，将失独群体的社会保障问题进一步提升到全国统筹的层次，同时在全国范围内逐步建立起统一的失独家庭国家补偿标准势在必行且任重道远。

① 贾锋：《农村失独老人社会救助权的国家保障》，《理论探索》2014年第2期，第115-120页。

第四章

国外互助养老的形成与发展

随着医疗条件的改善，人类的预期寿命也有了显著的提高，而伴随着生育率的不断下降，西方发达国家也相继进入到老龄化社会。人口老龄化的不断加深、家庭养老功能的弱化、养老金支付压力的增大等，促使着发达国家不断地探索互助养老的新模式。

就现阶段搜集的资料来看，在国外还较少有像我国一样专门制订了计划生育政策并且能够严格执行的案例。因而，从某种意义上说，国外并没有像我国一样的“失独群体”存在。但若从另外一个角度分析的话，许多国家养老服务的对象同我国失独家庭相似，这类需要给予养老的家庭其实是没有子女参与的。原因在于，国外的婚育观念比我国更为开放，大部分民众对于生育子女的欲望并不强烈，甚至有“丁克家庭”等零生育家庭存在，并且许多契约价值观更为浓烈的欧美等国家在家庭养老方面，基本上不会选择像中国一样的传统家庭养老模式。因而，许多国家的养老模式在设计时，默认没有子女参与。这样的养老模式，自然会对我国失独家庭养老问题的妥善解决提供一些有益的借鉴。①

在实际操作中，养老倚重的都是国家、社会和市场三种力量。但又因不同国家文化背景的不同，各个国家在选择养老模式和老人照顾服务提供的主体时，其侧重点有所不同。目前，基本上存在三种类型的养老模式。第一种存在于传统福利型国家，由政府来承担养老费用并且提供具体服务，这一类型的典型代表是英国、挪威、瑞典、加拿大、澳大利亚等。第二种存在于受市场经济思想影响较为深刻的国家，在养老保险、照顾服务中占据主导地位的是市场主体，该类型以美国、新加坡等国最为典型。第三种介于上述两者之间，即政府、社会、市场三种力量在养老领域各自发挥作用，该类型的典型代表像智利、日本等国家或地区。②

此外，针对互助养老问题，国外具有以下典型性的理论。关于老年问题，丹麦曾在20世纪80年代提出了老年合作居住（Senior Cohousing）的理念，其实质是一种居家养老的方式，主要通过同参与者的交流互动以提高生活质量，

① 苏珊·纽曼：《独生子女欢乐与挑战》，贾明译，文汇出版社，2004，第46页。

② 沈长月、夏珑、石兵营、李平菊、谭琪：《失独家庭救助与社会支持网络体系研究》，华东理工大学出版社，2016，第60-61页。

丰富社区空间使老人享受特有的私人空间。[①]美国的老年病学家比尔·托马斯(Bill Thomas) 曾提出了“温室模式”，倡导老年人的生活照料等行为应当在熟悉且让其感到舒适的环境下展开，以使老人在如家般温馨的环境和邻里关系中具有归属感。埃德加·卡恩（Edgar Kahn）曾于 1980 年提出了著名的“时间银行”概念，以支付时间来换取他人的帮助，待提供相应的服务后，可存储劳动报酬，等待需要的时候再来兑换他人的服务。[②] 奥利弗·斯蒂夫森（Olive Steveson）教授曾指出，不同国家与国家内不同地区在提供的养老资源供给形式上是会存在一定程度上的差异，而同一地区范围内的老人存在一定共识，所以在进行互助照料的时候，要充分考虑到这种因素的存在，保证其环境熟悉感。而亚历山大·索勒（Alexander Thoele）则直接建立了“时间银行”制度，并与瑞士联邦社会保险部（BSV）合作，其将志愿者所提供的服务以量化的形式专门存储到“时间银行”中，志愿者由此也可获得相等的服务，至于存储的时间则可用作交换或支取，这一做法在贯彻互助精神的前提下，对于加强邻里互助关系，传承互助精神具有一定的意义。同时，Tracy X. Karner 博士也曾在老年事业的研究领域中具体分析了全球老龄化的发展特征和未来趋势，并结合不同时代背景下对于养老的需求，指出对于老年人的照料问题是一个需要兼顾历史与未来去解决的问题。[③]

第一节　欧洲国家互助养老的形成与发展

一、德国的“多代居”互助模式

发达国家较早就进入了老龄化社会，在发展、完善本国养老服务方面已然进行了很多实践，同时也积累了一些经验，在一定程度上形成了具有其本国特色的多元化互助的社会养老模式，像德国的“多代居”模式、美国的“村庄”模式及

① Choi J S, “*Why Do People Moveto Cohousing Communitiesin Sweden?–Arethereany Significant Differences Between the +40 Cohousing and the Mixed-Age Cohousing,* ”Architectural research, no.15 (Feb.2013): 77-86.

② Cahn E S, “No more throw-away people：The co-production imperative, ”(2nded.Washington DC：Essential Books, 2004):8-14.

③ Tracy X.Karner, “*CareforAgingSociety：CohortValuesandElderServices,*” Journal of Aging&Social Policy, vol 13(Jan.2001): 1-22.

时间银行，等等。[①]

（一）德国情况简介

德国是整个欧洲人口总数仅次于俄罗斯的国家，截至 2010 年，其人口总数超过了 8180 万。同时，德国人口还呈现出两个明显的特点：其一，德国是欧洲范围内人口密度最大的国家；其二，德国人口分布很不平均，大多数人都住在农村及小城市（近 730 万人居住于 2000 人以下的居民点，4070 万人生活在人口 2000 至 100 000 的小城镇里），仅有约三分之一的人口居住于 84 个大城市（10 万居民以上）。[②]

学术界公认的最早建立起了社会保障制度的国家就是德国，其养老制度也是其社会保障制度的一个重要支柱。据了解，德国的养老社会保障制度正是基于德国人口老龄化程度在不断加强的基础之上的。第一，在世界范围内，德国的人口老龄化程度是处于世界前列的。“截至 2006 年年底，德国有人口约 8231 万，80 岁以上老年人占人口的 23%。到 2050 年，德国人口将从现在的 8300 万下降到 7000 多万，一半以上的人口将超过 50 岁，三分之一的人口超过 60 岁。”[③] 第二，德国的生育率降低的趋势也是十分明显的，20 世纪 50—60 年代是德国人口出生率的高峰，然而当这些人在 2020 年后，就相继达到了 60 岁及以上，也就意味着步入了老年人的行列。自 60 年代后期以来，德国人的生育意愿就一直处于低潮。据统计，现在每个德国家庭平均下来只有 1.4 个孩子，这还是在引入 300 万土耳其以及众多的前南斯拉夫等外国移民的情况下获得的，这些移民家庭的孩子实际上都在 3 个以上。[④] 出生率急剧下降、人口老年化脚步加快，使德国养老保障体系承担巨大挑战与压力的同时，也促使德国开展了多样化的制度实践。[⑤]

---

① 凌莉：《发达国家互助养老模式实践及经验借鉴》，《上海农村经济》2019 年第 8 期，第 38-40 页。

② 柴野：《德国：老龄化危及社会保障体系》，《光明日报》2003 年 6 月 17 日。

③ 《2006 年德国人口仍是负增长》，http: //de.mofcom.gov.cn/aarticle/jmxw/200701/20070104236531.html，访问日期：2021 年 7 月 20 日。

④ 柴野：《德国：老龄化危及社会保障体系》，《光明日报》2003 年 6 月 17 日。

⑤ 沈长月、夏珑、石兵营、李平菊、谭琪：《失独家庭救助与社会支持网络体系研究》，华东理工大学出版社，2016，第 61 页。

（二）德国“多代居”模式

1. 德国“多代居”模式的基本状况

德国有很多人喜欢单身生活，其家庭规模小，家庭基本的养老功能也被弱化，再加上德国的老年人普遍有较强的独立意识，一般不愿意在养老机构中养老。因而，一些有行为能力的老年人通常会自愿地结合起来互助养老，就逐渐形成了互助养老的“多代居（Multi — Generation Housing）”模式。该模式最早开始于20世纪80年代，之后规模不断扩大，根据德国的官方统计，现在“多代居”有500个。[①]综合来看，德国的互助养老“多代居”模式大体上可以分为两种类型：一种是公寓式“多代居”模式，另一种就是家庭式“多代居”模式。

所谓公寓式的“多代居”互助养老模式，其实就是将老年人集体自建或者是开发商租售的公寓专门营造成一个社区单元，在这个社区中生活的老年人可能年龄不同，也来自不同的家庭，但是因为共同的养老需求使他们自发地集合了起来，遂而形成了一个养老共同体，在这个共同体中他们彼此互相帮助、互相照顾，以多种形式满足他们各自生理及心理上的需求。该公寓式的“多代居”互助养老具有以下几个明显的特点[②]。第一，有相应的法律保障。这些生活在公寓中的老年人不仅有享受来自集体帮助的权利，同时也要对集体负责，并且这样的权利和义务法律规定得都十分明确，带有一定的强制性。第二，入住自愿。这些生活在公寓中的老年人可以自愿选择加入或者退出，同时也对那些新加入的成员拥有决定其能否加入的权利，以此来保证这个养老共同体的凝聚力。第三，公寓的户型多样，能够充分满足不同年龄段以及不同消费能力的老年人正常使用的需求。第四，入住的老年人可以广泛参与，为了尽可能地满足入住老年人的个人意愿，从前期策划到中期具体施工，以至后期的日常管理，都鼓励住户以不同的形式积极参与其中。这样的模式不仅能最大程度地满足老年人的个性化需求，而且也让彼此间不同的需求得到最大程度的整合，也就保证了该模式平稳运行的可持续性。第五，有足够的公共互动空间。公寓式“多代居”中设计有公共庭院、走廊、阳台、公共活动室以及种植园等。公共庭院成为入住老年人最大，也是最主要的一个户外活动场所，同时也为大家提供了一个户外聚会的

① 乔琦、蔡永洁：《非血缘关系的多代居——德国新型社会互助养老模式案例及启示》，《建筑学报》2014年第2期，第17-21页。

② 同上。

空间；而公共活动室则是入住的老年人最为主要的一个室内交流场所，为住户们的固定例会及日常性交流提供了空间。这些公共空间的设计和运用，不仅充分保证了入住老年人之间的日常互动交流，而且也促进了互帮互助养老共同体的最终形成及其稳定。[①]

除了上述公寓式的“多代居”互助养老，在德国更多的则是另一种家庭式的“多代居”互助养老，从代际互助养老来看，这种家庭式的互助养老大体上也可以分为两种形式。[②]一种是代内互助养老，即老人可以不用去养老机构住，而是在自己的家里，由年轻一点的老人牵头来组成一个互帮互助的小组，接下来轮流到每家举办各类活动，他们一起做家务、一起聊天，甚至可以组织一起外出旅游。这种由老年人自发形成的小团体式互助养老，基本上不需要政府出资，并且效果很好。另一种就是代际互助养老，其主要的形式是大学生同老人的“同居”互助。德国的大学一般不提供住宿，所以学生一般都需要自己租住公寓。那么有些家庭困难的学生就可能面临负担不起房租的境地，与此同时，有一些老年人却面临着儿女成家搬走之后，自己一人独守大房子的苦楚。因而，大学所在城市的民政部门就同大学服务中心共同牵线，介绍大学生到一些独身老人的家中居住，老人不收房租，但是大学生要为该老人承担一些重体力活，诸如打扫花园、冬天铲雪，等等。这样的方式既减轻了一部分大学生生活费用负担，同时也为老人们在生活上提供了很多帮助。

此外，在德国弗莱堡，还存在一种“三代同堂”的互助养老公寓。[③]这是当地政府与福利机构出资建造的福利公寓，其入住的对象都是孤身老人、单亲家庭，并且是由出资方来雇专人管理与打扫卫生的。这种组合的“三代同堂”对于入住的单亲家庭或独身老人都有好处。于老年人而言，一方面解决了因腿脚不灵便而导致的比如采购生活用品、冬天铲雪、收拾清洁等一系列重体力活做不了的苦恼；另一方面又有人可以陪伴和说话，从而解决其精神寂寞的问题。对于单亲母亲或者父亲来说，不仅可以解决上班时小孩无人照顾的苦恼，而且又减少了一些家庭的轻体力活。所以对于双方来说，此种公寓既可以把之前残缺的家重

---

① 金华宝：《发达国家互助养老的典型模式与经验借鉴》，《山东社会科学》2019 年第 2 期，第 52-58 页。

② 王玉龙：《德国的互助式养老》，《社区》2012 年第 12 期（上），第 61 页。

③ 菖蒲：《德国老年人的互助模式》，《老同志之友》2016 年第 23 期，第 45 页。

新变成一个完整的家，又可以用孩子们的欢声笑语促使老年人的生活变得更丰富和有意义。

2. 新型养老模式：对德国“多代居”模式的分析

人口老龄化问题早已引起了各国政府的关注，然而对于福利化程度高的德国来说，政府几乎承担了大部分的养老风险与责任，同时也积极鼓励民间资本加入到养老服务的供给队伍当中。其中，“多代居”模式就是社会资本融入养老服务当中的一个典型实践。

“互助服务、各取所需”是“多代居”建设当中的核心理念。具体而言，就是来自不同地区、不同性别和年龄的跨代人群生活在一起，在一套房子里，每人都拥有自己独立的房间，有共用的厨房、客厅及其他的公共区间等。在这种生活模式中，年轻人可以帮助老年人买一些东西，陪同他们看病、聊天解闷等，而老年人则可以帮助年轻人来照顾小孩。基于这种理念，“多代居”在设计的过程中就充分考虑到了户型的灵活性，让各个年龄段的住户都能满足他们自己的需求，专门设计了足够的互动空间促进各个住户间的日常交流，以此来培养互帮互助的社区生活方式。同时，在选址的过程中，也把小孩上学、年轻人上班同老年人对环境安静的要求充分结合，避开嘈杂的交通干道或繁华的商业区，通常选择在住宅区周围的安静地块。这种合住的做法在减轻年轻租客住房压力的同时，又给老年人生活带来某些帮助和便利，可谓各取所需。在互相提供生活便利的过程中，也给老年人带来精神上的慰藉和愉悦，从而减轻老年人晚年的孤单感与焦虑感。

德国的“多代居”新型养老模式，是将传统的依赖血缘关系的家庭养老模式逐渐转变为非血缘关系的一种新型社会互助养老模式，这也是德国养老供给同需求严重不匹配的情况之下出现的一种新型养老模式。这既显现了德国当前严重老龄化的现实需求，也展示了德国成熟的社会关怀体系。德国通常以严谨认真和独立自主而著称，很多家庭子女成年后一般都会选择搬出去住，所以子女同父母间的这种相互依赖性不强。此外，德国社会快节奏的生活方式也让老年人同子女的相处时间很少，这就促使老年人的养老至少在身体上、心理上都较为独立，老年人不会依赖子女，也不需要从子女那里得到全部的慰藉等。

但是，德国的“多代居”项目一开始确实又起源于民间的探索，其“自下而上”的建构模式在解决老年人的养老问题上发挥了重要作用。初时，也正因为这种“自下而上”和完全依靠民间的自发力量，致使部分项目在规划的过程中因遇到了政策、法律等方面的问题而趋于失败。后来，在政府参与“多代居”建设及帮助下，经多方的指导和支持，彻底帮助解决了“多代居”建设中遇到的难题，成就了这样典型的养老模式。

（三）德国“老人照顾制度”的内容与形式

老人照顾制度是德国针对那些需要生活和精神照顾的老人专门制定的。该制度的制定旨在进一步提升老年人晚年的生活质量，对于没有亲人，也没有朋友照顾的老年人，依托社区和社会组织，给予老年人以生活上、精神上的照顾。该项制度在推行过程中，产生了积极而重大的影响，从而大大提升了德国社会在照顾老年人方面的效能。[①]

1. 德国老人照顾社会保险制度的设计

根据德国的法律，老人照顾制度主要包括以下三个层面。[②]

第一，覆盖绝大多数国民的社会保险体系。德国实行的是老人照顾社会保险与医疗社会保险绑定的基本原则，因而凡是参加了法定医疗社会保险的公民（其总数约占全体国民的92%），就必须去参加法定的老人照顾社会保险。至于老人照顾社会保险的投保人所缴纳的保险费用的高低，则是由收入的多少来决定的，这与投保人的失能风险（如年龄、健康状况等因素）并无多大关联。虽然投保人的保险费用高低不一，但是在享受老人照顾社会保险待遇的时候，是拥有同等权利的。同时也规定，投保人没有正式工作的配偶以及子女也可以在不缴纳保险费用的情况之下，同投保人享有一样的老人照顾社会服务保险待遇。这一做法具有收入再分配功能，也充分体现出了社会保险的互济性原则。

第二，涉及部分国民的私人保险体系（约占到全体国民总数的7%）。对于参加了私人医疗保险的公民，同样也必须建立起老人照顾服务私人保险。同时也明确规定，私人保险公司有义务对任何参加了私人医疗保险的人承保老人照顾服务私人保险，不得以风险较高或者情况异常为由加以拒绝，并且在老人照顾服务待遇的给付上，也要保持同老人照顾社会保险相同。虽然私人保险公司以营利为核心，但是在老人照顾保险上却是承担了较多的社会责任。

第三，德国的官员、法官以及职业军人的老人照顾保险则是由国家来负责。

---

① 张宁、吴雄、唐虹、刘碧：《中国农村养老保障的历史演进与现实考察》，西南财经大学出版社，2018，第114-115页。

② 李光旭：《完善上海社区养老保障体系研究》，硕士学位论文，上海工程技术大学，2010年。

基于上述叙述可以看出，在德国，基本上保证了所有老人都已经被纳入到了照顾保险的体系当中。[①]

2. 老人照顾服务费用的构成与给付

根据相关资料显示，德国老人照顾在经费的支付方式上，主要由保险机构以现收现付的方式来进行。雇主同雇员对半来负担老人照顾服务的社会保险费用，其费率为雇员总收入的1.7%。在德国老人照顾社会保险的给付上实行分级制度，也就是按照失能水平，通常把老人照顾服务依次分成了三级：一级照料服务，其基本要求是至少每天提供一次个人卫生与营养服务，又或者需要两项及以上的日常活动服务，同时包含每周需要几次的家务服务；二级照料服务，其基本要求是每天至少需要三次的个人卫生、活动服务与营养服务，同时包含每周需要几次的家务服务；三级照料服务，其基本要求是提供24小时的照料和看护，同时包含每周需要几次的家务服务。由此可见，从一级到三级，从照料服务的强度来看是越来越大。但德国老人照顾社会保险在给付上却与被保险人的收入没有直接的关系，主要有两种方式。第一种是服务时间，即一级照料服务时间是每天90分钟，其中必须至少提供40分钟的基本照料服务；二级照料服务时间是每天3小时，其中必须至少提供2小时的基本照料服务；三级照料服务时间是每天5小时，其中必须至少提供4小时的基本照料服务。另外，服务津贴以现金给付。按照德国法律的规定，私立老人照顾保险的给付是只能以现金形式结算的。[②]

另外，德国老人照顾服务费用的补充性机制也值得一提。德国老人照顾社会保险主要是为被保险人提供一些基本的照料服务保障，所以，基本上也是可以满足绝大多数人享有法律规定的诸如居家服务、机构服务等费用和劳务需要，从而避免人们接受社会援助。但是，一旦服务的费用，尤其是机构服务的费用超出了法律所规定的最高限额，那么社会援助就会介入，负担起相应不足的那一部分，不过需要在人们提出相应申请并且通过了经济收入情况的调查之后才可以提供。

① 沈长月、夏珑、石兵营、李平菊、谭琪：《失独家庭救助与社会支持网络体系研究》，华东理工大学出版社，2016，第62-66页。

② 孙晓芹：《上海城市老年人养老生活满意度及其影响因素研究》，硕士学位论文，上海工程技术大学，2011年。

3. 老人照顾服务机构护理人员的构成

德国提供老人照顾服务的机构通常包括两个：一个是居家服务机构，另一个是专门养老服务机构。根据德国官方在2004年的统计，德国这两类服务机构已经迅速发展到了20 300个，其中包括10 600个居家服务机构与9700个老人照顾服务专门机构。

从德国卫生部门所提供的资料可以看到，德国的这两类老人照顾服务机构提供的系列服务总体上已经能够满足德国当前失能老人的需求。在德国，绝大多数的完全失能老人已能够得到较好的照顾，尤其是在德国照顾护理保险制度不断推行和完善之后，相关机构的一系列软件、硬件设置也都得到了极大的改进，他们所提供的服务质量也呈现逐渐上升之势。同时，德国老人照顾服务机构的硬件设施费用，一般情况下都是由联邦各州的财政予以支出，而剩余不足的那部分，则由失能人员的护理保险或者通过其他的渠道自行承担。关于德国老人照顾服务机构的服务人员，则是统一接受专业的培训，其队伍建设稳定发展，2004年的数据显示，社工服务人员大约有44.1万人，其中多数是妇女。[①]

4. 老人照顾服务的内容和方式

德国老人照顾服务主要分为四种：第一是个人卫生服务，就是帮助失能老年人刮胡子、梳头、洗澡、刷牙等；第二是营养服务，就是膳食准备并且帮助失能老年人进食；第三是日常活动服务，就是帮助失能老年人进行上下床、穿衣脱衣、站立、散步、上下楼梯以及出行等活动；第四是家务服务，就是帮助失能老年人外出购物、做饭、洗衣、清洁等。依据德国的标准，通常把个人卫生服务、日常活动服务与营养服务统称为基本的照料服务。

德国的老人照顾服务方式一般情况下又可以分为居家服务与机构服务两种。居家服务，就是老人居住在家中等待接受照顾服务。居家服务是绝大多数老人的意愿，同时也可以避免老人们大量地入住机构，所以德国的老人照顾社会保险一直是致力于为居家服务创造条件。比如相关机构会为居家的老人提供多样化的照料方式，像喘息式照料、短期照料以及日间照料，甚至还有临时替代家庭成员照料补贴等系列性辅助措施。在居家服务的支付上，既可以去选择服务时间给付，也可以选择现金给付，又或者两者兼有。至于其他的，则还有非全日制机构照料

---

① 方芳：《国际化视野下养老保障制度比较研究》，《南京人口管理干部学院学报》2010年第5期，第39-42页。

津贴、补充津贴、夜间照料补贴、特别床位及志愿者服务，甚至照料专业免费培训等扶持居家服务的措施。德国法律明确规定，只要家庭成员是其亲属，并且每周所提供的老人照顾服务在14小时以上，或因为照料亲属而不能够工作（主要是指导致每周的工作时间不够30小时）的，他们的养老社会保险缴费就会由老人照顾社会保险来予以支付，而支付的数量则取决于他们为其亲属所提供的老人照顾服务的数量。关于机构服务，则指的是人们入住专门的机构来接受老人照顾服务。如若需要入住机构，那么服务费用则由老人照顾保险来负责支出，根据三级标准，一级照料服务是1023欧元/月，二级照料服务是1279欧元/月，三级照料服务是1432欧元/月。这其中，三级的最高强度老人照顾（一般为24小时）的服务津贴限额是1688欧元/月。但是在通常情况下，这三级照料实际上的费用最高也不会超过75%，因为食宿费用由入住者自己来负担。①

5. 老人照顾的服务标准与服务管理

从原则上来讲，关于德国失能老人的照顾服务机构，通常会依据德国联邦政府所颁布的相关医疗或者护理的标准，来照顾失能老人，但是在照顾的过程中，又会尽可能地维护好他们的尊严。在一般情况下，由德国中央联邦政府来组织专家研究和制定相应的标准规范。但是，在具体的操作过程中，则是由地方联邦根据老人照顾服务的原则与标准，对整个的服务质量、机构内服务质量管理制度以及质量担保与措施等进行具体细化，从而便于照顾的人员进行操作。②

从1995年德国开始实施老人照顾护理社会保险以来，经过数十年的努力，德国在老人照顾服务方面已经形成了覆盖全体公民，同时以老人照顾社会保险为主、私立老人照顾保险为辅，并以居家服务、机构服务为主要方式，以社会帮助作为有效补充的相对完善的体系。这也随即成为了德国社会保障体系的一大重要支柱，对德国百姓的生活起到越来越重要的作用，对于德国的社会稳定、经济发展可以说具有至关重要的意义，因而受到了欢迎，也取得了良好效果。③

---

① 方哥：“德国点滴”，http://blog.sina.com.cn/s/blog_6ace84b20100urxh.html，访问日期：2021年8月1日。

② 沈长月、夏珑、石兵营、李平菊、谭琪：《失独家庭救助与社会支持网络体系研究》，华东理工大学出版社，2016，第64-65页。

③ 郝君富、李心愉：《德国长期护理保险：制度设计、经济影响与启示》，《人口学刊》2014年第2期，第104-112页。

6. 老人照顾服务管理监督体制

老人照顾服务的质量历来也为德国政府所重视，因此设立了极具特色的照顾服务管理监督体制。在这样一个体制中，涉及的主体包括：保险人（即老人照顾社会保险机构）、被保险人及第三方（即老人照顾服务机构）。这三类主体中，被保险人主要负责缴费，并在需要服务的时候享有老人照顾服务；保险人的功能则主要在于负责筹集与管理老人照顾社会保险基金，依据法律与服务合同，直接向第三方拨付基金；第三方的角色实质上就是独立运作，即按照法律与服务合同积极为失能人群提供良好的老人照顾服务。同时，该体系还由三大主体构成了其主要的管理机构，这三大主体分别为联邦卫生部、联邦老人照顾服务机构联合会以及中央老人照顾社会保险基金联合会。①

而老人照顾监管体制作为德国的一项重要制度，它的构成包括以下几大方面。②首先是老人照顾社会保险基金管理制度。它同医疗社会保险基金关系紧密，但又各自独立、自我管理，但同样也接受国家监督。其次是老人照顾服务的资格准入制度。该制度规定，有接受老人照顾服务需要的话，公民先提出申请，随后法定医疗社会保险委员会指定的医生同护士等专业性人士，会进入公民家中进行走访和调查，然后再确定所需要提供老人照顾服务的级别及需要提供服务的场所。一般而言，优先考虑的是居家服务。与此同时，德国法律还做出了这样的规定，至少需要 6 个月及以上服务的老年人才能够享受到老人照顾服务。最后是老人照顾服务机构管理制度。德国法律规定，老人照顾服务机构要获得资格认证，并且要同老人照顾社会保险机构签订服务合同，才能成为老人照顾服务运作的第三方。作为第三方，老人照顾服务机构在运作中，必须按照法律规定操作，也要接受法律的监督；按照同老人照顾服务社会保险机构所签订的服务合同来具体运作，并接受其监督，接受被保险人以及其亲属的监督。由于老人照顾社会保险机构不能够直接办服务机构或者提供一应服务，因而德国的老人照顾服务机构相互间是一种竞争关系，而老人照顾社会保险制度在推行中也逐步引入了竞争导向，以增强服务机构间的竞争性，逐步形成更为开放的老人照顾服务市场，进一步提升服务质量，

① 沈长月、夏珑、石兵营、李平菊、谭琪：《失独家庭救助与社会支持网络体系研究》，华东理工大学出版社，2016，第 65 页。

② 沈建、张汉威：《德国社会养老保障制度及其启示》，《宏观经济管理》2008 年第 6 期，第 69-72 页。

也让被保险人获得更为合理的价格和更好的服务。

二、英国老年人社区照顾服务模式

（一）英国情况简介

在英国的老年家庭中，依托社会非传统养老模式正逐渐成为主流模式。当前，英国的同居与独居现象较为普遍，之前较为常见的父母再加一两个子女的传统型家庭结构，在当今的年轻人中已然逐渐发生了变化。这一变化，不仅带来了英国家庭人口的变化，而且也使英国产生了各种不同类型的家庭。

自 1971 年开始，英国核心家庭的比例就从 52% 下降到了 37%；同期没有子女的丁克家庭比例却从 19% 上升到了 25%，同时未婚却养育了子女的现象又极为常见。当前，英国的非婚生子女人数已大大超过了大多数的欧洲国家。据资料显示，英国非婚生子女的出生率已达到了 44%（1982 年的英国，这一比例才只有 12%）。同时，在威尔士与英格兰的东北部，非婚生子女的比例更高，分别达到了 52% 和 55%。这就意味着越来越多的英国儿童生活在单亲家庭中。英国目前有 90% 的单亲家庭都是由单亲母亲与子女组成。根据英国当局发布的数据可作初步判断，截至 2008 年，有将近 1/4 的儿童仍然生活在单亲家庭中，这一比例比 1972 年的数值增加了 3 倍。另据英国当局的统计，1971—2005 年，英国家庭的数量上升了 30%，从 1860 万户增长到了 2420 万户。2005 年的时候，英国大约有 700 万人独居，这一数字占到了家庭人口总数的 29%，而在 1971 年，这一比例只有 18%。[①] 单个家庭中人口数量的减少，无疑就降低了家庭成员之间的风险共济可能性，所以家庭作为个人风险保护伞的这种功能也就被大大削弱了。[②]

（二）英国老年人社区照顾服务模式

英国政府长期以来，一方面通过养老金体系的设计，给老年人的晚年生活提供充足的财政支持；另一方面，通过政策和法律的引导，实现对老年人的社会照顾。自 1990 年英国颁布了《社区照顾》法令开始，通过三年的实践，英国终于在 1993 年成功推行了以政府作为主体的全国对于老人养老的“社区照顾”行动。在社区照顾行动推行的过程中，英国政府一直贯彻着两大理念：其一，坚持依托老

① 武琼：《英国养老金制度变迁中政府责任定位研究》，博士学位论文，河北大学，2011 年。

② 沈长月、夏珑、石兵营、李平菊、谭琪：《失独家庭救助与社会支持网络体系研究》，华东理工大学出版社，2016，第 67-68 页。

年人自己居住的社区，给老年人提供所需要的养老照顾服务；其二，积极动员一切有效资源，为老年人社区养老提供更好的服务。在主要的服务形式上，又可以分为两种：一种被称为“社区内照顾”，服务主要依托的是政府、公益社会组织等多样化主体，主要的服务人员都是经过专业化培训的，老年人在社区可以接受到他们的专业性服务；另一种则被称为“邻里互助”，老年人的养老依托家人、朋友以及社区邻居在社区内完成各项服务工作。

1. 国家财政直接支持下的多元主体老人照顾方式

英国政府一直秉承的是高福利的国家治理模式，在国家财政中，一来对直接养老金进行有力支持；二来在老年人社会照顾，尤其是社区照顾方面，政府在财政和物质方面也是投入了大量资源，从而确保了英国的老年人在老年人社会照顾模式中拥有幸福的生活。在社区照顾的投入方面，重点包括了财物与政策支持两个大的方面。财物支持方面的措施，例如：英国政府每年都会以社区为单位，专门组织车辆为老龄人口提供每年大约5000万份的热饭。在基础设施方面的措施，例如：在城市社区易受伤与易滑倒的地方，专门安装告示牌与扶手；设立无障碍通道与电脑设备；提供适应老年人需求的改建厨房与房门等服务，真正从每一个细微的小地方着手为老年人提供照顾。在经济上，英国政府为年满65周岁的老年人提供一定的补贴，并且在某些方面进行减税，以及提供一些基本的补助。[①]

与此同时，英国社区对老人照顾的主体也呈现出多元化的特征，这也是英国的特色之一。这其中包含两大照顾主体体系，非正式化的网络体系和正式化的网络体系。非正式化的网络体系，主要是由家人、亲戚、邻居、朋友、志愿者、社区领袖及积极分子等构成。正式化的网络体系，主要是由医院、福利院、养老院、各种康复中心以及精神病院等构成。两大主体体系相互配合完成了绝大多数老年人的养老。在对老人的日常照料当中，主要有居家照顾、托老所照顾、上门服务以及老年公寓照顾等多种形式。通常情况下，托老所和老年公寓的主要服务对象是有一定的生活自理能力但又不能完全脱离他人照顾的老人。而完全没有人照顾的老人则是托老所和老年公寓服务的直接对象。至于行为照顾，就是一种对日常起居生活进行照料的行为，主要包括照顾饮食起居、打扫卫生、帮

① 沈长月、夏珑、石兵营、李平菊、谭琪：《失独家庭救助与社会支持网络体系研究》，华东理工大学出版社，2016，第68-70页。

忙做饭、代为购物、陪同出行、提供一些医疗护理，甚至帮助老年人完成其他的生活等。通过这些类型的照顾，以尽量满足老年人对基本生活的需求，从而真正保证他们晚年生活能够正常进行。

2. 满足不同群体的老人照顾服务

英国的老人照顾服务可谓形式多样。综合来看，英国的老人照顾服务共有六种类型。

第一种类型由国家社区活动中心提出。国家社区活动中心所构建的资金主要来自于地方政府财政。国家社区活动中心通常就建设在每个基层社区单位内，其重要功能是为所辖范围内的老年人提供娱乐、社交等休闲服务。第二种类型由国立老人公寓提出，这类公寓完全由政府出资，通常设立于基层社区之中，基本的居住环境为面积较小的两居室，里面的各种生活服务设备都很健全。同时，英国政府为了方便公寓中的老年人及时得到有效救助和照顾，在每个公寓的房间里安装了生命救护线装置，从而确保老年人的安全。国立老人公寓提供了优质照顾服务，但并不是每一位老人都有资格进入，英国地方政府首先会对社会老人资质予以审查，只有那些生活确实困难的贫困老人，才会被允许住进公寓从而得到照顾。一旦住进公寓，就只需要缴纳很低的租金而享受公寓的全部服务，基本上等同于政府免费发放给了老年人基本养老金。第三种类型是社区中的家庭照顾。英国政府一直鼓励社区家庭中的亲戚、朋友来照顾老人，因为在熟悉的环境中，老人的情绪会得到舒缓，照顾的效率、质量也就自然会更高。而对老人进行照顾的家庭通常都是由财政直接进行补贴，补贴的重点就是对老人护理照顾的这部分费用。同时这部分费用补贴的额度，同医院的护理机构所支付的护理服务费用一致。

除了上述三种类型之外，还有社区老人暂托处、老人自主居家服务和社区养老院三种类型。作为第四种类型的社区老人暂托处，主要就是对上述第三种类型的有效补充。社区中的家庭照顾在有些时候难免会碰到亲属或者朋友因特殊情况而暂时不能照顾老人的情况。为了应对这种情况，英国政府就出资构建了这一类社区老人暂托处，暂托处的人员全部由政府雇用。但是暂托处人员所进行的只是短期照顾，周期为两个星期，在这期间不需要费用，而超过两个星期，政府就会从对家庭的补贴中扣除掉一半的费用，以作为暂托处的照顾费用。第五种类型就是老人自主居家服务。英国政府曾规定，社区当中拥有全部自主或者是部分自主能力的老人，可在社区自己的家庭内部进行自主养老。生活过程中需要提供帮助的那一部分，如上门送餐、洗衣、洗澡、清洁卫生、做饭、理发，甚至包括购物、陪同上医院等服务，则由政府以财政补贴的方式给予提供。第六种类型由社区养老院提供。[①]社区养老院主要是针对那些生活既不能自理又没有家庭可以照顾的老年人，重点针对的是单身或者同配偶分居，又或者子女不在身边的那些老人。相较于以前，英国的社区养老院模式不再是集中的大型院落，而使用的是分散在社区中的一些小型的院舍，这主要是便于生活在其中的老年人不会离开他们较为熟悉的生活环境。[②]

3. 注重老人的精神慰藉，构建整体关怀体系

注重老年人的精神慰藉，主要是着眼于消减老年人随着年龄的增长而带来的日益增加的不良情绪，促使老年人逐步树立起乐观生活的良好信心。目前针对老年人的精神支持，主要包括：情绪问题的有效疏导、心理问题的咨询以及解决、提供更为专业和友善的心理咨询与服务，以及医疗、护理及养生等方面专业知识的传授与解答，以保证老年人的身心健康。[③]

由此，英国政府着力构建的是整体关怀的体系。这一体系的构建主要依靠对当前各类型资源的整合，从而营造出有利于老年人照顾的良好大环境，积极为老年人参与社会各种交往搭建更广阔的平台，以丰富老年人的日常生活。对此，英国政府所采取的措施主要包括：为老年人提供志愿服务的机会，建设老年人活动中心以及老年人教育中心，举办社区的老年人文体竞赛或各种类型的联谊会等活动。着力提高老年人的社会整体参与度，让老年人逐渐消除社会脱节感，并且得到社会认同，促使老年人保持一个健康的心理状态。

三、瑞典老年人的社会照顾服务模式

（一）瑞典情况简介

作为单一制国家的瑞典，人口相对稀少，平均每平方公里仅有20人左右。其中，瑞典人所占比例达到了90%（主要是日耳曼族后裔），而外国的移民及其后裔达到了约100万人。近年来，瑞典的移民数量增长很快，2008年一年移民数量达到

① 王洛：《英国老人的社区照顾》，《中国老年报》2005年11月22日。
② 同上。
③ 沈长月、夏珑、石兵营、李平菊、谭琪：《失独家庭救助与社会支持网络体系研究》，华东理工大学出版社，2016，第70页。

了102 000人，截至2008年年底，有14%的瑞典人都是在瑞典之外的国家出生的。

由于瑞典的经济发展水平高、医疗体制也很完善，因此瑞典的人均寿命较长，2005年时全国的人均寿命就达到了男性78.4岁、女性82.8岁，位于同期的世界前列。与此同时，瑞典的人口老龄化问题也特别突出。根据资料显示，瑞典国内年满60周岁的老年人口有219万，占到人口总数的24%，这其中，年满65周岁的老年人所占总人口的比重接近18%。据瑞典统计局所提供的最新人口统计资料显示，未来几十年，瑞典65岁及以上老年人口的数量还会持续增长，预计到21世纪30年代，其总体数量将比目前的数量增加50%。2005年，瑞典政府直接用于社区医疗保健服务的各项支出就达到了813亿瑞典克朗，占到其国民生产总值（当时为28 380亿瑞典克朗）的2.86%。瑞典首都斯德哥尔摩市的社区每年将51%的财政开支都用于老年人服务。①

瑞典老年人的社会照顾服务体系十分明确，大致可以分成三个层次，即国家层次、省级层次和地市级层次。国家的主要养老服务机构设立于瑞典政府的卫生福利部，该机构的三位部长，分别管理着社会保险、生活照料、医疗公共卫生等一系列的涉老事务。省级机构当中也设立有相关的部门来负责养老工作，具体工作是聘用有爱心、有能力、有经验的人员加入社工组织，主要负责了解本地区的老年人收入、健康状况并做出评估，同时就某位老人该不该享受服务以及相应的补贴做出决定等。至于地市级的养老机构，其重点在于负责老年人的健康保健与社会照料服务等系列性工作，当然也包括社工组织工作等。②

（二）瑞典老年人的社会照顾服务模式

瑞典政府每年都会耗费大量财政支出来为老年人提供照顾和服务。根据瑞典政府曾经公布的文件，以1994年为例，政府该项开支（其中不包括退休金）达到了1000亿瑞典克朗，占到了瑞典整个国内生产总值的6.7%。最终这些资金都划拨给了医院、养老院等各类机构，其中老年人自己支付了9%，地方政府支付了82%。瑞典的老年人几乎全部都是空巢老人。在1975年时，瑞典年满65周岁的老年人口就达到了近130万，而同期的家庭服务人员也达到了7万人。2004年前后，瑞典年满60周岁的老年人口大约是219万，而其中积极参与社区

① 范恒山：《瑞典与美国的社会保障体制》，《管理世界》1998年第3期，第9页。

② 张宁、吴雄、唐虹、刘碧：《中国农村养老保障的历史演进与现实考察》，西南财经大学出版社，2018，第110-111页。

服务的人员就有 24.48 万人，也就是说，平均不到 9 名老年人，就有 1 至 2 名为之提供服务的工作人员。在瑞典，照顾老人的服务可谓形式多样，重点的形式包含以下五种。①

1. 居家养老服务

瑞典政府主动承担了组织实施居家养老服务的责任，并且采取了一系列积极有效的措施。根据瑞典各个市政府部门的统计数据，2006 年 10 月，瑞典居家养老的老年人口约为 43 万，相较 2000 年实际增长了 21%，而超过 14 万的老年人是选择了在自己的家中养老。在瑞典所有年满 65 周岁的老年人群当中，约有 39% 的老年人每个月都可以享受 1 至 9 个小时的居家照料服务，有 22% 的老年人每个月可以享受到 10 至 25 小时的居家照料服务。此外，还有约 3% 的老年人实际上每个月可以享受更长的居家照料服务时间，基本上达到了 120 小时以上。②

从瑞典居家养老服务的机构供给来看，主要由市政府来提供，而社会组织与私营机构只不过是参与提供服务，同时市政府也自然负有最终的责任。2005 年，瑞典共有 145 个由市政府直接来负责的居家养老服务机构。截至 2006 年 10 月 1 日，约有 48 600 名老年人顺利登记成为了居家健康服务的受益者。在这所有的登记者中，约有 70% 的老年人实际上已经超过了 80 周岁，并且他们当中女性所占的比重达到了约 65%。在 48 600 名已经登记过的老年人当中，约有 71% 的老年人不仅是居家健康服务的受益者，而且也是居家养老服务的受益者。此外，在瑞典所有年满 65 周岁的老年人当中，约有 2% 的老年人主要享受的是由私人机构所提供的居家养老服务，市政府有的时候会授权给社会组织（当然也有可能是公益私人机构）来代表他们履行相应的职责，至于其中的服务费用则是由市政府来具体承担的。截至 2006 年 10 月，约有 12% 的服务恰恰就是由相应的私人机构提供的。

瑞典的居家养老服务基本上有两种形式。第一种为退休老人在家享受的居家养老服务。这种类型的养老服务，主要包括烹调、洗衣、室内的清洁及其他一些生活上需要的服务。关于提供服务的时间，既可以是白天也可以是晚上。对于专门性的养老服务部门来说，他们可以根据联系者的要求，派人前往老人家里进行

① 宋葳：《评瑞典养老金制度改革及效果》，硕士学位论文，河北大学，2009 年。
② 王亚南：《瑞典养老保障制度的建立与发展》，《社会》2000 年第 6 期，第 16-18 页。

照顾，包括临时发病的一些老人，有时也会雇用相关的人员替老人到医院排队挂号，甚至送老人去医院看病，等等。这里所提供的服务项目还包括其他各种项目，比如帮助老人锻炼身体、购买视频、借还图书、理发、扫雪、洗澡等。根据相关的数据统计，服务部门也会收取相应的服务费用，但是各地的收费标准却不统一。第二种是退休老人直接选择住进由市政府统一建造的老人公寓之中。政府会免费为老年人改建一些住房，使这些住房更加适合老年人居住，而提供的住所——老年公寓或康复中心等，一般都是在社区内建造，或者在一般的住宅中筹建，从而便于老年人居住，当然这也是作为一种辅助性住宅而存在。瑞典政府在设计老年人公寓的时候，非常注重细节上的设计和处理，例如老人公寓同普通公寓的最大不同就在于：所有的老人公寓房间都是没有门槛的，主要是防止老人被绊倒；考虑到老人弯腰不便，所以所有房间的炉灶、烤箱等用具，在高度的设计上都是适合老人站立使用，甚至还可以上下升降，灵活度较大；同时房间的阳台、窗户都比较大，这样就可以让老人多晒晒太阳；至于卫生间的马桶、澡盆等都比较低矮，并且都设计有扶手等。与老人公寓相配套的还在于配备有一支训练有素的“家庭护理员”队伍，可以随时为老人们提供各类帮助。

2. 公立养老院服务

瑞典的各个城市都设立了公立养老院，其筹资和监管都由政府负责，政府或者私营机构、社会组织均可以参与经营管理，从而更好地为老年人提供养老服务。2006年，瑞典全国约有98 600多名老年人居住于公立养老院中。其中，有56%的老年人拥有一间或半间配备有厨房、厕所以及淋浴设施的房间。此外，瑞典最为常见的养老院居住环境就是一间没有厨房但是配备有淋浴设施的房间，这类房间占比大约为19%，另外还有两间配有公用厨房、厕所以及淋浴设施的小套间，这类房间的占比超过了16%。入住老人服务院的老人要缴纳各种服务费自然是必不可少的，但是实际上瑞典老人所缴纳的费用只相当于实际花费的一半，其他的则依靠政府与地方社会保障部门提供津贴以弥补。

公立养老院基本上是由市政府来管理，也可以由私人卫生与社会服务机构参与经营。但不管养老服务是由市政府还是私人卫生与社会服务机构予以提供，所有养老服务的筹资以及监管都是由市政府来监督。在公立养老院，现在主要采用的是家庭式集中服务。通常情况下，会给公立养老院的老人每人分配一间住房，其住房内部的布局基本上是按照老人的意愿进行专门的布置。此外，在住房内部，老人主要使用的是自己的家具和物品。至于提供服务的那些人员则相对会固定一些，他们身穿便装，同老人一起用餐和参加各类活动，以突出“家”的氛围。

在公立的服务院会设有活动中心，每天都会安排各种各样的社交活动以及文化活动。这些活动既可以让老人们互相交流以加深友谊，又可以让居住在老人服务院的老人同外界融为一体。在老人服务院内凡是老人居住的房间里面都安装有紧急呼叫系统，能够保证每天24小时随时服务。服务人员每天还要陪着老人到户外去散步，其目的是避免服务对象长时间待在室内而影响身心健康。老人服务院还设计有专门的体能训练服务，其目的是更好保持服务对象的体能。在瑞典的公立养老院中，具体的服务并没有形成一个程式化的统一规定，而是根据每位老人的具体情况以及个人意愿量身订制。[①]

3. 系统医疗服务

瑞典现有的医疗服务体系，主要包括了三个层次。第一个层次为初级医疗保健服务层次。瑞典政府会在符合条件的社区内设立一个医疗保健的服务点。通常情况下，社区的居民数量大多都集中在5000至50 000人，并且多个社区还会构成一个医疗服务保健中心。居住在社区内的老人一旦出现了病状，并且希望接受初级医疗保健服务的话，就会优先进入医疗保健服务点；若是医疗服务点难以诊治，则由他们负责迅速送至医疗保健中心以继续进行医治。第二个层次为市级卫生保健服务层次。市级卫生保健服务主要侧重于对老年人的卫生保健服务，目前基本上每个省、市都设置有卫生保健服务站。如果居家的老人生病的话，通常以自己的家属照顾为主。对于没有亲属照料的那些老人，主要享受的是护士的照料，而国家则会免费给那些失去独立生活能力的老年人提供服务。第三个层次为医疗机构服务层次。这一层次着重于为老人提供针对各种疾病的治疗服务，这些服务只需要缴纳挂号费与少量的医药费，生病的老人就能够得到有效的治疗，而老人们所花费的绝大部分费用都是由当地的保险机构来支付。在瑞典，已经建立完善的医疗服务体系，基本上都能够使患病的老年人得到及时治疗。[②]

---

① 沈长月、夏珑、石兵营、李平菊、谭琪：《失独家庭救助与社会支持网络体系研究》，华东理工大学出版社，2016，第73-76页。

② 岳颂东：《瑞典老年社会保障制度的改革与启示》，《北方经济》2006年第21期，第24-27页。

4. 专业护理和专业社工服务

根据瑞典已经颁布的《社会服务法案》《医疗卫生服务法案》，专门的护理人员会到家中进行医疗、家政等多项服务工作，当然前提是老年人要自己主动提出相应申请并且得到核实批准。据相关数据的统计，服务人员将 50% 至 80% 的护理时间都用到了老年人的日常饮食起居上，而每个月护理每位老人的时间平均下来在 30 小时以上。对于那些有需要的老人，监护部门提供全天候的监测，并在其家中配备有专门的警报器。“在瑞典，对需要住院治疗的老年人有专门的规定，如在上一级医院就诊后需要住院的，原居住地的医疗保健服务点或医疗保健中心必须在 4 天之内为老人安排妥当，否则将转走该位老人住院所需的医疗保险金。”[①]

在专业社工服务方面，瑞典的社会工作者恰恰是老年服务的管理者，他们承担着老年人服务的相关规划、组织及管理性工作，并在老年人的服务政策、服务规划以及老年人服务机构的管理等宏观领域内，推动着瑞典老年人服务事业的发展。除了管理者之外，社会工作者还充当了老年人服务需求的评估者这一角色，他们在各级政府的社会服务部门里负责对老年人所提出的申请及时进行服务需求的评估，同时在评估的基础上做出服务决策。当然，这个过程具有很大自主权，从中可以明显体现出作为社会工作者的专业性。总括而言，在社会工作者的身上更多体现的是为老年人做好服务的直接提供者，他们的工作与老年人服务直接相关。[②]

四、其他互助养老模式

时间银行作为一种互助性的服务平台和中介，并不是通常意义上的金融机构。这一概念最早是 20 世纪 80 年代由美国学者埃德加·卡恩（EdgarS. Cahn）提出的，并且随后于 1990 年第一次在美国得以实践。此后的发展极为迅速，现在已经扩展到全世界六大洲的 30 多个国家和地区，成为了影响力最大的一种互助养老模式。当前美国有 200 多家服务积分组织都是以“时间银行”为名的，这些组织的会员

① 顾庭苇、王锴：《瑞典、日本两国老年人的社会福利》，《天津市经理学院学报》2014 年第 4 期，第 44-46 页。

② 沈长月、夏珑、石兵营、李平菊、谭琪：《失独家庭救助与社会支持网络体系研究》，华东理工大学出版社，2016，第 76-77 页。

人数虽然不断变化，但始终是保持在1.5万人左右的。而在英国，已有2万多人参加了时间银行所进行的积分服务，累计储蓄的时间已经达到了130万小时①。在瑞士，时间银行虽然是由政府发起的，但是他同社会上的公益组织和老人服务机构展开合作，主要提供就医陪护、家务帮助、餐饮帮助、休闲活动等互助形式，当志愿者提供了服务的时候，通过第三方的信托机构切实将服务的时间量化后进行存储，当前，瑞士的时间银行在存储上上限可以达750小时。

纵观时间银行模式，其实质乃是通过劳动价值的延迟支付从而达到互助共济的目的。这一模式的主要服务对象就是社区中的高龄及病残老人，并以低龄、健康老人甚至于其他年龄段的志愿者作为主要服务提供的主体，其主要服务的内容就是日常生活照料与精神慰藉。社区就是主要服务区域，采取年轻的帮助年老的、低龄老人帮助高龄老人、健康老人帮助患病老人这样一种代际互助的形式来开展志愿养老服务，同时借助一定的平台把这些服务的时间以小时为单位进行存储，等到服务的提供者年老的时候就可以提取“时间”从而又获得他人等量的服务。这样的一种模式体现的正是互助养老的志愿服务与非营利的本质属性，对于服务的供需双方而言都是有益的。同时，对于服务的提供者来说，时间银行模式不仅仅为其积累了将来可使用的养老服务，而且也为其提供了助老服务和实现自身价值的机会。这一切对于被服务者而言，既不会对其养老负担有所增加，又在心理上容易接受。此外，在代际互助中，对于年轻一代来说，时间银行模式有助于他们养成一种良好的尊老爱老风尚，在倡导邻里互助的过程中，也有利于改善那种互不往来的冷漠状况，在丰富社区生活、拉近社区邻里关系中，传承和发扬邻里之间互助互爱的优良传统。

时间银行模式在各国发展的程度不统一，规模也各有大小。那些规模小的，实施的范围基本限于社区内，参与的人大多是本社区的常住居民；那些规模较大的，运营就比较成熟了，有全国性的“总行”与专职雇员，像英国的RGTB（Rushey Green Time Bank）、日本的NALC（Nippon Active Life Club）、美国的PIC（Partners In Care），它们既有来自个人、企业的资金，又有基金会，甚至政府机构等的捐款和合作，所以资金来源是较为稳定的，同时也制定了较为完善的运营管理制度。

① 陈雪萍、郑生勇、唐浥云等：《互助养老服务理论与实践》，上海交通大学出版社，2017，第63页。

由此可以看到，时间银行模式鼓励参与者积极参加各项相关活动，并通过劳动付出来换取相应养老报酬，而报酬的形式其实就是为自己优先积累等同时间的养老服务时间，以便自己需要养老服务时及时支取。自美国在 1990 年成立了第一家时间银行以来，这一模式在全球迅速开展，特别是在欧美等发达国家发展迅速且较为成熟，目前会员众多，不仅具备系统完善的过程管理，而且同时拥有法律保障，在信息管理系统、服务系统、运作流程、管理运作、网络管理及资金支持等方面有相关政策的支持，从而保障了时间银行的运行与可持续发展。①

第二节　美国互助养老的形成与发展

一、美国“村庄”互助养老情况简介

（一）美国社会基本状况

20 世纪 50 年代在美国的总人口中，65 周岁以上的人口所占比重为 8.1%。2000 年以来，美国的老龄人口急剧增加，人口老龄化速度也明显加快。美国通常把 65 周岁以上的人口称之为老年人。根据相关统计资料显示，1950 年至 2050 年，0~14 岁的人口占总人口的比重将由 26.8% 下降到 19.7%，15~64 岁的人口所占比重将由 65% 下降到 59.7%，而 65 周岁以上的人口所占比重却将由 8.1% 上升至 20.7%，也就是说美国人口老龄化将会继续呈现加速的状态。与此同时，老年人口自身的老龄化速度也呈加快之势，75 周岁以上的人口增长尤为快。据统计资料预测，2007 年至 2050 年，45~65 岁的人口所占总人口的比例将由 20% 上升到 25%，而 18 岁以下的人口所占总人口的比例将由 28% 下降至 20%，18~44 岁的人口所占比例将会由 41% 下降至 38%。但是在老年人口中，65~74 周岁的人口所占的比重却将由 6% 上升到 9%，至于 75 周岁及以上的人口将增加约一倍，直接由 6% 上升至 11%。伴随着人口老龄化趋势的加强，加之老年人在生理、心理方面各项机能的下降，老年人的健康服务与生活服务需求也将会不断增加。②

以家庭结构而论，当前美国的家庭模式是典型的“现代核心家庭”，即丈夫挣钱养家、妻子操持家务、夫妻双方共同来抚养未成年的孩子，同时双职工家庭、

① 陈雪萍、郑生勇、唐浥云等：《互助养老服务理论与实践》，上海交通大学出版社，2017，第 61 页。

② “美国政府是如何编织养老安全网的”，http://blog．Sina.Com.cn/s/blog_6bebdelc0100pipj.html，访问日期：2021 年 8 月 20 日。

继亲家庭、单亲家庭、非婚旧居家庭及独身户家庭等多样化模式并存。[①]依照美国人的传统，父母通常只会抚养子女至18岁，随后子女离开家就不再依赖父母。因此，美国的老年人家庭大多是夫妻家庭或空巢家庭。这同美国人所奉行的“个人主义”及其相对来说较为完善的老年人社会照顾保障体系也密不可分。

在应对人口老龄化和保障老年人生活、服务的过程中，美国的养老服务明显区别于欧洲一些高福利国家，主要特点在于市场化的程度和产业化的程度都高。这主要表现为：一是美国的市场运行规则较完善，养老服务发展的环境好；二是政府对于养老服务市场的干预较少，当前的养老服务大多是由私营机构投资提供的；三是各养老机构间的竞争激烈，养老服务的层次多，能满足不同层次的老人对多层次养老服务的需求；四是养老服务的质量高，更注重人性化的服务，所以养老机构提供的服务既有综合性的服务，也有专业化的服务。

（二）美国“村庄”互助养老情况

村庄模式中的“村庄”并不是像我国行政区划意义上所说的自然村或者行政村，而指的是一种非营利性质的会员制的互助养老组织。美国的互助养老村庄最早于2001年产生于波士顿，当时“村庄”内有会员369人，每个人要缴纳530美元，但是对于低收入的人群则只需要缴纳100至200美元就可以了。“村庄”在建立之初，一部分中老年人自发地建立了这种会员志愿者组织的“比肯山村庄”（Beacon Hill Village），会员间主要通过互相帮助的形式来满足彼此的需求，同时会员需要缴纳一个较优惠的价格，如此就可以得到基本的生活上的照护，而照护基本上是来自于会员以及“村庄”的志愿者。在寻求志愿者的帮助时是不需要支付相关费用的，与此同时，社区中的大多数服务也都是由志愿者直接提供的，若遇到专业性较强的一些服务，则是通过组织的形式再向专业公司进行求助。[②]以“比肯山村庄”作为典型标志，此后，“村庄”在美国很多个州都有发展。截至2015年就已经发展到了170个，基本上分布于美国的40多个州，累计为将近3万名老年人提供过各种服务，另外还有160个“村庄”正处于建设的过程中。“村庄”模式

---

① 龚莹:《人口结构因素对美国房地产业发展的影响》,《人口学刊》2010年第2期，第23-27页。

② 沈长月、夏珑、石兵营、李平菊、谭琪：《失独家庭救助与社会支持网络体系研究》，华东理工大学出版社，2016，第77-78页。

还在逐渐扩散到像澳大利亚、荷兰等国家[①]，遂而逐渐成为了影响力仅次于时间银行模式的一种新型互助养老形式。

作为一种自发形成的互助养老组织，美国“村庄”实行的是典型的自下而上的会员制。通过一种非营利性会员制的形式来收取会员会费以组织运营，在“村庄”内，会员主要采取“自助+互助”的服务方式来满足各自的养老需求。该模式在运行的过程中主要依靠会费与社会捐款的支撑，其中会员是具有多重身份的，不仅是管理者，也是志愿者，会员间实行的是互助服务，但也开放招募志愿者，并且这种互助形式乃是经由经济的支出来换取彼此相应的服务。以居家养老为主要形式，“村庄”的志愿者会提供诸如日常照料、家务协助、交通服务等各类服务，也会举办各类型的休闲娱乐活动。

其实，“村庄”模式在其成立之初，本身就肩负着重要的组织使命，这就是通过无偿但却有效的组织内互助以及质优价廉的组织外服务来及时地帮助“就地养老”（Agingin Place）的会员去改善他们的生活自理能力，促使和帮助他们安全而又舒适地在家中养老或者在自己熟悉的社区里养老。[②]具体来看，“村庄”模式在运行的过程中会呈现出以下五大方面的特征。[③]第一，分布广。目前，“村庄”广泛地分布于美国的各州，小到一个社区，大到镇、市、郡等，服务的对象也大多是老年人。第二，实行会员制。其运行经费主要是会员缴纳的会费，还有部分是社会捐款，至于政府的拨款则较少，甚至部分“村庄”从未得到过相应各级政府的资金支持。在会费的收取上，会因为“村庄”及会员类型的不同而存在差异，对于某些家庭经济确实困难的会员，“村庄”也会给予不同形式与额度的会费减免。第三，会员不仅是管理者而且也是志愿者。会员间通常是互助服务，有时也招募志愿者，若是志愿者的话，则主要提供四类服务，包括会员生病期间的日常照料和家务协助、服务区域内的交通服务、一般的房屋维护及社交与娱乐活动。同时，“村庄”还有名额限制，基本上会员同志愿者的比例大致保持在2∶1，这也就意味着志愿者的数量既直接制约着“村庄”的服务人

① 张彩华、熊春文：《美国农村社区互助养老“村庄”模式的发展及启示》，《探索》2015年第6期，第132-137+149页。

② 姜雪：《互助养老概念下农村资源整合建筑计划研究——以辽南地区为例》，硕士学位论文，大连理工大学，2020年。

③ 张彩华、熊春文：《美国农村社区互助养老“村庄”模式的发展及启示》，《探索》2015年第6期，第132-137+149页。

数，又直接影响“村庄”的服务质量。第四，“村庄”的组织设置灵活多样。“村庄”通常实行的是理事会或者委员会制，理事会主要负责“村庄”的组织运行，而委员会则根据需要设定，一般情况下有会员委员会、活动策划委员会、志愿者委员会以及信息服务委员会等。委员会主要通过“集体议价个人购买”这种形式来为会员争取价格更为优惠而专业性又更强的服务提供商，从而来保障各项服务。第五，“村庄”的办公场所较为灵活。“村庄”的办公地点常在教堂内部或者低价租房，有的则直接借助于互联网开展网络办公，主要通过电子邮件以及手机移动客户端等来协调和组织活动。一般情况下，“村庄”都联入了全国性信息平台，从而为“村庄”的发展提供信息、做好沟通，进行经验交流和运行指导。同时，网络平台还同基金会合作来获取相应资金支持。

任何一种养老模式要想发展起来就必然离不开资金的支持，在“村庄”里会员所缴纳的会费就是其维持基础运行的一个主要支撑。同时“村庄”也在积极寻求以募捐的方式获取更多的捐赠，比如资金、股票等。在服务的内容方面，主要依据的是会员不同的经济条件、身体的素质与需求等，“村庄”据此设置不同的服务标准，而会费也是根据所提供服务的不同标准在“村庄”内部会员之间存在不同的类型。[①] 但是，通常会费的设置都较为合理，在一定的价格区间之内，以使会员都能承受。同时，缴纳会费时，也可以自行选择是终身会员还是按月缴费。但是随着会员人数的不断增多以及高龄化趋势的加剧，会员人数的增长速度已远远高于志愿者人数的增长速度了，所以会员年龄的普遍偏大，也使“村庄”里老年人之间的互助服务面临着新的挑战，从而也就加剧了“村庄”运营的成本。在组织的结构方面，一般主要包括理事会与委员会，发挥监督作用的理事会，是由会员选举来产生的，而委员会则大多是根据“村庄”的实际需要来灵活设置。根据互助的理念以及降低成本的要求，其岗位人员的选用也基本从会员里面选举，有的会员还会以志愿者的形式提供无偿兼职。此外，特别值得一提的是，在美国“村庄”的互助实践中还设置有专门的“VTV 网络”。该网络主要负责“村庄”之间的信息往来与沟通，老人们可以在该网络平台上进行各种经验交流，甚至进行募集资金等。在养老的服务供给方面，“村庄”内不仅有专业性的养老服务，而且也有免费性的志愿服务。“村庄”里的委员会会定期及时、主动地和

① 周博、王维、郑文霞：《特色养老——世界养老项目建设解析》，江苏凤凰科学技术出版社，2016，第 11 页。

会员进行沟通，从而了解会员的具体需求，并且掌握村里志愿服务的一应情况，如果出现现行的志愿性服务难以满足会员的基本需要，就会遵循“低成本、优服务”这一理念直接从外部引进相关的服务。同时，在提供的服务上，也基本上分为了会员志愿者和外部服务商两种服务形式，会员志愿者所提供的服务主要是基础性的，诸如个人的代管、陪伴聊天、送餐，帮忙搭载会员去购物、参与社区活动、去医院看病，家务协助、打扫卫生、家具修理等。另外还有一些专业性比较强，会员志愿者根本提供不了的服务就会直接租赁给专门的外部服务商来提供，比如法律维权、“村庄”设备维护、医疗类的护理等。通过会员志愿者的服务，再加以质优价廉的外部服务商所提供的专业性的服务，这就基本上保证了居住在“村庄”内的会员正常生活的需求。[①]

二、美国社会对老人的照顾模式

作为较早进入老龄化社会的国家，美国老人的居住环境与养老服务可谓内容多样、名目繁多。但是，从老年人社会照顾的模式分析，美国老人的照顾又大体上可以划分为三大类。第一类是医疗护理机构，如护理院，这一类通常也被称为技术护理照顾型养老机构，其主要是为需要 24 小时给予精心医疗照顾，但是又不需要医院提供的那些需要经常性医疗服务的老年人而提供的服务。第二类是日常生活辅助机构，此类养老机构主要提供的是日常生活照顾与料理服务，不会提供医疗服务及 24 小时的生活护理服务。因而，那些不需要长期进行医疗护理的老年人就可以选择入住这一类辅助生活机构，像养护之家、老年聚集社区等，与此同时这一类生活辅助机构还会提供临终关怀及痴呆症等一些特殊性的服务。第三类是独立生活机构，有一部分老年人基本上能够独立生活，但同时又希望日常生活能够有人照顾，并且能够同老年人一起生活，这样的话，就产生了这类独立生活机构，像老年公寓、活跃老年社区等。不同的养老机构，会根据老年人的生理机能、社会活动的服务需求及心理机能等方面的不同而建立与划分，每一类不同的养老机构都会有其自身的结构、运行特点、管理规则等。老年人也会根据自身的健康状况、能够得到政府补助的多寡以及经济收入状况等来选择一个适合自己的养老机构。

① 凌莉：《发达国家互助养老模式实践及经验借鉴》，《上海农村经济》2019 年第 8 期，第 38-40 页。

（一）美国的护理院照顾模式

1. 护理院照顾模式的范围与具体内容[①]

美国的护理院是为那些有疾病、伤残的人士提供护理照顾与康复服务的机构。除了部分设施是为有发展障碍、精神病患者等需要护理的年轻人服务的以外，绝大多数的设施都是为老年人提供服务的。而对于一般选择了住进护理院，同时需要有专业护理技术人员的照顾，并且使用专业护理技术设施的老人来说，则必须具备以下几个条件中的任意一个：① 需要 24 小时的护理照料；② 没有其他人或者辅助性行走工具的帮助就无法独立行走及活动；③ 生活无法自理；④ 到了老年的时候患有老年痴呆症；⑤ 患有长期的或者慢性的疾病。一般情况下，中级护理照顾型的护理院主要是对老年人的日常生活提供帮助，一般的护工就能够完成照顾与护理的工作。但是专业技术护理照顾型的护理院，其护理工作的技术就要求很高，就需要护士及以上级别的专业性医疗队伍来予以护理。同时，护理院既可以是一个独立的机构，也可以是依托医院或者其他的医疗服务机构而存在的。[②]

在美国，通常将提供三张及以上护理床位、为入住者提供医疗护理以及个人生活照顾的机构称为护理院。随着美国养老服务的越来越社会化、医疗水平的提高、产业化经营规模的扩大以及营养饮食质量的不断提高，老年人的身体健康状况是呈现逐渐好转趋势，所以老年人会逐渐偏向于选择那些离家较近的服务机构，例如会选择社区服务以及老年人活动中心等。与此同时，随着为老年人提供养老服务的社会机构日益增多，服务会更加趋向于个性化、人性化，也就更加符合老年人对生活与精神的追求，因而，老年人对服务机构的选择性也就会相应增多，对于护理院的需求偏好也就会降低。

从护理院照顾模式的具体内容来看，护理院一般会提供物理疗法、言语治疗、职业疗法及呼吸治疗等多样化的治疗方法，同时也会根据入住者的特殊需要来提供相应的专业护理。总体来讲，护理院多样化服务的价格要比医院便宜很多，老人一旦发生病痛或生活上需要提供照顾，在住进护理院之后经过一段时间精心护理，若身体康复或者能够自己独立活动了，那么，还有机会重新回归到家庭中去生活。尤其是那些经过手术治疗后的老人，一般他们在护理院经过护理人员一个

---

① 沈长月、夏珑、石兵营、李平菊、谭琪：《失独家庭救助与社会支持网络体系研究》，华东理工大学出版社，2016，第 79 页。

② 卫桂玲：《美国社会 OASDI 制度和农民缴费》，《特区经济》2011 年第 11 期，第 117-118 页。

月左右的专业护理，基本上都能够康复回家。所以，同住医院相比较的话，住在护理院相对还是要更加实惠一些。

2. 护理院照顾模式的资金来源[①]

从美国护理院的资金来源来看，大致主要有三种。第一，私人付费。这主要包括用健康保险金、社会保障基金、退休金、生活护理基金等。第二，国家医疗保险。主要是通过国家的医疗保险金支付，该保险能够对养老服务费当中同医疗有关的那部分费用提供补偿。第三，医疗补助。这主要是通过已经申请和已经收到的医疗补助支付，该种补助主要也是针对那些收入较低的老人们设立的，能够为那些入住护理院并且接受健康服务的低收入的老人提供补助，但是有一些护理院是不接受该项计划的。所以，那些打算入住护理院的老人若想要申请公共医疗补助的话，就必须提前核实自己所想要入住的那个护理院是不是可以接受此项计划。为避免骗取补助的这一类行为，美国政府会对提出申请的个人进行极为严格的审查，同时规定一些具体的处理办法。

大部分的美国老人会在自己年轻的时候购买一份健康保险，从而保障和补贴自己在晚年时候的医疗费用支出。除此之外，当老人的身体健康出现了问题，需要进行治疗时，他们也会得到政府的医疗补助。所以，完全以私人付费的形式入住护理院的老人在美国是较少的，绝大部分的老人除了自己必须缴纳一定的费用以外，大都会选择用国家的医疗保险及医疗救助来进行费用支付。

美国具备较为完善的医疗救助体系，美国政府会在人们年老的时候为他们提供医疗补助，各州和地方政府也都会根据老年人自身的经济状况、现实需求来为其提供一定的补助，而社会上的基金会以及志愿机构等具有慈善性质的机构基本上也会为老人提供必要的救助。在美国养老服务的付费制度中，各州政府具体负责的是医疗补助及国家医疗保险等相关事宜，所以他们有权决定医疗补助的获取标准，有权控制具体得到医疗补助的人数，也有权控制护理院所提供的床位数量，更加有权决定最终国家医疗保险的补偿比例应该如何等。

3. 护理院照顾模式的服务人员[②]

美国护理院的服务人员主要有两种：护理人员和合同工。护理人员主要包括

① 沈长月、夏珑、石兵营、李平菊、谭琪：《失独家庭救助与社会支持网络体系研究》，华东理工大学出版社，2016，第 79-80 页。

② 同上。

注册护士、执照护士、注册助理护士、护工助理以及杂务人员等。注册护士一般指的是修读过两年大专文凭或者四年大学文凭，并且领取有注册执照的护理人员，他们除了需要照顾病人以外，还要同医生进行沟通，或者遵照医生的指示来照顾病人；执照护士一般则指的是经过了一年医院或者专科学校的专业护理训练，同时领取了一般执照，所以执照护士是必须在指定的专业护士督导之下进行送药或者打针等工作的；至于注册助理护士，他们也必须在注册护士的监督之下进行工作，其工作主要是进行传达信息、整理病床、送食物、清洁身体、为病人穿衣、保持病房整洁、护送病人去手术室、观察病人的身体与心理状况，同时及时告知医生等工作。[①]

（二）美国的养老辅助机构照顾模式

美国的养老辅助机构主要包括三大类别，他们在具体的照顾老人的范围、资金的来源以及照顾的方式和服务内容等多个方面都具有一定的差异性，这也就很好地体现了在老年人的社会照顾当中老人照顾模式多样性的特征。

1. 养护之家照顾模式[②]

养护之家通常意义上是指非医疗护理机构，主要是为老年人提供生活照顾及各类服务的居住机构。养护之家作为从家庭到护理院这种连续服务的一部分，主要就是为那些不需要医疗护理与服务，但是又因为身体或者认知障碍不能独立去生活的老年人提供服务。养护之家的居住面积比较多样，既有较小的、家庭式的单户住宅设施，也有较大的、能够满足混合居住的住宅。但是不管大小，养护之家都可以为老年人提供住宿、餐饮甚至24小时服务等一系列的服务，这类服务通常都是低成本的。

养护之家模式中的服务对象基本上都是老年人，他们因缺乏必要的亲属照顾而变成了孤寡老人，有一些护理之家也会接受那些有身体残疾或者是精神疾病的成年人。大部分居住于养护之家的老年人会存在多种健康问题或者是认知的问题，他们独立生活与行动存在很大的危险性及不现实性。所以，养护之家设立的目标就是为那些身体机能出现了问题，又需要定期给予辅助服务或者日常生活管理的老年人给予支持性服务。随着老年人数量的增多，能够提供中级水平服务的养护

① 卫桂玲：《美国社会OASDI制度和农民缴费》，《特区经济》2011年第11期，第117-118页。

② 沈长月、夏珑、石兵营、李平菊、谭琪：《失独家庭救助与社会支持网络体系研究》，华东理工大学出版社，2016，第80-81页。

之家的服务种类也在不断地增加，其服务项目也更加科学化和人性化，其所提供的主要有对个人生活进行的辅助照顾、必要的出行照顾以及支持性服务，比如膳食、药物管理、洗衣及家务等。

通常情况之下，养护之家的管理主要是由政府来完成的。政府会对养护之家规模的大小、服务的内容、人员的设置、入住者权利及服务单位是不是可以共享转让政策等制定相应的规则。此外，在养护之家当中，那些经济支付能力较低、特别需要得到国家补充性保障收入或者政策支持的老年人实际所占比例很高，对于老年人来说，他们支付照料与居住服务的费用基本上都来自于政府基金组织、社会保障、个人储蓄、家庭补助、其他退休的福利或者私人商业保险。因为每月的收费都在几百美元到几千美元不等，所以养护之家就需要为那些负担不了辅助生活设施服务或者缺乏个人资源的老年人承担一部分必要的费用。①

2. 老年聚集住宅模式②

聚集住宅作为一个为老年人提供服务的居住机构，主要的服务对象是不能够或者不愿意完全独立生活的老年人。这些老年人通常都希望能够居住在一个私人的老年公寓当中，但同时也希望能有人辅助或者是提供杂货店购物、家务劳动甚至膳食准备的服务，而不是独自去完成。这种集合住宅，一开始是政府、私人慈善机构所资助的辅助性的老年住宅，现在很多的老年集合性居住安排及设施都被称为“集合住宅”，一般也被称为支持性住宅、聚集退休住宅、生活护理安老院、单人用住宅、聚集老人社区、老人居屋、多人用住宅等。作为辅助生活的一种机构形式，聚集住宅包括的形式是多样的。同时，这种聚集住宅的居住空间大体上类似于退休社区及一些老年公寓，他们所有的房间都设立在一栋楼当中，有一个专供社交活动的公共区域、一个共用厨房以及公用餐厅。通常，聚集住宅又被分为了经济型、一居室和两居室公寓。

当前，随着入住聚集住宅的老年人的平均年龄不断增大，聚集住宅也逐渐开始为那些生理机能较弱、收入较低的老年人提供越来越多的服务，从而避免他们入住护理院。从聚集住宅所能提供的基本服务来看，主要包括共用膳食、住房安

---

① 郭红艳、彭嘉琳、雷洋等：《美国养老机构服务质量评价的特点及启示》，《中华护理杂志》2013 年第 7 期，652-654。

② 沈长月、夏珑、石兵营、李平菊、谭琪：《失独家庭救助与社会支持网络体系研究》，华东理工大学出版社，2016，第 81-82 页。

全保障、家政服务、同其他老年人进行社会交往活动的区域、24 小时全日制工作人员所能提供的辅助服务以及有计划性的娱乐性活动和其他各类社会活动等。除了上述这些基本的服务外，聚集住宅一般也会提供某些需要额外单独进行收费的服务，例如洗衣服务、健康检查、购物与预约看病的交通服务、日常生活辅助服务、辅助服用药物服务等。此外，聚集住宅还会为老年人提供某些特殊服务，如有的时候聚集住宅也会针对那些存在特殊局限性的老年人们提供专门服务。综合来看，对于患病或者受伤，可是又不需要进行长期医疗照顾的那些老年人来说，入住聚集住宅确实是个很不错的选择。

每月入住老年聚集住宅需要支付的费用基本在500 到 4000 多美元。若每月支付的费用在 500 美元，那么老年人就可以入住那些带有独立浴室、和一个室友共同居住的较好的一居室住宅。可是，并非所有的聚集住宅都有这种花费成本较低的住宅。在某些特别的情况之下，有政府补助的那些聚集住宅所能够提供的设施反而更多，如能够提供一个独立的房间、一日三餐，甚至还有更多的社交活动以及女佣服务。不过，对于那些营利性、政府没有补助的聚集住宅而言，一般每月的花费应在 1100 美元左右。[①]入住聚集住宅的老年人，他们必须支付的费用包括购买住宅的钱或者是租住住宅的租金、买进住宅或者入住住宅的报名费、安全保障和清洁卫生的押金、每个月使用可选择服务的费用等，绝大部分的聚集住宅都是有租赁合同或者协议的，同时，也不需要老年人有长期的经济能力来作为担保。同样，若老年人不喜欢所住的老年聚集住宅，那么他们也可以随时离开，也不需要承担违约责任或支付罚金。[②]

（三）美国的独立住宅生活照顾模式

独立住宅生活照顾模式，指的是老年人生活在一个较为紧凑的，同时又易于维护的私人公寓或者是社区内的住宅之中来接受照顾的一种模式。这种住宅通常是为 55 周岁以上的那些老年人所设计的，同时，有的住宅也要求老年人的年龄达到 62 周岁以上。美国的老年人独立生活住宅，主要包括老年公寓、退休社区、独立生活社区、养老院以及活跃老年社区等，其中以老年公寓、活跃老年社区最

---

① 沈长月、夏珑、石兵营、李平菊、谭琪：《失独家庭救助与社会支持网络体系研究》，华东理工大学出版社，2016，第 82 页。

② 严晓萍：《美国社区养老服务设施建设及启示》，《社会保障研究》2009 年第 4 期，第 19-25 页。

为典型。[①]

一般情况下，独立生活机构大都会提供一些可供选择的服务，如游泳池、健身器材等运动设施，购物、文化活动等社会活动，花园、会所活动室、美容店、高尔夫球场、图书馆、网球馆以及公共用餐、家政服务和教育等。在一些老年社区里也会提供社交或者娱乐活动服务，还有一些老年社区甚至会有专门的社会工作人员来协助老年人去联系提供医疗或者个人服务的机构。同时，大部分的老年社区通常都会有属于自己的安全警卫系统。对于入住独立生活住宅的老年人也有相应的要求。一般入住独立生活住宅的老年人，需要满足以下几点要求：有愿望独自生活；身体健康，基本上能够独立照顾自己；不想再拥有一所房子；希望自己住在一个只有老年人的社区里；喜欢与同龄的老年人在一起生活；有足够的经济能力来支付其入住时所选择的独立生活社区，或是能够对政府的补贴性住宅感到满意；能独立或者是在家人的帮助下同医生、工作人员进行有效的沟通。所以说，假如一个老年人需要非经常性的单个人护理或者是医疗服务，那么他就必须得从社区外部的相关机构之中获得这种服务。其实在美国，老年人选择独立生活机构的范围是极为广泛的，加之美国市场经济在各地出现的波动，所以要想较为准确地预测出老年人的费用支付是较为困难的，但是大致可从低、中、高三个层次的独立生活机构来看。第一是费用最低的独立生活机构。这指的是那些由公共的或者私人的慈善机构抑或通过住房与城市发展部来资助的老年住宅。第二是中档的独立生活机构。这是指那些出租住房的机构，具体的租金是同老年人所入住的房屋奢华程度挂钩的。除了租金以外，老年人通常还会根据他们所选的住宅来支付一定的服务费用，而根据不同的服务使用情况，不同的老年人每个月的费用一般也从数百美元到数千美元不等。第三是高端档次的独立生活机构。至于费用最高的独立生活机构就是计划退休社区了，该社区要求老年人购买居住房屋，而其房屋成本的高低又是同老年人所选择的社区奢华程度直接挂钩的。除此之外，退休社区的共享设施通常情况下每个月也需要花费 1000 至 2000 美元，这笔费用的支出不仅包括了税收，还包括了公用设施及社区服务等。

---

① 沈长月、夏珑、石兵营、李平菊、谭琪：《失独家庭救助与社会支持网络体系研究》，华东理工大学出版社，2016，第 82-83 页。

三、美国模式简评

美国的老年人社会照顾模式同北欧高福利国家存在很大不同，美国特别强调的是市场机制在整个养老中发挥的作用，也强调政府、市场、社会组织这三者在养老领域中发挥的作用，也更为强调养老模式在当前美国社会中的多样性。实际上，美国老年人社会照顾模式所构建的老人照顾体系确实也较为有效地实现了不同需求的老年人在照顾服务这方面具有的多样性需求。总括而言，美国模式中可供借鉴的经验主要包括以下三点。①

第一，充分注重利用市场机制来推进养老服务的产业化与专业化。作为养老服务产业，首先，养老机构不仅在为老年人提供必要的生活起居与医疗照顾等养老服务，而且也能够体现出爱老、公平、人权理念。其次，养老服务其本身就是商品，并且这种商品在购买与销售的过程中自发地就会形成一个更为庞大的市场，以此吸纳劳动力就业，进而促进经济的发展。目前，养老服务产业化的理念在美国已经被社会大众所接受并且深入人心，这既体现在政府相关的政策上，也体现在养老服务产业现实的发展上。

第二，应当积极地鼓励社会组织参与到养老机构的组建当中，以实现养老服务的真正社会化。鼓励企业、民办非企业单位，甚至社会团体投资养老机构，进而提供相应的养老服务，这是美国的一贯做法。这既提高了养老机构的运营效率以及养老服务的多层次性，又在很大程度上真正减轻了政府的财政负担和压力。在美国，政府机构并不直接开办养老机构，反而是社会、民间组织以及个人开办了养老服务机构，政府更多的是以向民办养老服务机构购买相关服务、积极为老年人提供必要的养老服务补贴等形式来为老年人提供服务。美国的这种养老机构民办性质切实增强了养老机构及其所提供的服务间的竞争力，所以更有利于养老机构与服务的完善。

第三，明确设计清楚了各养老渠道的筹款方式，切实提升了养老服务的效益。美国的养老服务渠道方式十分明确，这有利于避免频繁变动，对于维护老年人利益，进而促进养老机构主动提供更多、更好的服务大有裨益。对于养老服务是要

① 沈长月、夏珑、石兵营、李平菊、谭琪：《失独家庭救助与社会支持网络体系研究》，华东理工大学出版社，2016，第 83-84 页。

单独付费还是共同付费，单独付费的主体是政府还是个人，共同付费的付费者又有哪些，其相互之间的关系又如何，服务接受者到底是接受货币补偿或免费服务等一系列的问题，均作出了明确规定。与此同时，在美国，老年人所享受到的服务中，绝大部分都是能够享受到联邦政府、各州政府以及国家的医疗保险等给予的补贴的。①

第三节　日本、韩国互助养老的形成与发展

一、日本的邻里互助网络模式

（一）日本情况简介

1961 年日本政府就建立了国民年金制度②，从 1970 年开始，日本就已经步入了人口老龄化阶段。据 1982 年在维也纳召开的那场世界老龄问题大会上给出的定义，年满 60 周岁的人都将被称为老年人。同时，一个国家的老年人口一旦达到甚至超过了总人口数的 10%，又或者其年满 65 周岁及以上的人口数量达到且超过了总人口数的 7%，那这个国家就将被称为老年型国家。在 1970 年，日本年满 65 周岁的老年人口就达到了总人口数的 7%，这说明当时的日本已经成为了一个老年型国家。③

而 1994 年，日本年满 65 周岁及以上的老年人口数就达到了总人口数的 14%，其老龄化率仅仅用了 24 年就翻一倍。根据 2012 年日本总务省的资料，截至 2011 年 10 月 1 日，日本年满 65 周岁的老年人口数量达到了历史最高的 2975 万，占总人口数量的比重为 23.3%；而年满 75 周岁及以上的“银发”老年人人口数也达到了 1471 万，占总人口数的 11.5%。这样两项比例，即使是在老年型的国家中依然保持在世界的首位。与此同时，受本国生育率下降的影响，日本的人口也呈现持续下降的趋势，这也证明其人口老龄化的问题正在变得愈发严重。根据

① 沈长月、夏珑、石兵营、李平菊、谭琪：《失独家庭救助与社会支持网络体系研究》，华东理工大学出版社，2016，第 83-84 页。

② 周博、王维、郑文霞：《特色养老——世界养老项目建设解析》，江苏凤凰科学技术出版社，2016，第 11 页。

③ 沈长月、夏珑、石兵营、李平菊、谭琪：《失独家庭救助与社会支持网络体系研究》，华东理工大学出版社，2016，第 85 页。

日本2012年老龄化社会白皮书的预测，到2060年，日本的老龄化率将达到可怕的39.9%，这也就意味着，每2.5个人中就将会有一人是年满65周岁的老人，而每4个人中就将有一个人为年满75周岁的老人。① 在老年人社会中是存在一系列社会问题的，具体而言包括社会工作人员呈现急剧减少的趋势，总的社会生产能力受到影响而大幅度下降，社会的负担比例失衡，甚至会造成老年人精神慰藉等系列严重问题。②

近年来，日本的家庭结构相比以前变化明显加大，主要表现在以下三大方面。首先是家庭规模缩小、少子化现象普遍及大家庭的解体，这就导致了独居老年人增加，促使核心家庭的比例上升；其次是直系家庭虽然基本保持不变，但是单身家庭却异军突起，这就直接出现了直系家庭同核心家庭并存；最后是家庭的生育功能降低，而教育功能提高了，消费功能也大大增强了，但是赡养功能却是逐步削弱。日本家庭结构现有的变化趋势，虽然同欧、美等国近乎相同，但是其影响因素仍然表现出了自身所固有的特点，比如国家一直以来本着尊重与孝敬老年人的传统，从而鼓励和提倡老年人与家人住在一起。③ 所以，很自然地，从根本上讲日本养老模式的变化正是儒家文化同欧美文化融合的一种结果。

（二）日本的邻里互助网络模式

日本的邻里互助网络是在一种多元主体的参与之下形成的，主要强调在小范围内的邻里关系营造，倡导由政府、志愿者以及社会团体共同协作来提供相关的养老服务，其服务的对象主要是那些独居老人与失能老人，服务的范围更多强调的是邻里之间的关系，其中所说的老人相互照顾，就是充分利用现有的各种资源，在参与者较为熟悉的环境下去进行生活照顾，并开展丰富多样的活动，以满足照料与情感的需求。所以，由此形成的互助网络是具有稳定性的，并且在互助活动中来照顾老人们的生活起居，同时也开展各类休闲娱乐活动，以增进老年人相互之间的关系。④

---

① 周云：《社会政策与日本人口的发展》，《人口学刊》2008年第5期，第3-8页。

② 刘春梅：《农村养老资源的供给及模式研究》，中国农业出版社，2019，第104页。

③ 吴建华、潇光伟、黄海：《近代以来日本家庭结构与功能的变迁》，《西南师范大学学报》（人文社会科学版）2000年第5期，第166-171页。

④ 姜雪：《互助养老概念下农村资源整合建筑计划研究——以辽南地区为例》，硕士学位论文，大连理工大学，2020年。

日本因为受到东方文化的影响，其家庭观念相较于欧美发达国家更为浓厚，所以老年人更愿意居住在家里养老。但是日本的少子化现象却直接导致了家庭规模的小型化，因而独居老人越来越多。为了满足老年人的居家养老需求，日本政府下了很大功夫发展社区养老服务事业，比如设立社区老年人服务中心，修建各种适合老年人的娱乐设施，组织各类志愿者来为社区的老人提供陪伴和送餐等服务。此外，日本的老年人更是自发地行动起来，积极参与并配合社区的养老活动，做到相互扶持和帮助，从而形成了邻里互助网络。①

现在看来，这种邻里互助网络乃是由居住在社区里的年满 65 周岁的老人自发组织成立并且管理、运行的一种协会组织。社区当中的中老年居民，尤其是那些家庭主妇以及退休人员主动地以志愿者的身份加入了协会，同时政府也给予了一定的政策性扶持，以此保证了协会的稳定和可持续发展。对于一些缺乏自理能力的独居老人，因为有了政府政策和资金的扶持，再加上志愿者的帮助，所以协会变得更为稳定。协会一般通过援助和互助的方式来照料会员的起居，同时也会举办邻里聚会、户外旅游、体育健身以及定期或不定期的聚餐等活动，来促使彼此间的信息交流、排遣孤独、分享经验以及充实自我的互助目标的达成。该模式的会员主要来自于生活在社区里的一些老居民，他们彼此之间较为了解，对于社区里的各种情况也都比较熟悉。另外，相同的生活环境也会让他们有很多共同性的话题，因而在一起交流的时候不仅放松而且彼此交流的话题也都更具有针对性。协会经常会组织邻里聚会以及社区联谊等交流会，从而增进彼此间的了解，掌握会员的实际困难与切身需求。在这个过程中，活动的主办者或者协会的负责人一般都会将每次活动中大家所反映的问题与提出的意见、建议统统记录下来并且迅速应对。至于活动所需要的费用，通常都是通过多种渠道来筹集，也有比如向地区的志愿者中心主动申请活动补助等情况。

这种邻里互助网，既帮助了很多需要救助的病患老人与高龄老人，又消解了部分人口老龄化所带来的养老问题，从而在一定程度上缓解了日本人口老龄化所带来的压力，而且也从实际行动上真正诠释了老有所为的一种积极的老龄化理念，从而也构建起了老龄化社会下的新型社区人际关系。

---

① 金华宝：《发达国家互助养老的典型模式与经验借鉴》，《山东社会科学》2019 年第 2 期，第 52-58 页。

（三）日本老人的社会照顾

1. 日本的老人社会照顾机构及其安排

日本根据老年人的不同身体与精神状态，构建起了专门为老年人提供各类服务的多样性机构。不同类别的机构，所提供服务的重点和对象也各不相同，提供的服务也会存在明显的差异，从而有效保障老年人享受不同照顾服务的效率。日本的老人社会照顾机构主要包括以下四种类别。[①]

第一，居家型老年人机构。居家型老年人机构以老年人的住宅为主体，同时结合周边其他的为老年人服务的一些都市功能设施，从而共同形成一个良好的、较为舒适的老年人生活氛围。居家型老年人机构又分为老年人住宅、保健院和日托所三种不同的形式。老年人住宅是居家型老年人设施当中最为主要的一种。老年人住宅在实现住宅基本功能的基础之上，充分地考虑了老年人的身体状况与行为模式，在安全管理、老人人体工学住宅设计、交通上的无障碍设计以及报警系统等方面充分满足了健康老人居家生活的各种需求。保健院是老人定期到这里参加各项文体活动以及健身类活动，接受基本的身体健康检查和相应的保健治疗等的地方。日托所会有专门的福利车接送老人，老人在日托所护理工作人员的帮助之下，充实并且舒适地度过一天的生活。[②]

第二，照顾型老年人机构。照顾型老年人机构的特点在于老人居住于老人之家等福利设施之内，同其他老人共同生活，也共同分享福利设施内提供的各种护理服务，所以这种机构较为适合那些无法完全独立生活或家人照顾有很大困难的老人来使用。这些机构通常包括老人之家和养老院。老人之家主要面向独立生活有一定困难的老人，这是专门为他们建设的福利设施。在支付了相应的费用之后，那些有需求的老人就可以住在老人之家，随后由老人之家提供各种类型的服务，从而照顾老人及其起居等。养老院则是由政府所提供的一个福利性设施，专门来负责没有生活来源的老人居住和生活，同时，也向老人提供饮食和其他日常生活方面的必要服务。[③]

---

① 李志建：《日本老年人社区照顾调研报告》，《中国物业管理》2010年第10期，第62-63页。

② 沈长月、夏珑、石兵营、李平菊、谭琪：《失独家庭救助与社会支持网络体系研究》，华东理工大学出版社，2016，第85页。

③ 同上，第86页。

第三，医疗照顾型机构。医疗照顾型老年人设施是面向那些部分或者完全丧失了生活自理能力的老人的，他们需要长期在设施内居住和生活，并且有护理人员专门进行服务，是一种半医疗性质的福利设施。这种机构主要包括一些指定的医疗型老人设施，这是针对患有某种特定病症的老人进行的专业治疗及护理的老人设施，其中还包含特别养护老人之家，主要针对的是70周岁以上、需要人看护但又无法居家来照顾的老人，为他们提供相应的居住空间，并且进行医疗保健和护理等服务。①

第四，综合型的照顾机构。综合老年人福利设施较为特殊，属于未来老年人福利设施的一种发展方向，可以有效结合当地老年人的福利设施现状，从而合理地调配社会上的各种养老服务资源，以满足多样化的老年人生活与社会需求。一般而言，综合型老人设施规模是相对比较大的，其服务半径覆盖了周边的广大区域，也逐渐成为了都市老年人的福利设施综合体。其通常与都市的医院及保健等设施结合得较为紧密，所处的地方交通便利，并且周边拥有可满足老年人都市生活需要的各种服务设施，像体育馆、音乐厅、艺术中心等。在日本，此类机构主要有都市老人福利中心和老人看护支援中心两种。都市老人福利中心除了提供关于老人的各种咨询并办理相关的医疗保险手续外，还会向老人提供增进健康、提高修养，甚至具有娱乐性的各项服务。他们一般也会相应地提供短期的或者长期的老年人居住与生活的基础设施。老人看护支援中心，其主要功能就是向老年人提供同福利相关的资讯、信息及指导，做好联络调整，并且同其他老年人设施一起共同完成老年人所需要的各项综合性的服务。②

2. 老人社会照顾的费用及护理

自2000年起，日本实行的就是现行的护理保险制度，该制度对老人照顾保险的融资渠道以及给付被保险人的渠道都有着极为明确的要求。③

关于费用筹措融资的要求是，参与老人护理费用筹措的主体一共有五个，即地方乡镇、市县、国家、第一类投保人和第二类投保人。在这里，乡镇

① 沈长月、夏珑、石兵营、李平菊、谭琪：《失独家庭救助与社会支持网络体系研究》，华东理工大学出版社，2016，第86页。

② 刘春梅：《农村养老资源的供给及模式研究》，中国农业出版社，2019，第104-106页。

③ 杭州和睿养老产业发展有限公司编著《中国式持续照料养老社区开发全流程解析：CCRC的中国本土化实践经验》，化学工业出版社，2020，第24-26页。

参与所给付的费用比例必须要达到12.5%，而日本市县财政的比例也要达到12.5%，同时国家承担25%的比例。[①] 对于两类投保人，日本法律曾明确予以规定，这两类投保人有着明显的不同，第一类投保人必须年满65周岁，要承担19%的给付费用；而第二类投保人必须在40至64周岁之间，并且购买了法定医疗保险，要承担31%的给付费用。关于被保险人所需要的照顾保险金给付也有明确的规定，根据法定的程序，要向日本当地政府的机构申请照顾服务，同时，被确认的被保险人其所享受道德照顾服务的主要费用，基本上个人只用负担总费用的10%，剩下90%的费用则是由老人照顾保险金来支付和承担的。[②]

至于老人社会照顾的护理，日本曾明确提出，凡是想要申请护理服务的年满65周岁的老人，自己要先到市、镇、村公所的窗口去主动提出申请，然后再经由市政府进行调查，从而决定这个老年人应该接受什么样的护理服务，而作出这些决定的一个主要依据就是医生的诊断。通常需要护理的老人会被分为五种：第一种，每天定时会有人上门访问以帮助老人做杂务；第二种，老人居家但是同样每天由家人送其到社区老年人护理中心，在这里接受护理人员的服务，到了下午再回家住宿；第三种，老人基本居住在家里，一个星期到社区老年人护理中心去住上一次；第四种，身体失去部分功能以及生活不能自理的老人，要住进社区老年护理中心；第五种，疾病十分严重的老人，必须入住护理中心，以便随时接受服务。[③] 与此相对应，需要护理的老人病症也相应地被日本政府分成了五个等级："第一级需要护理的老人，站立困难，无法单脚直立；第二级需要护理的老人，无法步行、洗澡，不能剪指甲，不能管理钱财；第三级需要护理的老人，不能脱换衣服，意识模糊，不能上厕所，排便困难；第四级需要护理的老人，无法进食，无法将自己的意见准确地传达给别人；第五级需要护理的老人，吞咽困难，记忆模糊，理解困难，这是最需要帮助的老人。第四级和第五级需要护理的老人，必须入住社区护理中心接受护理。"[④]

---

① 根据日本《护理保险法》第121条、123条和124条的规定。

② 陈毅俊、张静芬、叶家宪等：《日本介护保险制度及其对我国的启示》，《中国基层医药》2005年第3期，第362-364页。

③ 林珊珊：《"介护保险制度"与日本医疗保障制度改革》，《世界经济与政治论坛》2004年第4期，第88-92页。

④ 吕正明：《日本的社会保障制度》，《中国改革》1998年第4期，第1页。

针对老人的不同情况，日本地方政府部门通常也会明确不同的照顾护理等级，然后再依据等级去支付护理费用，从而确保不同层次的老人都能够得到具体而细致的照顾。

3. 护理服务的提供主体、服务人员及其质量保证[①]

日本提供护理服务的并非政府部门，在护理保险制度实施后，除了社会福利法人之外，能够提供护理服务的还包括民间组织、各种地方公共团体及非营利组织等，自然医疗法人等也是可以参与到服务的提供当中的。除此之外，日本政府还积极鼓励相关的营利组织以及民间企业更多地进入服务领域。不过，最初政府对民间企业的参与是有诸多限制的，他们一般只能参与到居家护理服务和护理保险制度给付之外的一些服务这两个领域的服务当中去。其中，根据规定设施服务只能由民间非营利的医疗法人、公设民营的社会福利法人及各类公营的地方自治团体来予以提供。即便是在能够参与到的居家护理服务当中，民间企业一般也是不能进入日间护理保健、康复及短期入住护理照料服务等这些领域的。不过，好的是，随着日本护理需求的日益扩大，政府也就逐渐放开了民间企业所参与的领域。在2001年和2002年，日本就相继开放了设施护理当中的有关领域，明确允许民间企业通过各种灵活的方式来参与到设施服务中。

与此同时，各级政府对于提供这些护理服务的机构通过各种措施进行应有的监管。同时，政府也通过对社会团体的委托任命以规范其服务的价格、内容和档次，并鼓励服务主体以公平竞争的方式来降低服务的价格，至于享受服务的那些老人也是可以在不同的服务主体与不同的服务价格当中进行选择的。

针对具体的服务人员，日本可谓有着独特的经验。日本在稳定养老服务行业员工的队伍上，最主要的手段就是逐步建立起一套完整的养老服务专业人才制度，以改变过去养老服务行业中的“脏、乱、差”与社会地位低下的状况，促使员工对自己所从事的养老服务行业有职业自豪感，同时也让整个社会都真正尊敬养老服务这一行业的员工。经过30多年的实践和探索，日本现在已建成了一个行之有效的针对老年人社会照顾服务的专业性人才制度及与之相应的教育培训和资格认证体系，从而也就形成了日本服务业在国际上的新竞

① 沈长月、夏珑、石兵营、李平菊、谭琪：《失独家庭救助与社会支持网络体系研究》，华东理工大学出版社，2016，第88-89页。

争力。[①]

针对护理服务的质量，日本通过护理服务合同和专业被保险者权利保障渠道这两个途径，解决护理服务供给主体多元化所带来的问题，从而建立真正依靠被服务者的满意度保障护理服务质量的体系。[②]

首先是护理服务合同途径。作为保障护理服务质量的证明，被保险人通常依据约定的护理服务计划，同提供服务的机构来签订护理服务合同（也即护理保险合同），从而享受这一护理服务。其次是专业被保险者权利保障渠道。在需要护理的老年人当中，有些可能会患有痴呆症，有些会缺乏判断能力。对此，保险公司一方面建立起一套代理签订制度，确保提供服务前提的护理服务合同的有效性；另一方面则是在履行合同的过程当中，日本有专业的专门帮助这些老人维护权利的机制。这种机制大致分为两种，一是参照民法中的成年人监护制度。在 1999 年 12 月日本的民法修正案中，就针对有关财产管理与个体监护的合同等所有的法律行为，再次重新制定了一个成年人监护制度，在这里除了监护与保护之外，还另外增加了“辅助”这一类型的新的法定监护制度，其中包括了基于当事人合同的“任意监护制度”，这些制度从 2000 年 4 月起就已经开始实施了。二是老年人同配偶或者三代以内亲属和三方机构，通过运营正当化委员会，来确保该项合同的真实性、透明性与公平性。[③]

二、韩国养老保险制度模式

（一）韩国情况简介

20 世纪 60 年代以来，韩国政府推行了“出口主导型”的经济开发战略，从而缔造了举世瞩目的“汉江奇迹”。作为拥有完善的市场经济制度的经合组织发达国家，韩国也是未来世界发展当中不可忽视的一个国家。根据 2010 年 1 月底的人口数据显示，韩国的总人口达到了 5008.7 万。韩国从 1960 年以来就相继制定和实施了一系列有关社会保障的法规。尤其是在全斗焕执政期间（1980 年至 1988

① 张宁、吴雄、唐虹、刘碧：《中国农村养老保障的历史演进与现实考察》，西南财经大学出版社，2018，第 116-117 页。

② 刘春梅：《农村养老资源的供给及模式研究》，中国农业出版社，2019，第 106-107 页。

③ 于保荣、陈柏廷：《日本医疗保险制度及介护保险制度介绍》，《中国卫生经济》2005 年第 6 期，第 75-77 页。

年），一个崭新的概念——“福利国家”被正式提了出来。同其他的发达国家相比，韩国的社会保障制度起步较晚，所以有待进一步加强和完善，但是韩国建立起来的福利国家所用的时间却又是很短的。

目前，韩国的社会保障体系主要包括了社会保险、公共救济以及社会福利服务这三大方面。社会福利服务，主要是以社会化的老年人福利、儿童福利、妇女福利以及残疾人福利等为主的。老人福利针对的就是年满65周岁及以上的没有养老金的老人，主要的方式就是政府建设相关的老人福利设施并且减免公共费用。而儿童福利针对的就是18周岁及以下的孤儿与监护人没有相应的能力来抚养的儿童，主要是通过设立婴幼儿设施、儿童咨询所、职业辅导设施等来加以解决。至于妇女福利，则主要是通过妇女咨询所、妇女职业辅导设施、母子保护设施、女性会馆等有关的妇女福利设施来给妇女提供相应的福利和教育。与此同时，依照《残疾人福利法》《残疾人雇佣促进法》和《特殊教育振兴法》这三部保障残疾人相关福利的法律，韩国政府通过设立的残疾人福利设施、特殊学校来为残疾人提供相应福利，同时为残疾人就业提供便利。

（二）韩国养老保险制度模式

当前，国外的理论界对于资源整合的研究就其范围而言，主要集中于农业种植、生态发展等几个方面，对于整合闲置资源并从中发展与之相关的养老服务的理论研究尚不够深入。但是近年来，在韩国却出现了将闲置的资源用于养老服务发展建设的一些具体实例，并且从结果来看，还是极为明显和成功的。1993年至2004年，韩国政府因为推行且落实了“小范围学校合并政策”，导致当时全国各地的村庄里出现了一些大规模的闲置校舍，为有效缓解这一现象，真正减少对资源的浪费，韩国政府当时就鼓励社会各界积极参与进来，并迅速将其改建成了养老院以及照护院等老年人的福利设施，经过多年的建设和发展，事实证明该措施的施行效果还是十分显著的。[①]

20世纪50年代初期的韩国，因为战争刚刚结束，经济上百废待兴，国防上的开支又极为庞大，所以社会保障基本上无从谈起。到了60年代初期，政府就开始致力于发展经济和民生福祉，从而开始把发展经济与建设福利国家确定为一项国政目标。随即在宪法中就明确提出了保证国民的生存权与福利的国家义务，

---

① 金舒：《韩国废弃小学校舍再利用对我国的启示》，《城市地理》2014年第20期，第230-231页。

并且为此制定了一大批有关社会福利的法律法规。但是，在随后的具体实践中，韩国政府却实行了以发展经济为重点以及“先增长、后分配”的政策，从而忽视了社会福利建设，这一时期内关于社会保障项目真正付诸实施的很少。

为了切实保证国家机器的正常运转及社会的稳步健康发展，韩国政府在1960年正式开始实行政府公务人员的养老金制度，其政策保障的对象主要包括政府职员、警察以及司法人员；1963年韩国政府又开始实行军事人员的养老金制度，从而对在职、退休的军人也实行养老保险。自七八十年代开始，韩国的经济得以快速发展，国民的权利、社会的保障也开始逐步受到国家的关注，并相继逐步建立起了医疗、养老、就业及贫困救济等一系列社会保障体系。到了1973年12月，韩国最终颁布了《国民福利养老金法》①；1975年则开始实行了私立学校教师的养老金制度。

自20世纪80年代后期开始，韩国政府为适应经济全球化和政治民主化的需要，又逐步开始扩大推行相关的社会保障制度。在1988年实行的国民退休金制度中，最初只是包括工作人数为10人及10人以上的单位，后来几经修改之后，这一制度在1992年起开始适用于5人及5人以上的单位，并且于1995年起开始适用于从事农业、渔业的劳动者和农村的个体户。1999年的时候，韩国的国民养老金制度开始覆盖到了全部的社会劳动者。依照韩国的法律规定，凡是参加国民养老保险的国民，年龄必须在18岁至60岁之间。到2000年末，韩国当时共有1621万人参加了国家的养老保险，建立起了60亿韩币的储备基金。根据韩国国民养老金调研机构2017年的调研数据，50岁以上的韩国国民要想继续维持“最低标准生活方式”，其平均每月至少需要145万韩元（约折合人民币8852元），这一数额是远高于他们实际所领取的养老金的。

近些年来，韩国为了进一步适应社会经济发展与人口老龄化的需要，从而确保养老金制度的长期稳定发展，韩国政府对过去的国民养老金制度又进行了一系列的改革。其改革的主要措施包括：一、改革国民养老金的管理体制，切实提高养老金的管理效率，并且逐步实现商业公司的私有化运作；二、为了保证财务的长期稳定运行，对自1999年开始投保的、超过40年的受益人的平均工资的替代率从初始的70%下调到60%；三、规定了退休年龄从原来的60周

① 东北亚地域高龄化问题研究调查委员会：《韩国的高龄化研究报告书》，东京社团法人综合研究发行，平成八年，第29页。

岁提高到2013年的61周岁，然后每5年会提高1岁，一直逐步提高到2033年的65周岁；四、提高国民养老金管理方面的透明度、稳定性以及盈利能力，养老金投保人代表要参加国民养老金基金管理委员会和国民养老金基金运作技术评估委员会，从而建立国民养老金基金管理中心，至于中心的主席则采取公开的选拔制，以真正提高基金管理的专业化水平；五、从2001年开始要撤销“公共基金管理准备金”（Public Fund Management Reserve），而政府的作用就是保证养老金基金公共部门在投资上的稳定性与盈利能力；六、养老金的最低投保年限也进行调整，从原来的15年降低为10年；七、原来对残疾、遗属养老金设置的1年期最低投保年限，按照规定被取消；八、为保护无收入者的配偶，主要指的是家庭主妇，要从养老金中分离出一部分作为离婚配偶养老金；九、自1999年开始，将国民养老金所覆盖的范围继续扩大到全体年满18周岁的公民。

从上述情况可以看到，韩国的养老金制度改革同世界上许多国家都不相同。韩国政府的改革并不是根本制度的变化，或者说并不是体制上的变化，而只是对具体制度所做的调整，其国民养老金仍然实行的是明确的缴费（Defined Contribution）基金制。这是因为韩国的国家养老金从其一开始建立的时候就是这种制度，所以也没有必要进行体制的变革。与此相反的是，拉美很多国家及大多数的东欧及俄罗斯等国，他们的养老金制度改革伴随着社会制度的变化，从原来的现收现付制度逐步向基金积累制转变，从最初的明确受益制（Defined Benefit）向更为明确的缴费制转变。而我国的养老金制度改革其实也带有这样的特点。然而，我们也应该看到的是，韩国的国民养老金资金管理体制现在正在由国家管理逐步向商业性的私有化公司管理过渡，这种过渡具有体制变革的意义。至于其他的方面，比如延长领取退休金的起始年龄、降低养老金的工资替代率、投保人参与管理等，从本质上来讲都更带有制度调整或者制度修补的意义，尤其是所谓的扩大国民养老金的覆盖面，也不过是对原有制度的一种延伸，只是在进一步完善社会保障制度的安全网而已。

第五章

目前西部失独老人的养老现状

第一节 陕西农村地区失独老人养老现状调查与分析

陕西作为我国西部地区的重要省份，对其农村失独老人的养老现状的调查，具有一定的代表意义。陕西分为关中、陕北和陕南地区，陕北地处黄土高原，其生活状况与经济条件与西北的甘肃、宁夏、青海等地有相似之处；陕南地处秦岭及秦岭以南，与四川、重庆相接，与西南地区的生活相近；关中平原土地肥沃、物产丰富，经济条件是这三个地区里最好的，是西部平原地区的代表。2019—2020 年，我们组织的研究小组对陕西三地农村失独老人的养老现状做了全面的了解，以此来初步辐射西北、西南地区。调查对象选取了陕西省 50 多个村镇，主要围绕以下四个方面开展工作：第一，对失独老人基本生活现状的了解与情况归类；第二，对失独老人经济状况的调查与分析；第三，对失独老人文化程度和劳动能力的现状调查；第四，通过对亲邻的调查，侧面了解老人养老的其他问题。通过调查分析发现，陕西三地农村失独老人的经济收入普遍偏低，丧失或者半丧失劳动能力的人数较多，农村失独老人对养老很是担忧，因此期望能够创建新型养老模式，并提出创建的有关建议。

一、对陕西地区农村失独老人养老现状的调查

2019 年 11 月至 2020 年 10 月，课题组根据研究计划，以陕西省农村三地为主线，在得到陕西省各地民政部门的大力支持后，对三地辖区内失独家庭的基本养老情况和医疗情况进行调研，并根据需要设计了调查问卷与访谈内容。本次调查一共对农村失独老人发放问卷 400 份，收回 378 份，问卷有效率为 94.5%；给失独老人的亲属和邻里发放问卷 410 份，收回 386 份，问卷有效率为 94.1%。重点走访 21 户失独家庭，梳理、总结了访谈内容。收回问卷后，采用 SPSS19.0 进行分析。

表 5-1-1 参与调查的老人基本情况统计

分类	类别	人数	占总人数百分比
性别	男	173	46%
	女	205	54%

续表

分类	类别	人数	占总人数百分比
年龄分布	49 岁以下[①]	57	15.1%
	50~65 岁	150	39.7%
	65 岁以上	171	45.2%
地域	陕北	88	23.3%
	关中	152	40.2%
	陕南	138	35.5%
文化程度	未上过学	69	18.3%
	小学毕业	247	65.3%
	初中及以上毕业	62	16.4%
劳动能力	有完全劳动能力	112	29.6%
	半丧失劳动能力	141	37.3%
	完全丧失劳动能力	125	33.1%
年收入（不含政府扶助金）	2000 元及以下	121	32%
	2001~5000 元	197	52%
	5001 元及以上	60	16%

二、对陕西地区农村失独老人养老现状的分析

根据表 1 的数据，本节的分析将从以下四个版块展开。第一版块的调查主要从全省三大地域展开，陕北选择了榆林市的横山区、清涧县、靖边县、绥德县、佳县、定边县，以及延安市的宝塔区、宜川县、吴起县、子长县、延川县、延长

① 目前学界对失独老人年龄的界定有两种，第一种是按传统 60 岁来界定；第二种是由于失独老人的特殊性，将 49 岁以上（人数少且再生育或收养机会少）的失独者均纳入失独老人的范围一并研究。本研究采取第二种。此外，本文中涉及 49 岁及以下失独者，由于该群体总体人数数量较少，在调查过程中，将这一年龄段的失独者也统计在内，但在养老分析中，主要以 49 岁以上的失独者为研究对象。

县 12 县（区）共 18 个村镇，实际调查失独老人 88 人。关中选择了宝鸡市的金台区、扶风县、岐山县、千阳县、凤县、陇县、太白县，咸阳市的泾阳县、永寿县、长武县、淳化县、礼泉县，西安地区的长安区、鄠邑区、高陵区、蓝田县、周至县，以及渭南市的华州区、大荔县、合阳县、澄城县、富平县共 22 县（区）的 27 个村镇，实际调查失独老人 152 人。陕南选择了汉中市的汉台区、南郑区、洋县，安康市的旬阳县、宁陕县，以及商洛市的山阳县、丹凤县、镇安县共计 8 个县（区）18 个村镇，实际调查失独老人 138 人。从分布区域来看，陕北失独老人人数占比较小，关中一带人数较多。

第二版块的调查针对的是农村失独老人的经济现状。经过归纳分析后，有以下几个特点。第一，低收入者占大多数。年收入（不含政府扶助金）在 2 000 元及以下者有 32%，特别是陕北及陕南地区居住在山村的失独老人，由于地势限制，交通不便，能种植的农作物较少。如清涧县，人均耕种面积不足两亩，年收入 1000 多元；如宁陕、镇安等地，基本是靠出产一些山货，收入少且不稳定。据统计，以上地区失独老人的年收入能突破 5000 元的占比很少，只有 16%；而年收入 2001~5000 元的占到 52%。可见，大部分农村失独老人收入偏低。第二，开支项目较多，购买药物开支占比大。经调查，农村失独老人的开支项目还是挺多的，如亲朋好友有红白喜事的份子钱，购买粮油米面，就医买药，购买衣物等，其中医药开支占到开支总额的 40% 以上，这就使得老人不得不减少其他开支。第三，依靠政府各种补贴维持生活的现状比较普遍。由于失独老人的特殊“身份”，很多老人在经济收入较低的现状下，只能依靠政府的扶助金生活。2010 年国家计生委、财政部印发《全国计划生育家庭特别扶助专项资金管理暂行办法》，要求对独生子女伤残家庭发放每人每年不低于 720 元的扶助金。随着物价的上涨，这个标准显然是很低的，于是 2013 年国家卫计委等五部委发出《关于进一步做好计划生育特殊困难家庭扶助工作的通知》规定：从 2014 年起女方年满 49 周岁的独生子女伤残、死亡家庭夫妻的特别扶助金标准分别提高到城镇每人每月 270 元、340 元，农村每人每月 150 元、170 元。[①②]陕西省根据自

① 罗晓媛、刘君：《农村失独老人养老状况的调查研究——基于黑龙江省一个贫困县》，《黑河学院学报》2018 年第 9 期，第 112-113+124 页。

② 郭会宁：《失独老人心理问题及其价值观念重建》，《湖北大学学报》（哲学社会科学版）2017 年第 5 期，第 120-125 页。

己的经济条件，适当地增加了地方性的补助，但补助金额还是有限的。关中地区相对经济条件好，除陕西省政府统一每人每月 1000 元外，各地市级（区级）政府还有 100~700 元不等的补助，陕南地区和陕北地区就只有陕西省统一的扶助金。这些有限的补助已经成为失独老人生活的依靠。在经济收入较低的情况下，如何能更好地养老成为农村失独老人面临的最大困难。

在第三个版块，我们调查了老人的受教育程度和劳动能力现状。发现农村失独老人的文化程度都不高，有部分老人受家庭条件的影响，在上小学和初中时错过了学习的最佳时机，辍学后，直接参加劳动，这部分人数占到了调查总人数的 18.3%，其中女性占比较大。小学毕业的占到调查总人数的 65.3%，初中毕业以上的占比只有调查总人数的 16.4%。因此，相对而言，农村失独老人思想压力很大，他们很少去自己开导自己，而是很在意别人会说自己什么，这与受教育程度有很大的关系。将受教育程度与劳动能力结合调查发现，上学较少的失独老人由于参加体力劳动时间长，在 60 岁以后，丧失或者半丧失劳动能力的较多；而上学时间较长的老人，相对来说，在 50~60 岁时有完全的劳动能力，甚至有些老人在 60 岁以后依然有较好的劳动能力。

此外，我们通过走访亲朋好友、邻里的方式，从第三方的角度去了解农村失独老人在养老方面有哪些问题与困难。通过梳理走访材料，我们发现，农村失独老人的养老困难集中在以下几点。第一，居住比较分散，就医难。由于农村居住比较分散，特别是在山区，很多都是独自生活的。所以失独老人最害怕的就是生病或者本身就有长期的慢性病。[①②③] 一旦生病，由于没有子女可以陪同与照顾，去乡镇卫生所或者医院就医都很困难，因此，有些老人就选择忍耐或者拖延病情，这种情况更加剧了老人对居家养老的恐惧感。第二，与亲朋好友的往来较少，孤独感强。唯一子女的早逝，使很多老人内心十分痛苦，不愿出门，不愿与亲朋好友往来，基本处于自闭状态，与外界的联系越少，老人的孤独感就越强，对过去事情的回忆就越多，越是回忆，越是内疚与自责，甚至有些老人万念俱灰，

---

① 陈立、刘智勇：《失独老人专门养老院建立的必要性及其策略》，《中国老年学杂志》2018 年第 7 期，第 3312-3314 页。

② 韩振燕、夏林、李跃：《失独老人养老困境与应对策略》，《中国老年学杂志》2018 年第 5 期，第 2282-2286 页。

③ 宋振瑜：《失独家庭养老困境调查及对策探讨——以河北省保定市为例》，《经济研究参考》2018 第 1 期，第 29-32 页。

有不想继续生活的想法。这对养老来说，又增加了无形的阻力。①②

三、对医疗现状的进一步分析

课题组针对陕西农村失独老人的就医问题再次进行详尽的调查和分析。失独老人常年生活在农村，经济来源甚少。虽然各省、市财政都对农村失独老人给予了相关的财政补贴，但是随着生活成本的增加以及老人原有的疾病加重或者心理压力过大导致老人新患疾病增多等原因，政府补贴远不能满足老人生活需要。天津市农村失独老人的经济状况令人担忧，根据有关调查，天津市农村地区失独老人的主要收入来源依旧是自身的劳动收入和退休金，靠社会保险和商业保险所得维持生活的人数甚少。80.83% 的被调查者，月收入尚不足 1000 元；而从收支平衡的角度来讲，有 43.43% 的被调查者入不敷出，46.57% 的被调查者收入与支出基本持平，只有 10% 的被调查者收入高于支出。总结起来，六成以上的农村失独老人月支出在 1000 元以上，其中 15% 的被调查者支出超过 2000 元。③ 天津地区生活成本比陕西地区大，农村失独老人的经济压力也大。

另外，政府的帮扶资金也比较少，无法有效帮助农村失独老人。2007 年《全国独生子女伤残死亡家庭扶助制度试点方案》规定："独生子女死亡后未再生育或合法收养子女的夫妻，由政府给予每人每年不低于 100 元的扶助金，直至亡故时止。"这个扶助水平是非常低的。于是，2013 年 12 月 26 日国家相关部门联合下发通知，规定自 2014 年起，特别扶助金标准分别提高到城镇每人每月 340 元，农村每人每月 170 元，并形成动态增长机制。这种调节机制有助于扶助金的整体提高。经调查，即便陕西省政府将扶助金提高到每人每月 1000 元（从全国整体扶助金发放水平来看，算是中等偏上水平），但由于陕西各地的经济情况也有差异，对大部分失独老人来说，这样的救助也是杯水车薪，在满足吃穿住的前提下，对付医疗就显得捉襟见肘。

此外，农村失独老人的患病率比其他老人要高。如唐喆对成都农村失独老人

① 唐喆:《成都市农村失独老人养老问题研究》，硕士论文，四川省社会科学院，2015，第 32 页。

② 任佳焌：《农村失独老人养老状况研究——基于浙江三个地级市的调查》，《云南农业大学学报》（社会科学版）2015 年第 6 期，第 26-27 页。

③ 郭凯乐：《我国农村失独老人养老问题研究——基于天津市农村地区的调查数据》，《统计与管理》2017 年第 7 期，第 22-23 页。

进行健康调查时，发现农村失独老人长期患病的比重为 38.97%，城市失独老人长期患病的比重为 25.88%，农村相比城市高出 13.09 个百分点。[①]同时任佳燚等通过对浙江杭州、金华、温州三地农村失独老人的调查发现，65 周岁以上农村失独老人患病率高达 66.2%，略高于全国（65 周岁以上）老人平均患病水平。[②]无独有偶，陕西地区农村失独老人也是这样的情况。在对西安市长安区（平原地区）M 街道进行调研时发现，7 户失独家庭共 12 人，其中 9 人有不同程度的慢性病，如 X 村 1 户夫妻，男性（65 岁）患有腰椎间盘突出症，且有高血压；女性（62 岁）还强一些，就是有点贫血；L 村的独居失独老人郭某（56 岁），腿脚不方便，阴天下雨就疼痛难忍。调查发现，陕西农村失独老人的患病率比上述两个地区还高，达到 70% 左右，而且很多老人在身体状况不佳的情况下还不得不继续劳动，以维持基本的生活，其经济负担自然也在加重。

那么，从上述对农村失独老人经济现状的描述来看，全国大部分的农村失独老人经济收入微薄，生活困难，在失去唯一的子女后，无人照料，精神状态每况愈下。而且在继续调查陕西农村地区后发现，失独老人生病的概率还在不断升高。因此老人医疗诉求很强烈，但是却受到主客观条件的制约，导致就医难。以下将从客观和主观两个方面来分析所受限制。

客观条件受限表现在以下几个方面。第一，陕北、陕南山区较多，村庄比较分散，居住地距离医院比较远。关中平原地区比上述这两个地区稍微好一些，但有些村镇距离医院也有一定的路程，再加上医院看病的各种规矩和医疗的门槛限制等，如门诊的时间限制、住院的押金等，使失独老人就医明显受限。第二，从我国医疗制度来看，根据《医疗机构管理条例》的有关规定，进行手术或者特殊检查时，必须要有直系家属签字，但失独老人不符合这项规定，很多治疗无法进行。陕西农村失独老人也不例外，他们也面临着这样的问题，因此，在平时的生活中，这个话题很敏感，调查时只在几户提及，他们就已经落泪，后面的调查中就没有敢再提这个问题。第三，目前我国实施的农村新农合各地报销比例都有不同程度的提高，经济发展较好的地区相对来说报销比例更高一些，经济发展相对缓慢的地区，新农合的报销比例也达到了三甲医院 75%，县、区二

---

① 唐喆：《成都市农村失独老人养老问题研究》，硕士论文，四川省社会科学院，2015，第 32 页。

② 任佳燚：《农村失独老人养老状况研究——基于浙江三个地级市的调查》，《云南农业大学学报》（社会科学版）2015 年第 6 期，第 26-27 页。

甲及以下医院在75%~90%，乡镇卫生所（医院）可达到90%及以上。但是农村失独老人还是不敢去医院正常看病，为什么呢？主要有以下几个原因。一是新农合有设定条件，看病得先垫付后报销，这更增加了失独老人看病的负担。二是有些医院住院的门槛费有些高。老人觉得如此会增加经济负担，也有可能会负担不起，所以坚持有病先吃药。三是住院护理困难大。由于没有子女帮助护理，只能是麻烦亲戚朋友。调查发现，近几年有住院史的失独老人几乎90%是亲戚朋友去医院照顾的，很少有请护工的现象，主要是经济条件不允许。因此，住过院的失独老人都表示对照顾过自己的兄弟姐妹或者侄子、外甥等非常感激，同时也表示不愿意去医院，怕再次麻烦亲友。四是乡镇卫生所（医院）的医护人员、设备配备是为整个乡镇所有人服务的，并没有为本乡镇的失独老人配备专人，因此，医护人员在各乡镇就比较短缺，也很难满足失独老人长期看病的需求。如周晓容对四川省雅安市6个乡镇的医护人员进行调查时发现，6个乡镇共有医护技人员215名(不含乡村医生)，每千人常住人口平均拥有医护人员1.53人，严重低于2016年四川省农村每千人口医护人员3.95人的平均水平。其中一个镇有全科医生3名，另一个镇有全科医生2名，还有一个镇有全科医生1名，其他乡镇没有全科医生，每万常住居民仅有0.43名全科医生，与“到2020年基本实现城乡每万居民有2至3名合格的全科医生”目标还有较大距离。① 随着时间的推移，到2021年，全国乡镇卫生所（医院）的医护人员配备比有所提高，但仍然会出现间断性缺医生。如在陕西省宝鸡市扶风县鲁马村卫生所调查时发现，此卫生所原有全科医生2名，但由于1名医生退休，迟迟未能派来接任者，有长达6~8个月的时间，卫生所只有1名医生，看病就得排队等。其次，乡镇卫生所（医院）的检查设备配备较少或者设备较陈旧，也不能满足当地村民看病需要，不能满足失独老人就医需求，如有些乡镇医院没有X光机、B超，验血的范围也很有限等。② 还有一些乡镇出现了将原来的赤脚医生或者护理人员作为全科医生来看待的情况，看病的效果很一般，有些甚至出现误诊现象，这使得失独老人更加焦虑。

主观受限表现在以下两个方面。一是标签感强烈，农村失独老人被贴上了标

① 周晓容：《农村地区家庭医生签约服务现状及对策研究》，《卫生经济研究》2018年第4期，第54页。

② 同上，第53页。

签。在农村，受到传统家庭观念的影响和周围村民认知水平的限制，很多人认为没有后代是“硬伤”，会被人瞧不起，这样的家庭在村里也不会受欢迎，甚至村里有人会因其无儿女而耻笑、欺侮老人。调查中有这样的反馈，榆林的靖边县、佳县、定边县，延安的宜川县、子长县、延川县，咸阳的长武县、永寿县，宝鸡的陇县、凤县、千阳县、太白县，西安的蓝田县，渭南的合阳县、大荔县，汉中的洋县、南郑区，安康的旬阳县、宁陕县，以及商洛的镇安县、丹凤县等较为偏僻的农村，这些认识更为强烈。在陕南调研时发现有好几户失独老人几乎都是常年不出家门，觉得自己和别人不一样，在西安地区调查也是。有一户据女主人说老伴已经好多年没有去过村子的广场了。其老伴回答说：“有啥好去的，咱又不如人家，去了脸上没光。”这种心理压力对老人们来说是无形的，虽然是带有偏颇的意识，但在农村的生活环境中，也是无法避免的。心理压力大，不愿出门，这就又加剧了老人就医难的问题。二是去医院看病害怕医护人员可怜或周围人歧视自己。调查也发现，陕西省政府为了让失独家庭就医方便，给每户都办了一张绿卡，去医院看病，出示绿卡可以走绿色通道，方便老人就医。这个出发点是好的，但是实际中使用绿卡的老人真的不多，最主要的一个原因是害怕被医护人员知道自己的情况，同情自己，这样他们心里就会重复地难过一次。还有人是害怕被周围人歧视。特别是在一些小县城，如镇安县、清涧县等，县城的人口不多，熟人较多，去医院万一被碰上了，老人就会觉得很尴尬，更害怕认识的人歧视或者笑话自己。所以绿卡就医的使用率不高。这又加重了失独老人就医难的问题。

可见，陕西农村失独老人的养老问题还很复杂，这种居家自我养老的状况应该得到改善，各级政府和社会应该积极关注和研究如何为农村失独老人创建新型养老模式。

四、对陕西农村失独老人新型养老模式创建的几点建议

经过调查与走访，我们基本对陕西农村失独老人的养老现状有了较为清晰的了解。在此基础上，我们对下一步如何创建农村失独老人创新性养老模式提出以下建议。

首先，新型的养老模式必须在现有的农村建立。农村失独老人几乎从生到老都生活在自己村里，对自己生活的家园有深厚的感情，如果因为失去子女，无人照看而让他们离开自己的家园，换到别处（包括其他农村地区或城镇），老人都

很难适应，短时间内产生的问题更多。这样的话大多数失独老人都是不愿意的。因而，不论何种养老模式，都要考虑在原有农村建立。

其次，创建新型养老模式必须遵循“离家不离村，失亲不失情”的原则。在创建新型养老模式时应坚持“离家不离村”，能够让老人继续生活在农村，他们比较习惯现有农村的生活。从感情上讲，在熟悉的环境中生活，对老人没有太大的刺激，情绪起伏也会减少，如果能慢慢地和几个好友有往来，也会减少老人的孤独感，这给稳定老人情绪提供了环境保障。此外，还要坚持“失亲不失情”的原则。在创建新型养老模式初期，就要做好充分的准备和讲解，针对村里的“刺头”（爱给失独老人找事的人）或爱讲闲话的人，通过村委会、村妇女主任等提前做思想工作，为老人营造良好的外部氛围，在村里逐渐形成尊重和保护失独老人的氛围，老人才会慢慢消除心理上的恐惧，才愿意大胆、大方地与其他人交往，确保性格的开朗和心理的正常，老人自信心会增加。

最后，农村失独老人新型养老模式形成的过程中，需要得到政府和社会各界人士的支持。从调查的情况看，农村失独老人丧失或者半丧失劳动能力的居多，加上自然条件的限制，很多老人的收入很微薄，最可怕的是有了新型的养老模式，老人却因为经济问题而不愿意参与。所以，建议政府能出台更好的惠及失独老人的政策及资金帮助，让老人在收入较低的情况下也能参与进来；同时，希望政府能大力宣传目前农村失独老人的生活现状，让社会各界较为全面地了解农村失独老人的实际情况，并能伸出援助之手，或是参与创建新型养老模式，让好心人能到老人家中去慰问、帮助。

第二节　西部农村失独老人养老现状调查与分析

在对西部农村失独老人的养老现状进行了调查和分析后发现，西部农村失独老人的数目小，生活条件比较差，养老中的很多实际问题长期难以解决，对此分析研究，可为下一步探索西部农村失独老人互助养老奠定现实基础。

2020 年，《中共中央关于制定国民经济和社会发展第十四个五年规划和二〇三五年远景目标的建议》中提出“实施积极应对人口老龄化国家战略”。截至 2020 年年底，我国 60 岁及以上人口有 2.6 亿人，其中，65 岁及以上人口有 1.9 亿人，老龄化进程明显加快。[①] 据学者 2015 年抽样调查显示，成都市失独人口主

① 参见国家统计局第七次全国人口普查公报。

要分布在农村地区，约6592人，占失独人口总数（10 761人）一半以上[①]；2018年陕西省农村失独家庭的估测数量也占到了全省总失独家庭数量（1万户以上）的30%以上。这些数据都在逐年增长。如此推算，截至2021年年底，西部12个省（市、区）的农村失独老人超过10万，这些老人年轻时为西部农业发展、粮食生产、农村建设做出了重大贡献，老来又失去了子女这唯一的依靠，因此，国家和社会应该关心和关注这些老人的生活困难，解决他们生活中的现实困难。[②]如何将农村互助养老与西部农村失独老人的养老结合，探索出适合西部农村失独老人的互助养老路径，将为解决西部农村失独老人养老问题提供新思路和新方式，有助于改善这一群体目前的养老现状，提升养老质量，彰显大国担当。

一、国外互助养老模式梳理

近几年，国外互助养老已有一定规模的发展，在得到政府和社会支持的同时，也满足了不同老年人的多元化养老需求。因此，我们对国外互助养老进行梳理，希望对本研究有一定的借鉴意义。

（一）德国的“多代屋”全龄养老[③]

这是一种家庭代际互助的新模式，旨在让不同年龄的人同在一个屋檐下和睦相处，相互交流，愉快生活。这是开放、志愿和互助性质的社区养老模式，是德国地方政府和社会团体探索应对老龄化的一项重要举措。其中日常管理由社区负责，每个“多代屋”每年都会获得一定的政府资助，由专业组织为其服务。此模式在德国推广、流行，互助效果较好。

（二）美国的“国会山村”会员互助养老[④]

“国会山村”成立于2007年，是旨在帮助老年人居家养老的社区互助，是非营利机构。目前已有66个“村”，还有120个正在筹建中。在“国会山村”，老年人通过会员制进行自我经营与管理，每人每年缴纳一定数量的会费。此模式以营造“居家”的氛围为主，入住老人有自我管理权利，老人的活动和生活比较自由，舒适度较高。此模式较适合数量较少的老人群体。

---

① 唐喆：《成都市农村失独老人养老问题研究》，硕士论文，四川省社会科学院，2015，第32页。

② 参见2018年政府工作报告。

③ 赵洁：《国外互助养老发展模式及借鉴》，《中国人口报》2019年5月10日，第003版。

④ 同上。

（三）瑞士的时间银行养老模式[①]

瑞士时间银行基金会重点是更好地让老年人自主生活，优先考虑和支持所有在家照护的服务，其次考虑养老院和护理院的服务。时间银行模式既能帮助老年人、残疾人等弱势群体，又能加强邻里间和社区居民间的联系，使人情味更浓。

（四）荷兰的老少相伴互助养老[②]

荷兰是较早提出“让年轻人住进老人院”的国家。办法是招募大学生志愿者，每月完成 30 小时的志愿服务，即可免费入住空闲房间。这种由大学生和老年人互助的模式，既能解决部分大学生住宿难、住宿贵的问题，又能给老年人提供帮助。老少同住的方法可以给我们一定的启示，失独老人最缺乏的就是孩子，如果有年轻人能经常陪伴，他们的孤独感就会减少，增加对生活的信心与希望。国外的互助养老起步较早，发展较为成熟与完善，有很多的经验值得学习和借鉴。

二、国内有关农村失独老人互助养老的研究梳理

在现有研究中，对农村失独老人互助养老研究成果较少。据中国知网文献检索，截至 2019 年 9 月中旬，关于失独老人的养老问题的成果有 258 项，其中提及农村失独老人养老问题的成果只有 53 项，含有农村失独老人互助养老研究的成果有 5 项。现将有关农村失独老人互助养老的研究归纳为以下三个方面。

（一）对农村失独老人形成原因的分析

从政策角度分析，我国从 20 世纪 70 年代末开始的计划生育政策是形成独生子女以及失独老人的主要原因。早在 2006 年有学者就提出此政策下许多家庭都是“4–2–1”结构，再加上人口老龄化速度加快，这种结构的家庭就会面临较大的养老压力。

（二）对农村失独老人整体养老现状的调查与分析

这几年学者的研究主要集中在经济现状、精神状况和制度保障方面。普遍认为失独老人经济紧张，部分老人生活困难，有些不能解决自己的温饱问题；老人身心脆弱，生活态度悲观消极；养老制度缺乏有效保障。这些研究使国家、社会能够基本了解到农村失独老人的养老现状，但仍需深入、具体研究如何养老的问题。

（三）对农村失独老人养老制度、模式的理论研究

一些学者指出，应通过完善农村养老保险制度、提高失独老人的养老补贴、

① 赵洁：《国外互助养老发展模式及借鉴》，《中国人口报》2019 年 5 月 10 日，第 003 版。
② 同上。

加强医疗护理等方式来解决养老问题；还有学者指出，应加强心理健康服务，为农村的失独老人提供必要的心理辅导和慰藉。另有学者也提出了互助养老模式，如 2017 年的《我国农村失独家庭互助养老模式探析》。对农村互助养老的研究，成果主要集中在 2018 年、2019 年。有学者从理论上对农村互助养老的历史发展、未来走势等进行全面介绍，如 2018 年的《农村互助养老的历史演进、实践模式与发展走向》；另有学者从宏观上对农村互助社会养老的理论体系进行建构；还有一部分学者对农村特殊情况下形成互助养老的具体路径、模式及困境等进行了初步研究，如农村的空巢老人住在山区等情况下，怎么构建互助养老路径。

可见，我国已经开始重视发展农村互助养老服务。一些研究是从理论上、整体上提出多种理论依据，并预测了未来的发展走向，但未从实践层面研究具体人群的具体互助养老方式；另一些研究着重从局部的农村现状着手，提出相应的互助路径、模式等，并指出可能遇到的困境，为方案的实施提供了一定的实践经验；还有一些研究是以农村失独老人互助养老为主题，提出应以某种理论为指导，从政府、市场、社会公益团体以及失独老人自身四个方面结合形成模式，具有一定的理论参考价值。如张文颖、毕红霞从文献综述的角度对我国城市老人互助养老的发展历程进行了归纳。[①] 此类研究是在大量阅读文献的基础上，对我国现有的城市社区互助养老模式进行归纳和总结，提出构建城市社区互助养老模式需要从三个方面入手：第一，加强政府的公共资源投入；第二，要借助社会非营利机构的力量来构建；第三，注重对高龄人口的思想引导。研究对 2005 年以来城市互助养老进行了梳理，整体上代表了目前城市互助养老的研究现状，具有一定的理论参考价值。刘妮娜认为农村互助养老是具有中国特色的社会养老发展形式，研究提出以资金互助为基础，以组织动员为抓手，以服务互助为重点，以社区居家养老为主阵地，创新各类互助养老模式；研究希望最终尝试建立圈层化、整合化、网络化、制度化的农村互助型社会养老体系。[②] 此类研究注重农村互助养老的定位、宏观重点，具有框架性的构建意义，但对特殊的农村老人群体，没有突出互助群体养老的差异需求。于长永对实施农村互助

---

① 张宇颖、毕红霞：《我国城市社区互助养老模式文献综述》，《合作经济与科技》2019 年第 1 期，第 169-171 页。

② 刘妮娜：《农村互助型社会养老：中国特色与发展路径》，《华南农业大学学报》（社会科学版）2019 年第 18 卷第 1 期，第 121-131 页。

养老中，老人是否愿意参与以及何种方式参与度高的问题进行了全国性的调查研究。研究通过对全国范围内具有代表性的农村老人共计1204人进行调查分析，采用实证研究的方法分析了农村老人的互助养老意愿、影响因素及实现路径，研究结果表明，农村老人的互助养老意愿较低，有待进一步开发[①]，并指出影响农村老人互助养老意愿的关键因素为所在地区、银行存款和健康状况。获得经济补偿、获得未来养老照顾服务和志愿照顾是农村老人参与互助养老的三种方式。其中，越是靠近东部，老人越希望通过志愿照顾的方式参与互助养老；越是靠近西部，老人越是希望通过获得经济补偿的方式参与互助养老。戴卫东、李茜以四川省某县为例，对农村独居和非独居失独家庭4类16项养老需求进行Logistic回归分析。并根据结论，针对两种居住方式的农村失独家庭在养老保障方面提出了地方政府、社会和家庭之间多元合作的具体政策建议。[②]方曙光指出，农村失独老人由于文化程度低、晚年没有稳定的收入和保障，处于生活、社会关系、社会融入等全方位的身心困境中。方曙光分析农村失独老人的现状和需求，研究影响农村失独老人社会救助困境的主要因素，分析失独家庭社会救助供给各主体的现状及问题，提出以政府为中心的“六社联动”的失独老人多元社会救助机制。[③]但此类研究未能考虑我国农村东西部的差异、老人群体的差异等，因此，有待进一步进行有针对性的研究。从实践角度看，现有的一些案例值得深入研究并推广。如2008年河北省邯郸市肥乡镇前屯村建成了我国第一家农村互助“幸福院”。此村生活条件差，子女大都外出不在老人身边，因此，村集体出资，利用原村小学闲置房屋为这些老人们建起了“幸福院”。起初有宿舍13间，床位25张，配有基本家电、家具和生活用品，有厨房、餐厅等，25名独居老人免费集中生活在这里，相互照顾，儿女可不定期看望。后来此模式成功在该县推广，到2012年，肥乡建成农村互助“幸福院”240多家，可容纳全县60%以上的独居老人居住。肥乡互助“幸福院”的实践体现了互助养老的“自发组织、集中居住、互助服务”的特点。无独有偶，浙江省安吉县积极

---

① 于长永：《农村老年人的互助养老意愿及其实现方式研究》，《华中科技大学学报》（社会科学版）2019年第33卷第2期，第116-123页。

② 戴卫东、李茜：《不同居住方式对农村失独家庭养老需求的影响——基于四川省H县的调查》，《人口发展》2020年第26卷第1期，第85-96页。

③ 方曙光：《六社联动下我国农村失独老人社会救助的路径研究》，《重庆工商大学学报》（社会科学版）2022年第39卷第2期，第177-184页。

探索农村互助养老新模式："互助服务＋老年餐桌＋老年电视大学——老年协会与专业社会组织合作"。模式以老年协会为依托，通过政策推动、资金支持、资源整合的方式，将村（居）老年协会、社会组织等力量结合起来为老年人构建起救助型和适度普惠性相结合的互助社会养老服务体系。该模式初期（2006年）是为了解决村里老年人无人照顾的难题，在老年协会的帮助下，自发成立了银龄互助服务队，开展一对一、多对一的结对帮扶活动等，形成相互照料、老年食堂运营和文化娱乐、助餐、慰问等形式的"互助服务"。[①]2017年，安吉县政府转向培育社会组织，由社会组织组织人力、物力，向农村居家养老服务购买对象提供居家养老服务；几乎同时期，县老龄办积极组织并联合社会组织通过送课下乡、视频教学等方式将政府购买的娱乐服务顺畅送达老人家中。此外，老年协会有土地经营性收入，可作为资金来源之一。[②]此模式在实践的过程中，不仅发挥了自发互助的长处，还将社会组织运营引入农村互助养老之中，使得互助养老的组织、参与范围扩大。纵观农村互助养老，近几年在北京、河南、广西、吉林等地逐渐展开并成功探索出因地制宜的模式。可见，农村互助养老发展前景广阔。因此，本研究重点以陕西、四川地区为例，探索代表西南、西北地区农村失独老人的互助养老路径，希望能为西部地区农村失独老人提供更为切合实际的互助养老帮助。通过理论与实践的总结，发现农村互助养老有以下优势。

首先，互助的类型是多样的。可以是老人之间的互助、邻里与老人的互助；也可以是政府与老人的互助；还可以是社会组织、志愿者与老人的互助。养老中的人员是非固定的，有助于减轻子女负担，缓解养老机构压力。其次，互助的内容是多方面的。可以是老人之间相互照应，也可以形成互助小团体，共同劳动，取得收益来相互支持，还可以是与镇（村）里有劳动力的村民结成互助对子，以土地收入或其他物产为交换物进行互助，等等。最后，互助的老人能得到较多的精神安慰，心理问题不易产生，精神状态会转变得更好。所以，互助养老在农村失独老人养老中也会发挥较大的作用，应该认真、系统、全面地研究。

我国对农村互助养老的研究尚处于初期，研究大都从宏观、整体出发，有一

① 陈雪萍、郑生勇、唐浥云等：《互助养老服务理论与实践》，上海交通大学出版社，2017，第50-51页。

② 刘妮娜：《互助型社会养老——乡土模式理论与实践》，社会科学文献出版社，2020，第121-131页。

定理论成果，但研究仍需深入和细化，能对农村不同区域、不同老人群体进行量身裁衣式的研究更好。

三、西部农村失独老人养老现状的调查分析

（一）西部农村失独老人现状的调查

本研究调查了陕西省西安市C区（西部近郊地区代表）、榆林市Y区（西北山区代表）和四川省H县（西南山区代表）三个地区共13个街道（镇）的农村失独老人，共计278人。调查分问卷和访谈两种形式。问卷对失独老人共发放205份，收回194份，有效问卷189份，有效率为97.4%；访谈失独老人及政府工作人员、邻里共计158人，记录、梳理有效信息32条，有益地补充了问卷内容，充实了调查主题。所以，本次调查的样本具有代表性。调查内容包括失独老人年龄信息、经济现状和养老现状三个方面。根据相关文献和调查地实际情况，在养老现状方面侧重住地条件、基本生活条件、医疗现状、平时活动与娱乐活动五个方面，调查分项细目如表5-2-1所示。

表5-2-1　西部农村失独老人养老现状的调查统计

项目	细目	人数	占调查总人数比重
年龄	49~59岁①	25	13.2%
	60~69岁	112	59.3%
	70~79岁	42	22.2%
	80岁及以上	10	5.3%
个人经济收入（含政府补助）	1000元及以下	107	56.6%
	1001~2999元	52	27.5%
	3000元及以上	30	15.9%
所在住地	西南山区	109	57.7%
	西北山区	31	16.4%
	西部近郊地区	49	25.9%

① 目前学界对失独老人年龄界定有两种，第一种是按传统60岁老人年龄来界定；第二种是由于失独老人的特殊性，将49岁以上（人数少且再生育或收养机会少）的失独者均纳入失独老人的范围一并研究。本研究采取第二种。

续表

项目	细目		人数	占调查总人数比重
基本生活条件	住房方面	有自家住房，住房比较破旧	121	64%
		有自家住房，住房较新，条件较好	62	32.8%
		无自家住房，或寄居在亲戚家，或暂居村里公共房屋	6	3.2%
	衣着方面	衣物较新或干净	85	45%
		衣物陈旧或破烂	104	55%
	伙食方面	基本满足，偶尔有短缺	135	71.4%
		常年充裕，定期改善伙食	54	28.6%
医疗现状	有较全的社会医疗保障，且能自行去村、镇、县（区）就医		83	43.9%
	有较全的社会医疗保障，不能自行去村、镇、县（区）就医		106	56.1%
平时活动	平时活动甚少，范围不超过本村		57	30.2%
	平时能去镇、县等地方		84	44.4%
	平时能去省内、国内的一些地方		48	25.4%
娱乐活动	几乎没有娱乐活动		147	77.7%
	有少量的娱乐活动		28	14.8%
	和其他老年群体的娱乐活动差不多		14	7.5%

（二）对调查结果的分析

调查结果表明，三地的失独老人年龄主要集中在60~79岁，其中60~69岁的人数占到了总调查人数的59.3%，80岁及以上的失独老人较少，仅占5.3%。个人经济收入（含政府补助）方面低收入者占比超过半数。从所在住地来看，西南山区失独老人最多，西北山区失独老人较少。两项综合看，西南山区失独老人人数和低收入者都比较多，主要与山区的地形限制有关，交通不便，物产丰富但不易转化为经济收入。这对失独老人的生活影响较大，购买日用品、换季衣物，改善住房，生病及时去医院治疗，平时较大范围的活动和娱乐活动的参与都会受到限制。近郊地区的失独老人相对西南山区失独老人而言，距离城市近、交通便利、谋生的方式较多，生活条件就好多了。主要表现在两个方面。一是个人经济收入（含政府补助）比较高。如西安市C区失独老人每人每月有陕西省统一扶助金1000元，C区政府另外每月补贴700元，加上养老金、村里土地分红和个人劳动收入，平均每月收入3000元左右，其中有15人每月收入超3500元；而西南山区和西北山区个人经济收入等于或大于3000元的寥寥无几。二是住房条件较好，衣着和伙食都比较丰富。山区与近郊地区差不多，但也有一部分比较偏僻的山区地区，经济条件很有限，生活条件与近郊失独老人差距较大。

以下具体分析基本生活条件、医疗条件、平时活动与娱乐活动四个方面的调查结果。

首先，在基本生活条件方面，调查了住房、衣着和伙食三个主要项目。住房方面，有 64% 的失独老人有自家住房，但住房大多比较破旧。这与大部分被调查者居住在西南山区和西北山区有关，这两个区域的人数占调查总人数的 73%。两个山区有些住房是 20 世纪 80 年代、90 年代建造的砖瓦房，翻新的户数较少，还有个别家庭是土坯房，主要受经济条件的限制。也有部分失独老人有自家住房且住房较新，屋内家具家电陈设较好。走访榆林市 Y 区的 5 户、四川 H 县的 26 户，住房普遍较破旧。其中还有 6 位失独老人没有自家住房，或寄居在亲戚家，或暂居村里公共房屋，主要是因为这几位老人都是单身，在失独前家庭生活就很困难，住房条件差；在失去唯一的孩子后，他们无依无靠，翻修住房更不可能，只能投亲靠友或者暂居在村里的公共房屋里。走访西安市 C 区的 28 户，住房基本条件都比较好，一般是关中平原现代式的三室一厅一卫一厨的格局，院落全部水泥硬化，有些甚至是二层、三层小楼。衣着方面，衣物陈旧或破烂者有 104 人，占比 55%。据调查对象所在住地来看，山区大部分失独老人衣物换季的频率较低，有些老人几年都不会买新衣物，能按季节添加衣物者甚少，主要受经济和交通条件的限制；而衣物较新、干净的失独老人主要居住在近郊地区，他们相对经济条件较好，有时间和经济能力频繁增添衣物。伙食方面，整体来看，基本都能满足，在山区或者一个人生活时偶尔会出现米、面、油、肉类或蔬菜短缺，主要是因为有时出门不方便，无法采购，或者一个人生活，不愿意做饭而出现的短缺现象，基本不存在经济困难，无钱购买的情况。常年食物充裕，定期改善伙食的失独老人占比为 28.6%。此项调查整体说明伙食的基本问题都能解决，但存在一日三餐的食材采购与做饭的间断问题。

其次，在医疗方面，有 43.9% 的失独老人有较全的社会医疗保障，且能自行去村、镇、县（区）的医院或者卫生所就医；有 106 人（占比 56.1%）有较全的社会医疗保障，但不能去村、镇、县（区）的医院或者卫生所就医，主要与有些失独老人实际操作中的细节有关。他们去医院或卫生所不能独立挂号、就诊、拿药。有些失独老人是因为有心理阴影，不愿意去医院，害怕看见医生、看见熟人；

还有一些是因为手中的特殊绿卡不会使用，不会报销，对他们来说，医院的程序太复杂，容易弄错，所以自行就医困难重重。在这方面，三地的表现都差不多，存在困难也都基本相同。访谈发现，出现这种情况后，一般就医时，失独老人会事先找亲戚或朋友陪同，有个别老人找村干部或者街道（镇）干部陪同。

最后，在平时活动和娱乐方面，调查发现，这两项是农村失独老人最大的困难。由于一般没事不出远门，基本上就是围绕着村子，最多到镇上，在这两个活动范围内的老人占比为74.6%，其中不出村子的老人占到了总人数的三成左右。可见，大部分失独老人不愿意出门，出门看见的就那么几个人，也没有太多的事情可以参与。久而久之，失独老人的活动范围不断缩小，活动的愿望和能力减弱。在娱乐活动方面更是少之又少，农闲时有人打打扑克、下下棋就已经不错了；唱歌、跳舞这样的娱乐活动很少有人组织，失独老人也几乎不会参加；农忙时，村里能看见的人都很少，娱乐活动就基本顾不上了，所以几乎没有娱乐活动的老人占近八成。很明显农村失独老人的精神生活很单调，更容易思想负担加重，精神脆弱。

总之，通过实际调查，发现西部农村失独老人的基本生活条件能达到，医疗基本保障也能实现，但在平时活动和娱乐方面空白较大，精神生活单调。同时，随着年龄的增大，失独老人平时平稳的伙食供应还有一些困难，目前已经发现有些老人因一些客观原因或者受心情影响，不能长期坚持自己做饭；有一部分失独老人由于经济条件和地区原因，不能正常、规律地更换新衣物。此外，无住房者和住房陈旧者所占比例较大，说明住房问题已经成为一个困难点。医疗方面，还存在如何解决失独老人就医的细节性问题。

综合上述，西部农村失独老人现在这种单门独户的养老方式很难满足养老需求，随着年龄的增大，长此以往，养老困难就会越来越多。与此相反，互助养老的优势在其他地区农村老人群体实践中越来越明显。由此可见，西部农村失独老人互助养老必然成为大趋势。本研究在调查分析西部农村失独老人目前养老现状的基础上，借鉴其他地区农村老人互助养老的经验，将进一步探索适合这一群体互助养老的路径。

第三节　陕西农村智障失独家庭养老现状调查与分析

在上两节的研究中，课题组对陕西及其他西部重点省份农村失独老人的养老现状进行了调查和分析。但在实际调查过程中，发现在农村失独老人群体中还有一类更特殊的群体，就是智障失独老人，他们的养老状况普遍不如正常农村失独老人，在吃、穿、住、行等生活方面还存在很多不尽如人意之处。因此，本课题在调查时特意留意了这一特殊中的特殊群体。由于调查时间的有限，调查仅限于陕西省内。陕西作为西部的重要省份，连接着西北和西南，陕北榆林和延安具有和西北甘肃、宁夏、青海等地类似的生活方式和地区特征，因此可以以陕北辐射西北多地。陕南汉中、商洛和安康与四川、重庆相连，具有和西南地区贵州、云南等地相类似的生活方式和地区特征，因此，可以以陕南地区辐射西南多地。在此客观条件和陕西地域优势的支撑下，我们对陕北、关中、陕南三个地区的智障失独老人进行了抽样实际调研，并对其养老现状进行了详尽的分析。

我国第二次全国残疾人抽样调查数据公报显示，截至 2006 年 4 月 1 日，我国残疾人总数为 8296 万人，占全国总人口数的 6.34%，其中智障为 554 万人，占残疾人总数的 6.68%[①]，有相当一部分智障者生活在农村。这些农村的智障者家庭中还有部分是失独家庭，即智障失独家庭，这样的双重身份使其成为农村弱势家庭中的困难户，目前全国有多少这样的家庭，还没有确切的统计数据。

根据 2018 年陕西省的统计数据，陕西省农村失独家庭的数量约 4000 多户。2020 年 7 月至 2021 年 3 月，我们以陕西省为调查重点，对其多地的智障失独家庭进行入户调查，抽样调查统计到陕西省 X 市 C 区 M 街道智障失独家庭 3 户，占该街道失独家庭的 21.4%（共计 14 户）；B 市 F 县智障失独家庭 3 户，占该县失独家庭的 15%（共计 20 户）；Z 市 N 县智障失独家庭有 5 户，占该县失独家庭的 19.2%（共计 26 户）。如此推算，4000 多户农村失独家庭中有大概 18% 的智障失独家庭，约 600 多户，1200 人左右。这是失独家庭中的特殊家庭，人数在一省虽然不多，但大部分省份都存在，尤其是西部地区，因此具有普遍性。然而，他们作为失独家庭中的特殊群体，其关键的养老问题解决得怎么样呢？实际调查发现他们的基本养老令人担忧，很多较好的扶助政策对这些家庭并没有发挥实际效用，他们的实际养老困难依然存在。因此，政府和学界需对农村智障失独家庭给予重点关注，了解这些家庭与普通失独家庭的不同，抓住他们基本养老的痛点和难题，研究符合农村智障失独家庭需要的扶助政策与方法，让这些家庭也能过上舒适、体面的生活，安享晚年。鉴于此，对农村智障失独家庭基本养老现状进

① 中国残疾人联合会第二次全国残疾人抽样调查主要数据公报（第一号）[EB/OL].http://www.cdpf.org.cn/sytj/content/2008-04-07/content_30316033.htm,2008-04-07/2013-07-15.

行研究十分必要。研究有助于将党的十九大报告中提出的“弱有所扶”具体化、现实化；把我国“积极应对老龄化”国家战略向前推进，体现社会主义制度优越性。

一、相关文献梳理

失独家庭是我国20世纪70年代末计划生育政策下的特殊家庭。由于“国外没有政策性选择的独生子女现象”[①]，很难找到与农村智障失独家庭基本养老相关的文献。因此，仅将国内相关文献梳理为以下几个方面。

大部分学者认为，主要存在养老保障不足、精神保障缺失和医疗保障不健全等问题。2013年国家五部委联合下发通知，规定自2014年起，失独家庭特别扶助金标准农村每人每月170元，并建立动态增长机制，这样的补助标准无法满足农村失独老人基本养老需求[②]，并且农村失独家庭没有专项社会保险，仅仅依靠新农合无法满足基本生活需要。除此以外，在医疗保障方面，新农合在住院时农民需要先垫付全部医药费，这使农村失独家庭的医疗保障状况更加严峻。[③]而我国现行的城乡养老保障制度存在较大差异，农村失独者的生活更贫困。[④]与此同时，农村社区缺乏针对失独者的帮扶机制，缺乏专业的心理辅导机构、必要的娱乐设施[⑤]，导致农村失独家庭精神慰藉严重缺失。

这部分研究主要针对近几年农村失独家庭发生的变化和扶助政策的改进，形成以下几方面的研究趋势：一是研究政府的态度和作为，认为政府应该提升回应失独家庭各种问题的能力。[⑥⑦]二是完善健全扶助政策的机制体制，要建立国家专

① 戴卫东、李茜：《农村失独家庭养老需求的差异性与精准扶助——基于四川省H县的调查》，《社会保障研究》2020年第3期，第41-53页。

② 张艳丹：《构建失独老人养老保障体系的对策建议》，《劳动保障世界》2013年第9期，第31-32页。

③ 钟宇菲、张莹：《失独家庭养老保障问题研究》，《劳动保障世界》2013年第8期，第23页。

④ 陈鑫婕：《“失独”家庭养老保障中的政府角色定位研究——基于成都市调查数据》，硕士论文，西南民族大学，2013年。

⑤ 李贞怡：《我国失独老人养老问题研究》，硕士论文，河南大学，2014年。

⑥ 穆光宗：《独生子女家庭的权益保障与风险规避问题》，《南方论丛》2009年第3期，第14-21页。

⑦ 徐晓军、胡倩：《论失独群体的相对剥夺感及其集体行动风险》，《华中师范大学学报》（人文社会科学版）2016年第4期，第25-33页。

项基金作为基本保障[①]，同时还要提高扶助标准[②]，建立多元化社会支持网络和健全精神抚慰机制等，在帮助失独家庭的同时消除周围群众由“失独风险”带来的养老恐慌。[③④]还有提出应整合制度来应对农村失独家庭新困境，如隔代养育困难、人际关系贫乏及法律维权不畅等。[⑤]三是注重分类差异化养老需求研究。提出农村失独家庭在居住方式、年龄、收入等方面存在差异，养老也应满足差异化需求。[⑥]由此，差异化养老研究得到初步认同与重视，这是农村失独家庭养老研究的一个新趋势。

纵观学界对农村智障家庭养老的研究，文献数量非常有限，从1996—2020年，研究成果仅10篇左右。涉及智障人士的社会养老保险投保及收益问题研究[⑦]；对养老均等化政策、差异化的服务需求和优先选择入住托养机构等的建议[⑧]；从社会风险兑现角度对无过失先天智障人员的社会保障权利兑现的研究，形成的兑现体系在一定条件下保障他们能以人的尊严和方式活着。[⑨]此外，还有针对农村所有残疾人养老的相关研究，这些研究的范围已经扩大，可作有益借鉴。如从多元化的福利治理中寻找农村残疾人养老保障的途径[⑩]，以四川省汶川县为研究对象，提出要加大对家庭养老的社会支持力度，建设医养康结合的居家社区养老服务，提

① 宋健：《中国“失独”家庭的养老问题与对策》，《探索与争鸣》2016年第1期，第64-67页。

② 黄涛：《失独家庭及其辅助保障政策研究——以河南省为例》，《人口研究》2018年第5期，第103-112页。

③ 管鹏、张云英：《农村失独家庭社会保障问题研究综述——基于2001—2015年国内文献》，《社会福利》（理论版）2016年第1期，第56-61页。

④ 周学馨、孙婷：《供需协调视角下“五位一体”失独家庭养老服务政策体系研究》，《探索》2018年第1期，第160-165页。

⑤ 赵仲杰：《整合制度：应对农村失独家庭困境的制度构建》，《中州学刊》2020年第8期，第73-79页。

⑥ 戴卫东、李茜：《不同居住方式对农村失独家庭养老需求的影响——基于四川省H县的调查》，《人口发展》2020年第26卷第1期，第85-96页。

⑦ 靳越：《北京市“无忧工程”智残人养老保险》，《中国残疾人》1996年第12期，第19页。

⑧ 姚远、褚湜婧：《我国残疾人养老问题及政策构建研究》，《老龄科学研究》2013年第1期，第11-18+36页。

⑨ 陈玉梅：《无过失先天智力障碍社会保障权利兑现研究》，硕士论文，华东师范大学，2014年。

⑩ 朴金子：《多元福利治理下我国农村残疾人养老保障研究》，《农村经济与科技》2020年第112期，第170-171页。

高残疾人养老服务机构建设统筹层次等。①

二、研究假设与数据来源

（一）研究假设

世界卫生组织提出的社会适应行为标准将智力障碍鉴定为四个等级。智力障碍人员表现出适应行为极差，生活全部需由他人照料，运动感觉功能极差，为极重度智力障碍；表现出适应行为差，生活能力即使经过训练也很难自理，仍需要他人照料，运动、语言发育差，为重度智力障碍；表现出适应行为不完全，实用技能不完全，为中度智力障碍；表现出适应行为低于一般人的水平，具有相当的实用技能，对周围环境有较好的辨别能力，能比较恰当地与人交往，为轻度智力障碍。本调查中的102位调查对象中，暂无极重度智力障碍者，涉及重度智力障碍、中度智力障碍和轻度智力障碍三种（见表5-3-1）。

表5-3-1　样本的基本构成与特征统计

智力障碍等级	户数	人数	人数占比
重度智力障碍（20<IQ<35）	14	25	24.5%
中度智力障碍（35<IQ<50）	18	31	30.4%
轻度智力障碍（50<IQ<75）	27	46	45.1%

注：以世界卫生组织智力障碍鉴别标准为准。

由于在农村的生活环境中，中度智障失独者在实际劳动中，维持基本生活方面与轻度智障失独者很相近，可以将其与轻度智障失独者归为一组，即非重度智障失独家庭。因此将这三种归为两组：重度智障失独家庭和非重度智障失独家庭。依据世界卫生组织智力障碍鉴别标准和分组，本研究样本中有重度智障失独家庭14户25人，占总样本的24.5%，非重度智障失独家庭45户77人，占比为75.5%。在分析文献和了解陕西农村生活状况的基础上，对这两组智障失独家庭的基本养老现状做如下假设。

假设1：性别在基本生活能力、基本生活保障、基本就医和精神娱乐四个项目中都有显著差异。

在农村家庭生活中，男性在购买生活用品能力方面要强于女性，女性在洗衣

① 孔伟艳、曾红颖、李璐等：《精准补齐基本公共服务短板——以四川省汶川县残疾人养老服务为例》，《宏观经济管理》2020年第7期，第78-85页。

做饭、打扫卫生等基本生活能力方面强于男性。根据一般生活经验，女性比男性更恋家，因此在住房方面要求更多，住养老院的意愿更低；由于男性相对女性的体力劳动强度大，在米、面和油基本保障充足的情况下，对肉类、蔬菜等需求也就更大，而女性相对男性比较爱干净，因此被褥、衣物等增添频率较高，打扫家里卫生，保持环境整洁方面又强于男性。日常生活可见，男性独立性较强，比女性更能独自去附近医院就诊，女性表达能力可能比男性好，因此在病情交代方面要强于男性；女性对健康的重视度较高，相对男性更愿意参加定期体检。娱乐活动中，女性比男性更喜欢在家收看电视节目和节日被慰问，男性自身限制条件相对女性较少，因此比女性更喜欢去热闹场合看热闹，男性由于日常劳动的需要，比女性多一些爱好，喜欢做自己的事情。

假设 2：智力障碍等级在基本生活能力、基本生活保障、基本就医和精神娱乐方面有显著差异。

由于智力障碍等级不同，非重度智障失独者较重度智障失独者在购买生活用品、做饭和洗衣、打扫卫生方面的能力都强些。由于重度智障失独者严重缺乏劳动力和购买力，所以住房较陈旧，四季被褥和衣物比较单一，家里长期脏乱，肉类、蔬菜比较短缺，生活状态明显不如非重度智障失独者。因此，随着年龄的增大，他们更愿意住养老院。同样，重度智障失独者在自行就医、交代病情、定期体检等就医方面不如非重度智障失独者表现得好。重度智障失独者较非重度智障失独者在收看电视节目、节日被慰问、去热闹场合看热闹方面均更喜欢，而非重度智障失独者较重度智障失独者有较多的相应爱好。

假设 3：年龄在基本生活能力、基本生活保障、基本就医和精神娱乐方面有显著差异。

一般来说，年龄越大，在基本生活能力、基本生活保障、基本就医和精神娱乐方面均表现较差。

假设 4：家庭月收入在基本生活能力方面没有显著差异；在基本生活保障、基本就医和精神娱乐方面有显著差异。

收入越高，在住房条件，四季衣物、被褥，肉类、蔬菜和基本就医方面状况均好，在精神娱乐方面需求更高。

假设 5：智力障碍等级和性别会交互影响是否能自己做饭洗衣和打扫卫生。

在重度智障情况下，男女性在做饭洗衣和打扫卫生方面都不能独立完成；而在非重度智障情况下，女性比男性在做饭洗衣和打扫卫生方面有优势。

假设6：智力障碍等级和性别会交互影响是否喜欢节日被慰问。

在重度智障情况下，男女都喜欢节日被慰问；而在非重度智障情况下，女性比男性更喜欢节日被慰问。

假设7：智力障碍等级和性别会交互影响是否喜欢去热闹场合看热闹。

在重度智障情况下，男女都喜欢去热闹场合看热闹；而在非重度智障情况下，女性比男性更喜欢去热闹场合看热闹。

假设8：智力障碍等级和性别会交互影响是否有相应爱好。

在重度智障情况下，男女都很少有相应爱好；而在非重度智障情况下，男性比女性的相应爱好多。

（二）数据来源与样本描述分析

1. 数据来源

本研究对象为陕西省的农村智障失独家庭。由于这类失独家庭分布较散，因此，2020年7—10月对上述地区的农村智障失独家庭进行了调查和走访，根据陕西农村的实际发展状况，分别选取X市C区M街道、D街道、W街道、X街道、G街道、Y街道、T街道和W街道农村智障失独家庭共计22户38人；H市N县G街道、D镇、Y镇、G镇农村智障失独家庭共计5户9人；Y市Q县S镇、Z镇、Y镇、G镇，D县B镇、H镇、F镇和Z镇农村智障失独家庭共计13户23人；W市H市Y街道、H镇、M镇、L镇、H’镇，H县X镇、H镇、L镇农村智障失独家庭共计10户17人；S市S县T镇、L镇、Z镇、Y镇、S镇、M镇、W镇共计9户15人。调查对象共计59户102人。

问卷以农村智障失独家庭的照料人（亲属）或双岗联系人为调查对象。问卷发放及调查工作于2020年7—12月进行。本次调查向陕北、关中和陕南五个地区的农村智障失独家庭的亲属、联系人发放问卷120份，实际收回105份，有效问卷102份，有效问卷率为85%。访谈智障失独者45人，其中重度智障12人，非重度智障33人；村妇女主任、村主任及街道（镇）、县（市）相关计生工作人员等69人，梳理有效信息26条，有益补充和完善了调查内容。

调查内容包括智障失独家庭基本信息、智力障碍等级、经济状况、基本养老现状四类。根据失独家庭和智障人养老的文献分析，基本养老现状分为基本生活能力、基本生活保障、基本医疗和精神娱乐四个方面32项。问卷中对四个方面

32 项现状的回答包括“是（能）”与“否（不能）”两个等级，分别赋值 1、0。具体调查内容详见表 5-3-2。

表 5-3-2　智障失独家庭基本养老现状统计

项目	细目	人数	占调查总人数比重
年龄	49~60 岁	25	24.5%
	61~74 岁	67	65.7%
	75 岁及以上	10	9.8%
性别	男	52	51%
	女	50	49%
智力障碍等级	重度智障失独者	25	24.5%
	非重度智障失独者	77	75.5%
家庭月收入	2000 元及以下	26	25.5%
	2001~3000 元	59	57.8%
	3000 及以上	17	16.7%
基本生活能力方面	能自行购买米、面、油等生活用品	68	66.7%
	无法自行购买米、面、油等生活用品	34	33.3%
	能简单做饭，维持基本吃饭需要	67	65.7%
	不能做饭，需要有人替其分担	35	34.3%
	能洗衣、打扫个人卫生	58	56.9%
	不能洗衣、打扫个人卫生，需要他人帮助	44	43.1%
基本生活保障方面	住房结实、舒适；有必要的家具、家电	64	62.7%
	住房陈旧，有待翻新；必要家具、家电短缺	38	37.3%
	愿意住养老院	59	57.8%
	不愿意住养老院	43	42.2%
	四季衣物被褥充足，家里较为干净整洁	64	62.7%
	四季衣物被褥单一，家里长期脏乱	38	37.3%
	肉类、蔬菜等充裕	58	56.9%
	肉类、蔬菜等短缺	44	43.1%

续表

项目	细目	人数	占调查总人数比重
基本就医方面	能自己去就近的医院	66	64.7%
	需要有人陪同去附近医院	36	35.3%
	能简单交代清楚病状	70	68.6%
	不能交代清楚病状	32	31.4%
	住院时有人照料（含护工）	102	100.0%
	住院时无人照料	0	0.0%
	能定期体检	51	50%
	不经常体检	51	50%
精神娱乐方面	经常难过、哭泣（因孩子离世）	7	6.8%
	不怎么难过，情绪、状态平和	95	93.2%
	喜欢平时在家看电视	34	33.3%
	不喜欢平时在家看电视	68	66.7%
	喜欢节假日有人来看望	50	49%
	不喜欢节假日有人来看望	52	51%
	喜欢去村、镇热闹场合看热闹	63	61.8%
	不喜欢去村、镇热闹场合看热闹	39	38.2%
	平时能做些爱好的事情	61	59.8%
	平时任何事情都不做	41	40.2%

2. 样本的描述性分析

据表 5-3-2 调查结果，农村智障失独家庭基本养老现状有以下五个方面的特点。①在年龄、性别、智力障碍等级和家庭月收入方面：该群体年龄主要集中在 61~74 岁，占总样本的 65.7%，表明这个群体年龄较大者居多；在性别上比较平均，男性占 51%，女性占 49%，表明这些家庭以夫妻共同生活为主，丧偶现象较少；总的来看，非重度智障失独家庭是重度智障失独家庭的 3.08 倍；家庭月收入在 2001~3000 元的最多，占比 57.8%，这一群体集中在陕西经济条件较好地区，政府扶助与补贴力度较大。②在基本生活能力方面：能自行购买米、面、油等生活用品的占 66.7%，能简单做饭维持基本吃饭需要有 65.7%，能洗衣、打扫个人卫生的有 56.9%，这主要与农村的生活需要有关，农村不具备城镇便利的市场化帮助，在基本生活能力方面需要努力学习并自行完成。③在基本生活保障方面：住房结实、舒适，有必要的家具、家电的和四季衣物被褥充足、家里较为干净整洁的样本均为 62.7%，说明超过一半的智障失独家庭的住房和卫生状况较好；愿意住养老院的样本有 57.8%，说明该群体将来的养老趋势是集中供养；肉类、蔬菜等充裕的样本有 56.9%，这表明肉类、蔬菜等短缺的也近五成，与男女人数成正比。④在基本就医方面：不能自己就近就医和不能交代清楚病状的样本为 35.3% 和 31.4%，这是目前重度智障失独家庭较大的困难；调查到住院时有人照料（含护工）的样本为 100%，即所有智障失独者住院时均有人照料，这是因为指定亲属长期照料或双岗联系人负责，说明国家对失独家庭就医照料的政策非常有效；但能定期体检的样本只有 50%，而政府每年都会免费安排至少一次体检，之所以没有达到 100% 体检率，与非重度智障失独者的观念有关，认为自己身体健康，没有必要年年体检，相反，重度智障失独者在亲属或者联系人的带领下，能按时体检。⑤在精神娱乐方面：因孩子离世而经常难过、哭泣的样本极少，93.2% 的样本情绪表现较为平和，与孩子在世时差不多，只有 7 人会有较为严重的表现。这与普通失独家庭的表现反差明显，说明智障对其影响较大。喜欢平时在家看电视的样本有 33.3%，喜欢节假日有人来看望的样本有 49%，喜欢去村、镇热闹场合看热闹的样本多达 61.8%，这三个“喜欢”与平时生活单调、精神空虚有较大关系。平时能做些爱好的事情的样本有 59.8%，主要以非重度智障的男性为主。

三、农村智障失独家庭基本养老现状的实证分析

（一）变量选取

本部分研究从农村智障失独家庭的基本生活能力、基本生活保障、基本就医和精神娱乐四个方面选取因变量。其中，基本生活能力方面有 3 个项目，分别是购买生活用品、做饭和洗衣打扫；基本生活保障方面有 4 个项目，分别是住房条件、住养老院意愿、衣物被褥是否充足且家里是否整洁和肉、蔬菜是否充裕；基本就医方面有 4 个项目，分别是是否能自行就医、是否能交代病情、住院是否有人照料和是否定期体检。由于住院照料率是 100%，模型分析会出现极度不平衡结果，因此建立模型分析意义不大，将通过描述信息和访谈信息进行详细分析，所以，选取除此项外的其他 3 项。精神娱乐方面同样有 5 个项目，分别是情绪状况、是否喜欢收看电视节目、是否喜欢节日被慰问、是否喜欢去热闹场合看热闹和是否有相应爱好。由于 102 人中，只有 7 人经常情绪不太稳定外，其余样本的情绪与孩子在世时差不多，比较平和，太过统一的结果也无法用模型对比分析，因此，在变量选取

时同样去掉这一项，将通过描述信息和访谈信息进行详细分析。所有项目均为二分类变量，即是和否。自变量则选择性别、年龄、智障等级和月收入。

表 5-3-3　变量定义与赋值

变量定义		赋值
自变量	年龄	1 = 49~60 岁，2 = 61~74 岁，3 = 75 岁及以上
	性别	1 = 男，2 = 女
	智力障碍等级	1 = 重度智障（IQ<35），2 = 非重度智障（IQ ≥ 35）
	月收入	1 = 2000 元及以下，2 = 2001~3000 元，3 = 3000 元及以上
因变量	购买生活用品	0 = 不能，1 = 能
	做饭	0 = 不能，1 = 能
	洗衣打扫	0 = 不能，1 = 能
	住房条件	0 = 不好，1 = 好
	住养老院意愿	0 = 不愿意，1 = 愿意
	衣物被褥、家里卫生	0 = 不好，1 = 好
	肉类、蔬菜需求	0 = 短缺，1 = 充足
	自行就医	0 = 不能，1 = 能
	交代病情	0 = 不能，1 = 能
	定期体检	0 = 不能，1 = 能
	喜欢收看电视节目	0 = 不喜欢，1 = 喜欢
	喜欢节日被慰问	0 = 不喜欢，1 = 喜欢
	喜欢去热闹场合看热闹	0 = 不喜欢，1 = 喜欢
	有相应爱好	0 = 没有，1 = 有

（二）建立模型

根据假设及变量选取设计模型图（图 5-3-1），本研究所有因变量均为二分类变量，所以选择二元 *Logistic* 回归模型对农村智障失独家庭基本养老现状的影响因素进行分析，二元 *Logistic* 回归方程式为：

$$LogitP = \beta_0 + \sum_{i=1}^{k} \beta_i X_i \cdots\cdots\cdots\cdots\cdots\cdots (1)$$

（1）公式中，因变量为能否（0= 否（不能），1= 是（能））；P 表示对此需要的概率；X_i 为自变量，表示智障失独家庭的影响因素（年龄、性别、智力障碍等级、家庭月收入）；β_i 是各自变量的回归系数，β_0 表示常数项。

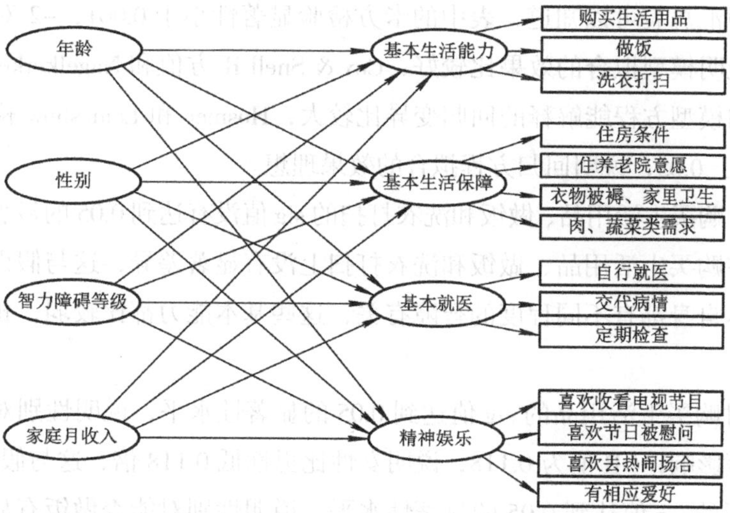

图 5-3-1 农村智障失独家庭基本养老现状的影响因素

（三）实证分析

1. 农村智障失独家庭基本生活能力方面的影响因素回归结果

表 5-3-4 农村智障失独家庭基本生活能力分析

因变量	购买生活用品		做饭		洗衣打扫	
自变量	B	OR	B	OR	B	OR
年龄（49~60 岁）						
61~74 岁	–0.192	0.825	–0.195	0.823	–0.048	0.953
75 岁及以上	–0.083	0.92	1.828	6.221	0.053	1.055
性别（女）	–0.183	0.833	1.907**	6.736	2.164**	8.707
智障等级（非重度）	1.756*	5.788	3.637**	37.963	2.421*	11.26
月收入（2000 元及以下）						
2001~3000 元	–0.78	0.458	0.255	1.291	–1.181	0.307
3000 元及以上	–2.324	0.098	1.843	6.318	–21.528	0
常量	0.528	1.695	–3.324	0.036	–1.256	0.285
卡方检验显著性	<0.001		<0.001		<0.001	
–2 对数似然值	94.515		98.275		80.107	
Cox & Snell R^2	0.293		0.276		0.441	
Nagelkerke R	0.407		0.381		0.592	
Hosmer 和 Lemeshow sig 值	0.855		0.294		0.801	

注：*、**、*** 分别表示在 0.05、0.01、0.001 的水平上显著。

由模型汇总表可以知道，表中的卡方检验显著性小于 0.001，-2 对数似然值比较大，说明模型拟合的效果比较好，Cox & Snell R 方值和 Nagelkerke R 方值比较大，说明模型方程能解释的回归变异比较大，Hosmer 和 Lemeshow 检验的显著性 sig 值大于 0.05，说明回归方程拟合的效果理想。

年龄对购买生活用品、做饭和洗衣打扫的 sig 值没有达到 0.05 的显著性水平，说明年龄在购买生活用品、做饭和洗衣打扫上没有显著差异，这与假设 3 不符，主要与样本自身都有不同程度的智障有关，这些基本能力都比较弱，相互之间差距不大。

性别对购买生活用品的 sig 值达到 0.05 的显著性水平，说明性别对购买生活用品有显著影响；OR 值为 0.118，说明女性比男性低 0.118 倍，这与假设 1 相符。性别对做饭的 sig 值达到 0.05 的显著性水平，说明性别对能否做饭有显著影响；OR 值为 6.736，在做饭方面，女性是男性的 6.736 倍，与假设 1 相符，这主要受农村“男主外、女主内”的传统习俗影响较大。性别对洗衣打扫的 sig 值达到 0.05 的显著性水平，说明性别对能否洗衣打扫有显著影响；OR 值为 8.707，女性在洗衣打扫方面强于男性 8.707 倍，这与假设 1 相符。

智力障碍等级对购买生活用品的 sig 值达到 0.05 的显著性水平，说明智力障碍等级对能否自己购买生活用品有显著影响；OR 值为 5.788，说明非重度智障失独者自行购买生活用品能力是重度智障失独者的 5.788 倍，这与假设 2 相符。智力障碍等级对做饭的 sig 值达到 0.05 的显著性水平，说明智力障碍等级对能否做饭有显著影响；OR 值为 37.963，说明非重度智障失独者是重度智障失独者的 37.963 倍，这就暴露出不会做饭或做得很差是重度智障失独者基本生活中的大困难，这与假设 2 符合。智力障碍等级对洗衣打扫的 sig 值达到 0.05 的显著性水平，说明智力障碍等级对能否洗衣打扫有显著影响；OR 值为 11.26，非重度智障失独者是重度智障失独者的 11.26 倍，说明洗衣打扫也是重度智障失独者基本生活中的实际困难，符合假设 2。

家庭月收入对购买生活用品、做饭、洗衣打扫的 sig 值没有达到 0.05 的显著性水平，说明收入在购买生活用品、做饭和洗衣打扫上没有显著差异，这与假设 4 相符。实际调查发现这些基本生活能力与家庭月收入关系确实不大，与能否自行完成的能力有关。

2. 农村智障失独家庭基本生活保障方面的影响因素回归结果

表 5-3-5 农村智障失独家庭基本生活保障分析

因变量	住房条件		住养老院意愿		衣物被褥及卫生		肉类、蔬菜需求	
自变量	B	OR	B	OR	B	OR	B	OR
年龄（49~60 岁）								
61~74 岁	0.041	1.042	0.757	2.131	−0.882	0.414	−0.116	0.891
75 岁及以上	1.323	3.755	0.455	1.577	−1.769	0.171	−0.732	0.481
性别（女）	−0.59	0.554	−0.723	0.485	1.287*	3.621	1.231*	3.425
智障等级（非重度）	1.837*	6.275	2.797*	16.393	1.768*	5.86	1.972*	7.183
月收入（2000 元及以下）								
2001~3000 元	−1.859*	0.156	−1.273	0.28	−0.856	0.425	−1.293	0.274
3000 元及以上	−3.044*	0.048	−1.098	0.334	−2.661*	0.07	−3.053*	0.047
常量	0.997	2.71	−1.064	0.345	0.406	1.501	−0.42	0.657
卡方检验显著性	<0.001		<0.001		<0.001		<0.001	
−2 对数似然值	94.181		100.89		93.388		96.286	
Cox & Snell R^2	0.328		0.311		0.333		0.345	
Nagelkerke R	0.447		0.418		0.454		0.463	
Hosmer 和 Lemeshow sig 值	0.938		0.554		0.181		0.953	

注：*、**、*** 分别表示在 0.05、0.01、0.001 的水平上显著。

由模型汇总表可以知道，表中的卡方检验显著性小于 0.001，−2 对数似然值比较大，说明模型拟合的效果比较好，Cox & Snell R 方值和 Nagelkerke R 方值比较大，说明模型方程能解释的回归变异比较大，Hosmer 和 Lemeshow 检验的显著性 sig 值大于 0.05，说明回归方程拟合的效果理想。

年龄对住房条件、住养老院意愿、衣物被褥及家里卫生和肉类、蔬菜需求的 sig 值没有达到 0.05 的显著性水平，说明年龄在这些因素上没有显著影响，这与假设 3 不符，主要与所有样本的劳动力普遍较弱或者丧失有关。

性别对住房条件的 sig 值没有达到 0.05 的显著性水平，说明性别在住房条件上没有显著影响，这与假设 1 不符，主要是智障家庭男女对住房要求较低，特别是重度智障失独者。性别对住养老院意愿的 sig 值没有达到 0.05 的显著性水平，说明性别对是否愿意住养老院没有显著影响，这与假设 1 不符，可能是样本男女在判断力上相当，他们也不太清楚自己是否愿意。性别对衣物被褥及家里卫生的 sig 值达到 0.05 的显著性水平，说明性别对衣物被褥是否充足及家里卫生有显著影响，OR 值为 3.621，女性比男性衣物被褥充足及家里卫生整洁高出 3.621 倍，这与假设 1 相符。性别对肉类、蔬菜需求的 sig 值达到 0.05 的显著性水平，说明性别对肉类、蔬菜需求有显著影响；OR 值为 3.425，说明男性在肉类、蔬菜需求上比女性更短缺，是女性的 3.425 倍，这与假设 1 相符。这可能是因为大部分男性重体力活比女性干得多，对肉类、蔬菜的需求量大，需求频率高。

智力障碍等级对住房条件的 sig 值达到 0.05 的显著性水平，说明智障等级对住房条件有显著影响；OR 值为 6.275，说明非重度智障失独者在能力范围内能改善住房条件，比重度智障失独者高出 6.275 倍，这与假设 2 相符，非重度智障失独者住房条件优于重度智障失独者。智障等级对住养老院意愿的 sig 值达到 0.05 的显著性水平，说明智障等级对是否愿意住养老院有显著影响；OR 值为 16.393，非重度智障失独者是重度智障失独者的 16.393 倍，这与假设 2 不符。主要可能与照料亲属有关，非重度智障失独者亲属不必事事关心，平时很多事情都是自己干的，随着年龄的增大，他们也会考虑“干不动了，怎么办”，住养老院就成了比较周全的选择；反而重度智障失独者没有自我思考、判断这个问题的能力，受照料亲属的影响比较大，亲属会在长期照料中受益，形成“灰色利益链条”，反而不愿意让他们去养老院，去了养老院，亲属就什么都得不到了。这在访谈信息中得到印证：在 H 市 N 县的 1 户重度智障失独家庭访谈时发现，L 夫妇（均 60 岁左右，妻子不会说话），长期由其妻的弟弟 Z 先生照料。家中房屋简陋、陈旧，唯一的家电是一台旧式彩电，没有像样的家具，共 3 间房，只有 1 间可住人，厨房窄小，昏暗。问 L 先生：“最想要什么？”L 先生脱口而出：“想吃肉。”这让调查组很诧异，于是找照料人 Z 先生问，Z 先生很委屈地说：“天天有肉吃，别听他瞎说。”后来聊天时，Z 先生无意中说出了真相：“这两年鲜肉太贵了，近 30 块一斤；我就买腊肉，13 块左右。”L 先生想吃的可能就是鲜肉，而不是腊肉。腊肉与鲜肉之间的差价去了哪里呢？虽然有账本，但账本里没有体现。这对夫妇每月的收入共计 4400 元。此外，在其他地方走访，也发现了类似的事情。S 市 S 县的重度智障失独 P 夫妇（男 65 岁左右，女 60 岁左右），两年前唯一的女儿离世，由 P 先生的侄子长期照料，在谈及女儿丧葬花费时，侄子说前后共花了 2 万多。随后与镇政府相关干部、村主任和妇女主任交流才知道，在当地一般的丧葬费就是 5000 元到 1 万元，家里经济条件非常好的可能会花好几万元，他们家（P 先生家）这种情况，是按一般的方式操办的。Y 市 H 县的重度智障失独 G 夫妇（70 岁左右），由 G 先生哥哥长期照料。调查发现，住房、卫生和饭菜都不好，希望他们能去养老院过较为舒服的日子，于是问 G 夫妇："愿意去养老院住吗？那里包吃包住，不用自己做饭，每天饭菜都换花样。"夫妇俩一边摇头，一边看着 G 先生的哥哥。于是就征求 G 先生哥哥的意见，哥哥只管说他照料（G 夫妇）有多辛苦，就是不说是否愿意将 G 夫妇送到养老院去。

智力障碍等级对衣物被褥及家里卫生的 sig 值达到 0.05 的显著性水平，说明智力障碍等级对衣物被褥是否充足及家里卫生是否整洁有显著影响；OR 值为 5.86，说明非重度智障失独家庭衣物被褥购买充足、更换较频繁，家里卫生较整洁，是重度智障失独家庭的 5.86 倍度，这与假设 2 相符。智力障碍等级对肉类、蔬菜需求的 sig 值达到 0.05 的显著性水平，说明智力障碍等级对肉类、蔬菜需求有显著影响；OR 值为 7.183，说明重度智障失独者是非重度智障失独者的 7 倍多，这与假设 2 相符，主要与照料亲属是否愿意为其购买有关。

家庭月收入对住房条件的 sig 值达到 0.05 的显著性水平，说明月收入对住房是否结实、舒适有显著影响。OR 值为 0.156、0.048，说明收入 2001~3000 元及 3000 元以上高收入者比 2000 元以下低收入者低 0.156、0.048 倍，这与假设 4 不符。高收入者（多为重度智障失独者），反而住房条件不如低收入者（非重度智障失独者），这可能与照料亲属有直接关系。低收入者，亲属对其干预较少，自我做主（事情）较多，反而在能力范围内为自己谋得较好的住房条件；而高收入者由于需要亲属事事打理，亲属精力不足或耐心不够，都会导致这样的情况。这在访谈信息中也有体现。也是在上文所述 L 夫妇家中，问及 L 先生："为什么厨房没有开灯呢？"L 先生回答："灯泡坏了，灯泡很贵，一个 4 块。"L 先生解释了厨房昏暗的原因。与照料人 Z 先生谈及此事才知道，因为他平时很忙，不想花时间去买灯泡、修电灯，能将就就将就了，为了减少麻烦，就跟 L 夫妇说灯泡贵，L 先生就记住了灯泡贵这句话。家庭月收入对住养老院意愿的 sig 值没有达到 0.05 的显著性水平，说明家庭月收入对是否愿意住养老院没有显著影响，这与假设 4 不符，主要是因为不论现在收入高低，住养老院后是全免费用的。家庭月收入对衣物被褥及家里卫生的 sig 值达到 0.05 的显著性水平，说明月收入对衣物被褥是否充足及家里卫生有显著影响；OR 值为 0.07，说明收入低比收入高的失独者反而衣物被褥更充足、环境更卫生，这与假设不 4 相符，主要是低收入（非重度智障失独者）能简单地自行购买和收拾家里，而高收入（重度智障失独者）主要依靠亲属，这与亲属的关心程度有很大的关系。访谈信息中也发现这样的现象。X 市 C 区重度智障失独者 M 女士（58 岁），平时洗头发由丈夫 D 先生帮助完成，而 D 先生帮妻子每年洗头发的次数是屈指可数的，主要是不愿意，嫌麻烦。家庭月收入对肉类、蔬菜需求的 sig 值达到 0.05 的显著性水平，说明家庭月收入对肉、蔬菜类食物是否充足有显著影响；OR 值为 0.047，说明高收入者依然比低收入者低 0.047 倍，反而更短缺，这与假设 4 不符，依然与照料亲属是否愿意为其购买有关。

3. 农村智障失独家庭基本就医方面的影响因素回归结果

表 5-3-6　农村智障失独家庭基本就医方面的影响因素分析

因变量	自行就医		交代病情		定期体检	
自变量	B	OR	B	OR	B	OR
年龄（49~60 岁）						
61~74 岁	−2.534*	0.079	0.454	1.575	−1.735**	0.176
75 岁及以上	−4.805*	0.008	−2.714**	0.066	−2.855**	0.058
性别（女）	−0.254	0.776	−0.278	0.757	−0.111	0.895
智障等级（非重度）	2.618**	13.708	2.713**	15.079	−2.653*	0.07
月收入（2000 元及以下）						
2001~3000 元	−1.262	0.283	0.451	1.569	0.169	1.184
3000 元及以上	−2.975	0.051	0.144	1.155	0.403	1.496
常量	2.412	11.161	−1.228	0.293	3.441*	31.224
卡方检验显著性	<0.001		<0.001		<0.001	
−2 对数似然值	76.072		88.058		107.268	
Cox & Snell R^2	0.425		0.317		0.284	
Nagelkerke R	0.584		0.445		0.379	
Hosmer 和 Lemeshow sig 值	0.87		0.989		0.54	

注：*、**、*** 分别表示在 0.05、0.01、0.001 的水平上显著。

由模型汇总表可以知道，表中的卡方检验显著性小于 0.001，-2 对数似然值比较大，说明模型拟合的效果比较好；Cox & Snell R 方值和 Nagelkerke R 方值比较大，说明模型方程能解释的回归变异比较大；Hosmer 和 Lemeshow 检验的显著性 sig 值大于 0.05，说明回归方程拟合的效果理想。

年龄对自行就医、交代病情和定期体检的 sig 值达到 0.05 的显著性水平，说明年龄对能否自行就医有显著影响。75 岁以上是 49~60 岁能自行就医的 0.08 倍，是能交代病情的 0.066 倍，是能定期体检的 0.025 倍，这与假设 3 相符，年龄越大，在就医方面的能力越差。

性别对自行就医的 sig 值达到 0.05 的显著性水平，说明性别对能否自行就医有显著影响；OR 值为 0.124，说明女性只有男性的 0.124 倍，男性比女性更能独立去医院，这与假设 1 相符。性别对是否愿意定期体检有显著影响，OR 值为 3.824，说明女性是男性的 3.824 倍，符合假设 1，这与大部分非重度智障男性自我意识强有关，他们认为自己身体健康，无需年年检查。性别对交代病情的 sig 值没有达到 0.05 的显著性水平，说明性别对能否交代病情没有显著影响，这与假设 2 不符，可能是智障女性实际并不比男性语言表达能力强的原因。

智力障碍等级对自行就医的 sig 值达到 0.05 的显著性水平，说明智力障碍等级对能否自行就医有显著影响；OR 值为 13.708，非重度智障失独者是重度智障失独者的 13.708 倍，这与假设 2 相符，重度智障失独者基本都是靠照料亲属带着去医院或者卫生所，无法自行就医。智力障碍等级对交代病情的 sig 值达到 0.05 的显著性水平，说明智力障碍等级对能否自己交代病情有显著影响；OR 值为 15.079，说明重度智障失独者交代病情能力远低于非重度智障失独者，与假设 2 相符。智力障碍等级对定期体检的 sig 值达到 0.05 的显著性水平，说明智力障碍等级对是否定期体检有显著影响；OR 值为 0.07，非重度智障失独者是重度智障失独者的 0.07 倍，即重度智障失独者定期体检的比例反而更高，这与假设 2 不符，同性别差异原因一致。

家庭月收入对自行就医、交代病情和定期体检的 sig 值没有达到 0.05 的显著性水平，说明家庭收入对自行就医、交代病情和定期体检没有显著影响，这与假设 4 不符，这可能与所有样本的行为能力有关，与收入关系不大。

住院有无人照料这项的回答是 100%，严重不平衡的结果致使模型不收敛，无法通过模型差异性验证，但访谈信息中已全部显示住院时有人照料。在 Y 市 D

县非重度智障失独家庭F夫妇家里调研时，照料人B女士这样描述："一般他俩（F夫妇）很少住院，近两年她（妻子）就住过一次院（医院），前后七天，都是我（B女士）去看护，毕竟是大人，看护也不难。"Y市Q县Z镇计划生育办公室D主任将本镇失独户住院的看护人一一落实，访谈时拿出他的记录本给调研组看，他说："到目前为止，还没有出现住院没有人管的情况。"对此问题，访谈时与每户的照料人和60位工作人员（含村妇女主任25人、村主任20人、街道计划生育办公室人员15人）都进行了交流，回答都是肯定的。由此可见，这与现行制度、政策有关，每户照料人或双岗联系人在其住院时，至少有1人负责。

4. 农村智障失独家庭精神娱乐方面的影响因素回归结果

表5-3-7　农村智障失独家庭精神娱乐方面的影响因素分析

因变量	喜欢收看电视		喜欢节日慰问		喜欢去热闹场合看热闹		有相应爱好	
自变量	B	OR	B	OR	B	OR	B	OR
年龄（49~60岁）								
61~74岁	1.426	4.16	−0.72	0.487	−0.606	0.545	0.725	2.065
75岁及以上	1.748	5.743	−1.252	0.286	0.324	1.383	0.723	2.06
性别（女）	0.73	2.076	2.224***	9.245	−2.784***	0.062	−2.618***	0.073
智障等级（非重度）	−1.765*	0.171	−1.548	0.213	−0.015	0.986	2.343*	10.41
月收入（2000元及以下）								
2001~3000元	1.271	3.565	1.872**	6.504	1.963**	7.122	−2.789	0.061
3000元及以上	3.912*	49.989	3.521*	33.809	3.818**	45.512	−4.342*	0.013
常量	−2.347	0.096	−0.883	0.414	0.705	0.941	1.866	6.463
卡方检验显著性	<0.001		<0.001		<0.001		<0.001	
−2对数似然值	81.033		92.817		87.404		72.951	
Cox & Snell R^2	0.38		0.379		0.377		0.469	
Nagelkerke R	0.528		0.505		0.513		0.633	
Hosmer和Lemeshow sig值	0.860		0.314		0.273		0.001	

注：*、**、***分别表示在0.05、0.01、0.001的水平上显著。

由模型汇总表可以知道，表中的卡方检验显著性小于 0.001，-2 对数似然值比较大，说明模型拟合的效果比较好，Cox & Snell R 方值和 Nagelkerke R 方值比较大，说明模型方程能解释的回归变异比较大， 有相应爱好的 Hosmer 和 Lemeshow 检验的显著性 sig 小于 0.05，但 Cox & Snell R 方值和 Nagelkerke R 方值比较大，说明回归方程拟合的效果理想。

年龄对喜欢收看电视节目、喜欢节日被慰问、喜欢去热闹场合看热闹和有相应爱好的 sig 值没有达到 0.05 的显著性水平，说明年龄对喜欢收看电视节目、喜欢节日被慰问、喜欢去热闹场合看热闹和有相应爱好没有显著影响，这与假设 3 不符，说明所有样本的娱乐生活缺乏或者单调、精神生活空虚，都只能通过外界的娱乐方式来调节自己。

性别对喜欢收看电视节目的 sig 值没有达到 0.05 的显著性水平，说明性别对是否喜欢收看电视节目没有显著影响，即男女都喜欢用看电视的方式来丰富平时生活。性别对喜欢节日被慰问的 sig 值达到 0.05 的显著性水平，说明性别对是否喜欢节日被慰问有显著影响；OR 值为 9.245，说明女性是男性的 9.245 倍，这与假设 1 相符。性别对喜欢去热闹场合看热闹的 sig 值达到 0.05 的显著性水平，说明性别对是否喜欢去热闹场合看热闹有显著影响；OR 值为 0.062，女性是男性的 0.062 倍，说明男性比女性更喜欢热闹场合，这与假设 1 相符。性别对有相应爱好的 sig 值达到 0.05 的显著性水平，说明性别对是否有相应爱好有显著影响；OR 值为 0.073，女性是男性的 0.073 倍，说明男性比女性的相应爱好稍多，这与假设 1 相符，是因为农村重体力活多数由男性完成。

智力障碍等级对收看电视节目的 sig 值达到 0.05 的显著性水平，说明智障等级对是否喜欢收看电视节目有显著影响；OR 值为 0.171，非重度智障失独者是重度智障失独者的 0.171 倍，说明重度智障失独者比非重度智障失独者更喜欢收看电视节目，这与假设 2 相符，因为重度智障失独者大部分无事可做，只能用此方式打发时间。智力障碍等级对喜欢节日慰问的 sig 值没有达到 0.05 的显著性水平，说明智力障碍等级对是否喜欢节日被慰问没有显著影响，这与假设 2 不符，说明所有样本都渴望被外界关注、关心。智障等级对喜欢去热闹场合看热闹的 sig 值没有达到 0.05 的显著性水平，说明智障等级对是否喜欢去热闹场合看热闹没有显著影响，这与假设 2 不符，主要可能与所有样本的生活都很单调有关。智障等级对有相应爱好的 sig 值达到 0.05 的显著性水平，说明智障等级对是否有相应爱好有显著影响；OR 值为 10.41，说明非重度智障失独者有更多爱好的事情可做，是重度智障失独者的 10.41 倍，这与假设 2 相符。非重度智障失独者数量多，特别是轻度智障失独者依然是家里的“顶梁柱”，与正常人比，就是做事情慢一点，简单一点，但家里的活都得干，平时也会发展一些自己的兴趣爱好。

家庭月收入对喜欢收看电视节目的 sig 值达到 0.05 的显著性水平，说明家庭月收入对是否喜欢收看电视节目有显著影响；OR 值为 49.989，高收入者喜欢程度远高于低收入者，这与假设 4 不符，说明大部分高收入者精神空虚、无聊。家庭月收入对喜欢节日被慰问的 sig 值达到 0.05 的显著性水平，说明家庭月收入对是否喜欢节日被慰问有显著影响；OR 值为 33.809，说明收入越高越喜欢节日被慰问，这与假设 4 不符，表明他们平时很孤独。家庭月收入对喜欢去热闹场合看热闹的 sig 值达到 0.05 的显著性水平，说明家庭月收入对是否喜欢去热闹场合看热闹有显著影响；OR 值为 45.512，说明收入越高越喜欢去热闹场合看热闹，这与假设 4 也不符，与喜欢节日被慰问的原因一致。家庭月收入对有相应爱好的 sig 值达到 0.05 的显著性水平，说明家庭月收入对是否有相应爱好有显著影响；OR 值为 0.013，说明家庭月收入越低者反而相应爱好越多，这与假设 4 不符，还是因为低收入者为非重度智障，相应的劳动能力强，爱好稍多。

情绪状况方面的统计结果比较一致，超过 93% 的失独者表现得比较平和，与孩子在世时差不多，这种太过不平衡的结果也会导致模型差异性验证无意义。因此，也是通过访谈信息进行验证。调研 X 市 T 街道非重度智障失独家庭 W 户时，邻居 Z 女士说：“她就不管这事（孩子离世），咱这离终南山近，旅游的人也多，她整天跑东跑西，这里凑个热闹，那里看个新奇，看不出来很难过。”其照料人 S 先生也说她变化不大，和孩子在世时一样。S 市 S 县 L 镇的重度智障失独家庭 L 户，照料人和村妇女主任都反映没有啥变化，妇女主任说：“男的天天在外头闲逛，有下棋的就坐在旁边看热闹，有谝闲传（聊天）的就跟着有搭没搭地说几句，镇上有热闹也跟着去看；女的在家看电视的时间多，村里有红白喜事，早早就去了。”同样在该县调查的其他 8 户基本都是这样的。只有在 H 市 N 县的 G 镇和 A 镇有 2 户非重度智障失独户（均为轻度智障）的女性与上述家庭比较，表现得比较突出，照料人观察到：经常会去孩子的坟地看看，也不说话，逢年过节会在家里哭，有时候也会说想孩子了之类的话。X 市 C 区 M 街道的 L 户（轻度智障）的妻子情绪也不是很稳定。L 户的女儿在两年前病故，有孙辈，可能是经常能看见孙辈的原因，她嘴里经常会念叨女儿的名字，给孙子说妈妈生前的事情，情绪经常很低落。照料人是她的姐姐，也经常开导、劝解，但情绪缓解不明显。像这样情绪不稳定的只有 7 位，均为轻度智障女性。与 7 户照料人和 13 位相关人员交谈后发现，大部分智障失独者的情绪较为平和，这可能与智障有很大的关系，所以他们表现得与普通失独家庭反差较大。

四、农村智障失独家庭基本养老的多因素方差分析结果

表 5-3-8　农村智障失独家庭基本养老的多因素方差分析

		做饭		洗衣打扫		喜欢节日被慰问		喜欢去热闹场合看热闹		有相应爱好	
智障等级	性别	均值	标准偏差	均值	标准偏差	均值	标准偏差	均值	标准偏差	均值	标准偏差
IQ<35	男	0.36	0.505	0.09	0.302	0.91	0.302	0.82	0.405	0.09	0.302
	女	0.36	0.497	0.07	0.267	0.86	0.363	0.79	0.426	0.14	0.363
	总计	0.36	0.49	0.08	0.277	0.88	0.332	0.8	0.408	0.12	0.332
IQ ≥ 35	男	0.56	0.502	0.54	0.505	0.15	0.358	0.85	0.358	0.95	0.218
	女	0.97	0.167	0.94	0.232	0.61	0.494	0.22	0.422	0.53	0.506
	总计	0.75	0.434	0.73	0.448	0.36	0.484	0.56	0.5	0.75	0.434
总计	男	0.52	0.505	0.44	0.502	0.31	0.466	0.85	0.364	0.77	0.425
	女	0.8	0.404	0.7	0.463	0.68	0.471	0.38	0.49	0.42	0.499
	总计	0.66	0.477	0.57	0.498	0.49	0.502	0.62	0.488	0.6	0.493

表 5-3-9　农村智障失独家庭基本养老的多因素线性回归分析

	做饭		洗衣打扫		喜欢节日被慰问		喜欢去热闹场合看热闹		有相应爱好	
	F	Sig	F	Sig	F	Sig	F	Sig	F	Sig
智障等级	17.917	0.000	57.067	0.000	28.521	0.000	8.305	0.005	52.483	0.000
性别	4.447	0.038	4.95	0.028	4.776	0.031	13.129	0.000	4.671	0.033
智障等级 * 性别	4.737	0.032	5.993	0.016	7.483	0.007	10.687	0.001	7.649	0.007
R 方	0.268		0.444		0.361		0.363		0.433	
调整 R 方	0.246		0.427		0.341		0.344		0.344	

由上表可知智力障碍等级和做饭的 sig 值小于 0.05，达到显著性水平，说明智力障碍等级对做饭有显著影响，描述性分析表可知非重度智障失独者相比重度智障失独者更会做饭；性别和做饭的 sig 值小于 0.05，达到显著性水平，说明性别对做饭有显著影响，描述性分析表可知女性智障失独者相比男性更会做饭；交互项智力障碍等级 * 性别的 sig 值小于 0.05，达到显著性水平，说明智力障碍等级和性别可以交叉影响做饭，描述性分析表可知在重度智障下男女会做饭的均很少，而在非重度智障下，女性均值 0.97 大于男性均值 0.56，女性失独者会做饭的能力明显强于男性，这与假设 5 相符。

智力障碍等级和洗衣打扫的 sig 值小于 0.05，达到显著性水平，说明智力障碍等级对洗衣打扫有显著影响，描述性分析表可知非重度智障失独者相比重度智障失独者更会洗衣打扫；性别和洗衣打扫的 sig 值小于 0.05，达到显著性水平，说明性别对洗衣打扫有显著影响，描述性分析表可知女性相比男性更会洗衣打扫；交互项智力障碍等级 * 性别和洗衣打扫的 sig 值小于 0.05，达到显著性水平，说明智力障碍等级和性别可以交叉影响洗衣打扫，描述性分析表可知在重度智障下男女能洗衣打扫的均很少，而在非重度智障下女性均值 0.94 大于男性均值 0.54，说明女性洗衣打扫的能力同样强于男性，这与假设 5 相符，再次说明重度智障失独者的基本生活能力低、困难大。

智力障碍等级和喜欢节日被慰问的 sig 值大于 0.05，没达到显著性水平，说明智力障碍等级对喜欢节日被慰问没有显著影响，描述性分析表可知非重度智障失独者和重度智障失独者都喜欢节日被慰问；性别和喜欢节日被慰问的 sig 值小于 0.05，达到显著性水平，说明性别对节日被慰问有显著影响，描述性分析表可知女性相比男性更喜欢节日被慰问；交互项智力障碍等级 * 性别和喜欢节日被慰问的 sig 值小于 0.05，达到显著性水平，说明智力障碍等级和性别可以交叉影响是否喜欢节日被慰问。描述性分析表可知在重度智障下，男女均喜欢节日被慰问，而在非重度智障下，女性均值 0.61 大于男性均值 0.15，说明女性对节日慰问的需要大于男性，这与假设 6 相符，再次说明了女性的精神生活比男性更单调，与男性相比，可能与出门机会少、接触人少有很大的关系。

智力障碍等级和喜欢去热闹场合看热闹的 sig 值小于 0.05，达到显著性水平，说明智力障碍等级对是否喜欢去热闹场合看热闹有显著影响，描述性分析表可知非重度智障失独者和重度智障失独者都喜欢去热闹场合看热闹。性别和喜欢去热闹场合看热闹的 sig 值小于 0.05，达到显著性水平，说明性别对是否喜欢去热闹场合看热闹有显著影响，描述性分析表可知男性失独者相比女性更喜欢去热闹场合看热闹。交互项智力障碍等级 * 性别对喜欢去热闹场合看热闹的 sig 值小于 0.05，达到显著性水平，说明智力障碍等级和性别可以对是否喜欢去热闹场合看热闹产生联合影响。描述性分析表可知，在重度智障下，男女均喜欢去热闹场合看热闹；而在非重度智障下，男性均值 0.85 大于女性均值 0.22，男性更喜欢去热闹场合看热闹，这与假设 7 不符，可能与男性外出次数多、比女性熟悉村镇道路等有关。

智力障碍等级和有相应爱好的 sig 值小于 0.05，达到显著性水平，说明智力障碍等级对有相应爱好有显著影响，描述性分析表可知非重度智障失独者相比重度智障失独者的相应爱好更多；性别和有相应爱好的 sig 值小于 0.05，达到显著性水平，说明性别对有相应爱好有显著影响，描述性分析表可知男性相比女性的相应爱好更多；交互项智力障碍等级 * 性别和有相应爱好的 sig 值小于 0.05，达到显著性水平，说明智力障碍等级和性别可以交叉影响有相应爱好，描述性分析表可知在重度智障下，男女能有相应爱好的均很少，而在非重度智障下，男性均值 0.95 大于女性均值 0.53，男性的相应爱好明显高于女性，这与假设 8 相符。

五、对调查结果的分析

本部分研究通过对农村智障失独家庭基本养老现状的四类共 32 个方面进行详细对比研究，总结归纳出以下结论。

首先，通过对智障失独家庭基本养老现状的描述性分析可见，总的来说，除了住院全部有人照料和平时情绪平和外，其余各项对比较为明显。基本养老受到不同因素的影响，都有较大差异。这一群体高龄人数占主体，基本养老能力整体较差，相互之间差异大，重度智障失独家庭的困难比非重度智障失独家庭大且多。基本养老保障方面差异大，非重度智障失独家庭的各种条件优于重度智障失独家庭，且更愿意将来住养老院养老，重度智障失独家庭住养老院养老的意愿较少。基本就医方面也有一定的差异，男性比女性更能自行就医，但女性比男性更愿意定期体检，重度智障失独家庭在自行就医和交代病情方面都有较大的困难。精神娱乐方面，女性和重度智障失独家庭的三个“喜欢”占比较大，平时情绪平和失独者占绝大多数，非重度智障失独家庭的男性相应爱好较多。

其次，本研究对农村智障失独家庭的基本养老现状进行了实证分析，通过具体项目的对比发现，在四个方面养老现状都存在着不同差异。①基本生活能力方面。性别对购买生活用品影响大，男性强于女性；性别对做饭、洗衣打扫影响大，女性强于男性。智障等级对购买生活用品、做饭、洗衣打扫影响都很大，重度智障失独家庭在这三项的困难最多。年龄和家庭月收入对基本生活能力的影响不显著。②基本生活保障方面。智障等级对住房条件、住养老院意愿、衣物被褥、家里卫生和对肉类、蔬菜需求有较大影响。重度智障失独家庭的住房条件、衣物被褥、家里卫生都不如非重度智障失独家庭，重度智障失独家庭对肉类、蔬菜的需求反而更大。非重度智障失独家庭住养老院的意愿比重度智障失独家庭强烈，这与照料亲属和现行政策、法律有直接关系，需要进一步讨论和研究。家庭月收入对住房条件、衣物被褥、家里卫生和对肉类、蔬菜需求有较大影响，越是收入高者（重度智障失独者）住房条件越差，衣物被褥单一，家里卫生也较差，但对肉类、蔬菜的需求较短缺；家庭月收入对住养老院的意愿没有明显影响。年龄在这个四个影响因素里都没有明显差异。性别对衣物被褥、家里卫生和对肉类、蔬菜需求有较大影响，女性衣物被褥充足、家里卫生整洁，男性对肉类、蔬菜需求较大，在住房条件和住养老院意愿上，性别没有显著差异。③基本就医方面。年龄对自行就医、交代病情和定期体检的影响存在较大差异，年龄越大，这三个项目的完成能力就越低。性别对自行就医、定期体检有较大影响，男性比女性自行就医的能力强，女性在定期体检方面好于男性，交代病情这项没有显著差异。智力障碍等级对这三个影响因素都有显著差异，重度智障失独者在自行就医和交代病情上不如非重度智障失独者，但能按时定期体检。家庭月收入对这三项都没有明显的差异。④精神娱乐方面。性别对喜欢节日被慰问、去热闹场合看热闹和有相应爱好方面的影响都存在着显著影响，女性比男性更喜欢节日被慰问，男性比女性更喜欢去热闹场合看热闹，相应爱好也多，性别对收看电视节目没有明显影响。智力障碍等级对喜欢收看电视节目和有相应爱好有较大影响，重度智障失独者更喜欢看电视，非重度智障失独者相应爱好较多，但对喜欢节日被慰问和去热闹场合看热闹这两项没有明显影响。家庭月收入对这四项都有显著影响，越是收入高者，越喜欢看电视，喜欢节日被慰问，喜欢去热闹场合看热闹，收入低者相应爱好越多。年龄对这四项都没有明显影响。

最后，通过方差多因素分析后发现，在政府和社会的大力扶助下，农村智力残疾失独家庭生活比以前有所改善，但依然很艰辛，困扰养老的因素较多，特别是重度智障失独家庭，在基本生活能力方面困难较多，精神娱乐单调、乏味。非重度智障失独家庭比重度智障失独家庭在基本生活能力、基本生活保障、基本就医方面虽然都略好一些，但仍要承受农村正常家庭必须承受的各种生活、劳动压力，艰难度日，精神世界也比较单调。因此，能有针对性地给予多形式的关注与帮扶，农村智力残疾失独家庭的生活会过得比现在舒适、体面。

第六章

西部农村失独老人形成互助养老的相关模式、进展与启示

第一节 国外互助养老模式的研究与启示

互助养老在国外起步比较早，特别是福利化程度较高的西方国家，其产生和发展主要原因是受到家庭提供养老保障的影响。总的来说，由于人口生育率持续性的低位运转和家庭结构日趋小型化的发展，使得家庭成员居住不集中且家庭人口数量减少，且从法律角度讲，在大部分国家，子女对父母的赡养义务并未作具体规定，这就导致老人大都依靠本国较好的社会福利制度自己养活自己（含居家养老），或者入住合适的养老机构来安度晚年。但并不是所有国家都能够给老人提供十分优质且周到的服务，也不能完全提供足量的养老资源。因此，在远离子女的情况下，互助养老就有了发展的必要和相应的空间。在第四章里，有部分内容涉及国外互助养老，主要介绍互助养老国家的背景和相关的互助内容。本章将在第四章描述的基础上，以德国、美国、英国和日本为代表，分析和总结这些国家典型的互助养老模式，并从中获得对我国西部农村失独老人构建互助养老模式的启示。

一、德国的互助养老模式及启示

德国以非血缘关系的“多代屋”互助养老模式最为典型。起初这种多代互助养老是19世纪单身女性组织 Beguine 召集某些女性群体共同生活，且建立能独立运作的特殊社区，这是多代互助养老的雏形。进入20世纪以后，德国将这种模式应用到解决人口老龄化问题上。在初级阶段，仍然是以私人投资建设的形式出现，后来大部分“多代屋”逐渐由社区联盟协调管理。20世纪末，据当时德国官方统计，“多代屋”数量有303个，其中城镇有212个。特别是1992年，科隆学院与德国“老年人学习计划”共同合作开发“住房共享”计划，并获得联邦家庭事务部的支持。早期德国“住房共享”计划是为了解决学生住宿问题，后来随着2011年德国取消义务兵役制及大学学位缩短等规定的出现，房屋市场更加紧张，于是“住房共享”计划备受欢迎。这是“多代屋”互助养老模式的延续和创新。① 进入21世纪以来，德国老龄化程度越来越高，政府开始介入“多代屋”互助养老，同时推动了大量配套的志愿型多代互助养老社区的建立，形成了多元化的多代互

① 徐俊英：《德国“住房共享”互助养老模式经验借鉴》，《合作经济与科技》2021年第3期，第170-171页。

助养老体系。因此，随着“多代屋”互助养老规模的不断扩大，其运作模式也日趋多样与成熟。至今，德国推行并发展多代互助养老取得了较为明显的效果，在解决老年人养老问题的同时，也有效地减轻了国家为养老而承担的经济负担，同时解决了社会代际交际减弱的社会现象和大学生住宿问题。

德国的“多代屋”互助养老模式从最初的民间组织到有组织有管理的规模化发展，有以下几个核心点。

首先，该模式有“互助互利、共同生活”的核心发展理念。此理念就是为了解决不同年龄群体的不同需要，而将不同地区的跨年龄代群体聚集在一个家庭中，个人拥有独立的房间，除此以外，公共区域由居住的所有人共同使用。平日的生活中，年龄小者可以帮助老年人购买生活日用品、陪同看病、聊天、做家务、照看宠物或打理花园等；而老年人可以帮助年轻家庭照看小孩或者为大学生群体提供免费、低价的住宿。由此，“互助互利、共同生活”的理念就形成了，这一模式不仅受益了老年人、年轻家庭和大学生，残疾人、儿童和其他愿意互助的群体均可加入。①

其次，该模式形成两种类型。随着德国多代互助养老的不断发展，形成了住宅型和志愿型两种互助养老类型。住宅型“多代屋”在房屋设计和建造中会考虑户型的多样性和灵活性，能满足不同年龄阶段的住户需要，同时考虑到相互交流，会留足充足的空间以便于相互交流。一般房屋修建在远离闹市的安静地区。此模式的自由度较高，需要家庭成员互助的自觉性高，互助才能长久发展下去。志愿型“多代屋”以专业社会组织提供多代养老服务，并获得了政府层面的支持。一般情况下，是在政府的引导下，通过社会改造等途径将家庭教育中心、老年人看护机构等社区服务设施改造为较低门槛的社会养老服务机构，在形成较为稳定的市民参与群体后，针对不同互助人群开展多代午餐、互助小组及主题课程等形式的日常活动。社会组织引导各年龄段志愿者参与社区建设，为社区居民提供养老、亲子、教育等公共服务。这是“多代屋”互助养老模式的最新发展，与住宅型“多代屋”互助养老模式相比，政府的支持力度增加，社会组织的参与能力增强，服务的质量更有保障。

最后，已形成不同的社区组织管理方式。德国上百年的“多代屋”互助中，

① 彭伊侬、周素红、文萍：《德国多代互助社区养老模式及其启示》，《上海城市规划》2021 年第 3 期，第 103-108 页。

不断根据社会、帮扶对象的变化而探索新的组织管理方式。上述两种类型是占比重较大且组织管理方式成熟的两种。下面具体介绍一下住宅型和志愿型“多代屋”互助养老社区组织管理方式。住宅型互助养老主要在较为偏僻的地方，相对城市而言，比较分散，因此，主要是以住宅区的居民为组织管理主体，政府、社会组织以辅助的身份出现，主要协助社区的基本运作。所以，住宅型互助养老以本社区居民的需要为基本依据，根据本社区居民群体性的选择导向来选择或制定适宜的管理方式。[①] 志愿型互助养老社区组织管理，更多体现在通过社会组织和政府的力量，为社区养老招来社区以外的志愿者，用志愿者服务的方式使社区的代际交流顺畅，代际共存持久。这种社区组织管理模式主要应用在城市地区，人口相对集中，不论是社区还是志愿者，都容易组织起来。[②] 总的来说，不论是住宅型还是志愿型，都能满足老人养老的基本需求，也能根据不同地区发挥更大的互助作用。这是德国在积累探索中形成的重要“多代屋”互助养老模式。

德国的“多代屋”互助养老实践与理论对本课题的研究有重要的借鉴和启示。一方面，在德国较为偏僻、分散地区的住宅型互助养老模式对我国农村地区失独家庭的互助养老有启发。两者均有相似的背景，居住比较分散，家庭之间有年轻、年长之分，同样需要帮助或者有帮助他人的能力，有情感慰藉的需要。因此，在本研究中，将考虑德国“多代屋”模式的有益部分。另一方面，志愿型互助养老有其自身的特点，政府的推动，并介入一定的社会力量，再由志愿者的服务填补代际共存和代际交流，同样，也实现了养老互助和情感慰藉。在这方面，对本研究的启示是中国农村失独家庭的互助养老需要政府的有力倡导和扶助，更需要社会组织的参与。

二、英国的互助养老模式及启示

19 世纪，英国早期的互助养老是基于个体的邻里互助。最初主要是同性别老人同住组建特殊家庭，并以“家庭成员”身份互相照顾，度过晚年。特别是无子女或者子女无能力承担养老责任的或单身老年人成为这种形式互助养老的主体。

① 何茜：《国外互助养老模式对我国农村地区养老的借鉴与启示》，《农业经济》2018 年第 6 期，第 74-75 页。

② 彭伊依、周素红、文萍：《德国多代互助社区养老模式及其启示》，《上海城市规划》2021 年第 3 期，第 103-108 页。

另一种是邻里之间自发的帮助活动，这个与邻里的关系以及居住的距离有关系，一般是有经济能力且有时间的邻里会自发去看望并帮助独居老人，定期料理一些家务，加强情感的交流，排除老人的寂寥。[①]

二战结束后，英国的社区照顾养老成为主流。这是在政府出资的前提下，社区内的人员，包括专业护理人员、家人、朋友、邻居和志愿者都可以成为照料工作者。如此看来，这是一个“熟人”之间的相互照料。其照料内容主要是相互的陪伴、日常生活的打理以及相关咨询的相互帮助与合作。所以照料形式也有两类，一类是老人们之间的简单互助。这种互助不具有回馈性，只是老人们在不同时间里相互给予帮助；但这种互助具有连续性，生活在这个社区中的老人，都可以随时为其他老人提供帮助，在身体条件和能力允许的情况下，可以持续性地帮助他人。40多年后，英国的另一种互助类型出现了，即“互助合同”，属于有组织的邻里互助。起初以本地交换交易的形式出现，通过会员之间的需求与可提供的服务来制定目录，其成员根据自己的实际需求、可提供服务的能力和交换物品的价值等自愿进行交换。到了20世纪90年代末期，这种形式就升级为互助合同的形式。有专门的社会组织进行住户情况调查和填写交换内容，然后根据各户的需求与本社区内能提供的帮助、服务进行一一对应，在双方都觉得合适的情况下，签订互助合同，并按照合同为其提供互助帮助。同时期，英国的第一家“时间银行”互助模式在英格兰建成，为老年人互助养老提供了新的模式。

进入新世纪，英国的社区中心养老成为主流，融合了上述互助养老的优势，将老人之间的照料、志愿者看望、时间银行模式和社会企业、组织等相联合，形成了能促进代际交往、沟通的多类型互助养老形式。但对农村地区而言，此模式还不能满足互助养老的需要，大部分还是以地方政府管理的社区养老院养老为主。老人可以选择自己相信的人和自己保持联系并照顾自己，同时也可以保持自己原有的生活方式。上述英国的互助养老形式经过有些学者的调查研究，发现老人能够规律性地参与到互助活动中，可以降低他们的失落感、无助感等，有心理治疗的作用。[②]

英国互助养老的实践发展中，注重老人的参与和与其他群体的共同居住。有意识地通过邻里互助、社区互助等模式，使老人不仅获得相应的社会照顾，也使

① 张彩华：《农村互助养老——幸福院的案例与启示》，社会科学文献出版社，2020，第24页。
② 同上，第27-30页。

老人通过自己对他人的帮助，获得了社会存在感和价值感。相对较为自由的互助方式，也使老人能保持积极乐观的生活态度和生活方式，在这样的环境中生活，老人的健康状况和幸福感都会增强，以此循环可以减少生病的次数和被人照顾的需要。长久自由的社区互助，更有利于老年人的身心健康，被照料的程度就会降低。这一理论是支持英国发展互助养老的核心观点。为此，英国政府通过各种渠道的支持，希望能够实现“去机构化”的养老模式，使社区互助养老成为英国养老的主要形式。总的来说，英国的互助养老基本实现了他们的目标。

英国互助养老的发展历程对本课题的研究也有一定的启示意义。首先，英国主导的老人参与互助养老理念值得我们学习，在参与过程中，老人不论是从身体健康方面还是心理承受方面，都会受益。这种非血亲的自发“家庭”会让其成员的心态和生活方式与以前发生较大的转变，从英国的实践中可以看出，大部分老人已经逐渐适应了社区互助养老的方式，并且能代代相传，通过几十年、上百年的实践，使年轻人到老年时，已经习惯性地接受了社区互助养老模式。对我国的失独老人来说，失独从时间上看，还是短期的。由于现在依然有独生子女现象，所以失独也会继续延续下去，因此，在研究互助养老的过程中，充分考虑老人的心理变化和互助能力是十分必要的。其次，英国通过政府干预的方式推行“去机构化”思维，对我国农村失独老人的互助养老有重要的启示。农村地广人稀，机构化养老的成本很大，如果没有政府的强有力推动，就可能使农村失独老人互助成为一句空话，养老机构入驻农村的几率同样很小。因此，在英国实践的基础上，我们可以清楚地看到，对中国农村失独老人的互助养老，应以自发组织互助和政府主导互助为主，机构化养老可在城市近郊地区或者经济条件特别好的农村地区尝试。

三、美国的互助养老模式及启示

当代美国的互助养老实践主要有以下几种模式。一种是在20世纪70年代兴起的“互助小组”模式。主要是基于地缘的同辈老年人的互助。这需要有地方政府的支持，创建独立的老年人集中居住地。在此居住地，老人们可以通过相互看望，相互交换的方式换取生病时的精神支撑和其他老人的时间、技术等。最终，老人相互之间都会觉得自己是“有用”的人，慢慢地，老人的自信心和自尊心都会增强。随着这一互助养老模式的不断发展，在互助过程中成立了“互助小组”，以便分享照料经验，共享照料资源，相互缓解和释放情绪、压力等，这种类似家庭的互助养老得到了老人们的认可和支持，同时也达到了养老的目标。后来，社区护士也在允许的情况下加入其中，给“互助小组”的成员们分享并传授一些医疗护理常识和经验。这为“互助小组”的稳定、持续发展增添了力量。另一种模式是老年共居理念社区。这是在21世纪初，针对离异、无子女、丧偶等单身老人而提出的，为这一群体提供居住、相互照料、相互养老的地方。最早的老年人共居理念社区于2006年出现在弗吉尼亚州，由当地社区服务等机构发起，目标是实现老人的自我管理、自我决策。在这样的社区中，老人或租或买下社区的房子。满足生活可自理，能接受他人帮助且愿意帮助他人的条件即可成为社区一员。此模式互助效果较好，相关跟踪研究表明，老人们相互之间支持的力度加大，降低了老年人的孤独感，提高了他们的生活质量。第三种是“村庄”互助养老模式。进入新世纪，“村庄”互助养老模式逐渐成为美国养老的主流，是“就地养老”的典型代表。早期的“村庄”互助养老模式研究以个例为主，即选择某个“村庄”作为研究的对象，进而分析其运行和老年人的参与性活动，如对“国会山村庄”（Capitol Hill Village, CHV）的个案进行的研究和分析。后来，随着“村庄”数量的增多和规模的增大，相关研究越来越多。整体而言，美国的“村庄”互助养老模式就是自下而上的会员制养老组织，“比肯山村庄”是最早的一家。大体的运营方式是这样的：“村庄”采取会员制吸纳老年人，成为会员后，内部采取“自助+互助”的服务形式满足个人的不同养老需求，整个“村庄”的运营是非营利性的，且一般是就地养老，老人不离开自己比较熟悉的生活环境。所以这种互助养老模式有以下几个关键点。

一是作为会员，缴纳会费的问题。“村庄”互助养老要持续下去，经费是必不可少的，在政府经费支持甚少的情况下，主要是依靠会费、社会募捐和个人捐赠。在这几项中，会费缴纳是最稳定、可靠的形式。

二是“村庄”的组织形式主要包括委员会和理事会，理事会要发挥监管作用。委员会、理事会的人员组成均由会员选举产生，委员会委员因经费问题，一般都是根据需要而设置岗位，有些甚至是无偿兼职服务。既存在有形办公场所，也有无形的网络办公平台。不固定的有形办公场所主要以租房或者周边教堂为主。网络办公平台以“VTV网络”（Village to Village Network）为成熟代表，通过网络间各“村庄”的信息交流与沟通，可以实现资金的募集、生活经验的分享和“村庄”

运营的交流，实现了“村庄”的信息化，比起不固定场所的办公，效率提高了不少。因此，“VTV 网络”平台目前是“村庄”网络办公中发展规模最大、发展速度最快的平台。

三是“村庄”的养老服务类型。由于“村庄”运营主要依靠会员的会费、社会募捐和个人捐赠，服务主要来源于会员参与、专业性服务人员和志愿者。因此，“村庄”被分为以下四类：会员参与度较低，专业性服务为主，主要靠外部捐赠为组成形式的“老年服务型村庄”；会员参与度不高，但会费缴纳稳定、及时，同时需要外部专业服务的“会费支持型服务村庄”；另外，还有会员参与度比较高，不需要专业服务，结合志愿者服务和外来捐赠资金的“外来资金支持型村庄”；最后，还有一种是会员参与度很高，志愿者服务较多，且以会费为主要经济来源的“原始型村庄”。

四是“村庄”互助养老的服务内容有区别。根据会员不同的经济状况、健康状况和养老需要，各类“村庄”都会区分不同的养老服务标准和内容。特别是会费标准的设立，满足不同会费标准的会员不同的养老服务需求。当然，会费的设置大部分情况下是比较合理的，不同养老需求的会员都能接受，对有经济困难的会员还会根据实际情况进行一定程度的会费减免。因此，这种“村庄”互助养老的模式得到了老年人的认可和支持，成为解决养老问题、搭建老年人互助的好平台。

五是互助养老服务的主体与分工。在“村庄”互助养老模式中，会员有参与互助的权利，同时也有外来的志愿者和专业服务人员提供服务。这三者有力配合，形成了层次分明的服务体系。会员和志愿者主要负责基本的养老服务，如帮忙购物、陪伴聊天、陪同生病会员去医院。充当“村庄”的司机、打扫卫生、维修家具家电等，而专业服务人员提供法律知识、维权保护、医疗护理等专业性强的服务等。由此，就形成了“日常＋专业”的服务格局与分工。日常照料基本由会员、志愿者完成，其成本很低；遇到专业问题，由专业人士解决，提供较优质的专业服务。这就保障了生活在“村庄”中的会员能得到较为满意的养老服务。[①]

美国互助养老的实践，对本研究有以下几点启示。第一，对于老人来说，能发挥自己的能力是一项光荣的事情，美国的三种互助养老模式中，老人都发挥了基础性互助服务的作用。特别是在“村庄”互助养老模式中，老人们相互之间的服

① 何茜：《国外互助养老模式对我国农村地区养老的借鉴与启示》，《农业经济》2018 年第 6 期，第 74-75 页。

务是非常琐碎的事情，但是他们乐此不疲，说明老人需要通过做具体的事情来证明自己依然有社会价值。因此，可以借鉴这一点，坚持老人服务老人的原则，将互助的形式尽可能地本地化、生活化。第二，美国三种互助养老模式中基本都体现了“就地养老”的理念，在这么多年的实践中，不论是互助小组、老年共居理念社区，还是“村庄”互助，都在坚持这一理念，其实对所有人来说，这是一个共同的愿望，中国人更有落叶归根的思想，这与美国的“就地养老”有异曲同工之妙。因此，在西部地区的农村，可以同样坚持互助养老不离村的原则，在此基础上，根据各地的实际情况，采取合适的失独老人互助养老模式。第三，费用的处理方式比较自由，社会参与度高，政府参与度低。从美国的互助养老模式看，老人的自主性强，因此，费用的处理方式比较自由、灵活；同时，社会志愿者和专业人员的参与度高，社会对互助养老的认识程度在提高。其实对美国的个体来讲，由于居住分散、家庭成员之间关系松散，子女几乎没有赡养老人的责任，因此，对社会抱团养老的认同度高。在这一模式下，年轻人为现在的老人服务，将来自己步入老人行列，同样也有年轻人为自己服务，这种互助理念较强。而中国的养老国情与美国不同，个体家庭养老还是主流，要转变为社会养老的观念，还需要很长一段时间，但总要有开始，才可能逐渐形成社会养老的观念和意识。因此，本研究以西部农村失独老人为研究对象，是实现社会养老的合适对象，通过对他们的社会化养老理念的形成、模式的构建等进行研究，有助于推动中国社会养老的进程。

四、日本的邻里互助养老模式及启示

日本的人口老龄化比较严重，早在20世纪80年代，日本政府通过制定一系列的法律、文件（如老人福利法、老人保健法和长寿社会对策大纲等）来应对人口老龄化，并且开始建立邻里互助的群体性扶助政策，用于帮助民间老人自发形成自助和互助的养老服务。这种方式有效地缓解了日本社会的养老问题。邻里互助主要以65岁以上老人为主体，将独居、丧偶和生活不能自理者作为重点服务对象。养老服务的主要提供方是政府、基金会和志愿者。行政部门通过加强社区建设为互助提供外部保障条件，基金会为其筹集相应的资金。志愿者与其他国家不同，大部分是老人群体，主要以这些老人提供其能力范围内的相应服务为主，这些服务用于其他老人群体，实现互帮互助。此外，日本养老体系中以保险的形式为老人提供日常照顾过程中的费用，包括养老的花销和在家养老时所提供的上

门服务费等。[①]

相对来说，日本的互助养老形式比较固定，政府、基金会和志愿者的职责很明确，互助养老的成效也很明显，对本研究内容具有一定的借鉴作用。首先，最值得借鉴的是老人之间的人力互助。通过日本互助养老的实践，再一次印证了互助养老的优势，同时印证了老人之间的人力互助非常必要。在对国外重点国家互助养老的介绍和总结中，我们发现了这一点是共同特征。这说明，在互助养老中，不仅仅政府、社会有积极的作用，老人自己也是互助养老的重要参与者。“以老养老”的思路值得我们深入思考和运用。其次，虽然日本人口老龄化比较严重，但老人对养老的地方选择还是以居住地为主，大部分也不愿意去养老院养老。这与美国的“村庄”互助养老和德国的“多代屋”互助养老有相似之处，基本都是就地养老，并没有因为国家福利好或者经济条件好而让老人搬迁到养老机构去养老。恰恰相反，大部分老人都是持在居住地养老的看法与做法。这对本研究有一定的启示，西部农村地区的失独老人大半辈子生活在自己熟悉的村落，在互助养老的过程形成中，也要注意坚持农村地区养老，让老人能够在农村熟悉的环境中愉快地接受互助，或者成为能够帮助其他老人的互助志愿者。

第二节　国内互助养老研究的理论与实践新进展

一、国内互助养老研究的理论新进展

国内有关互助养老的研究是从近几年开始的。从 2011—2020 年 CSSCI（含扩展版）文献数据来看，近十年来中国农村养老研究经历了从繁荣到深入发展的历程，呈现出“农村养老—养老模式—家庭养老—人口老龄化—农村养老服务”的发展过程。其中，“养老服务”“农村互助养老”及“乡村振兴”是近十年研究农村养老的热词。[②]部分学者就我国农村互助养老的历史发展与变化做了相对仔细的研究。如张云英、张紫薇梳理和研究了农村互助养老的发展根源与对现实的审思。他们认为农村互助养老模式源远流长，有着深厚的历史文化根基。从周朝到

① 何茜：《国外互助养老模式对我国农村地区养老的借鉴与启示》，《农业经济》2018 年第 6 期，第 74-75 页。

② 陈浩天、李玲睿：《近十年来中国农村养老服务的研究趋向与价值前瞻——基于 Cite Space 知识图谱的可视化分析》，《西北人口》2021 年第 42 卷第 5 期，第 80-90 页。

新中国成立以前，是以家族组织为依托的宗族互助养老阶段；从新中国成立初期到改革开放以前，是以农村集体组织为支撑的集体互助养老阶段；改革开放以来，是以农村社区为依托的社区互助养老阶段。在农村互助养老模式的历史嬗变过程中，经济、文化、家庭等始终是支撑其持续发展的“不变”因素，而组织载体则是推动其历史演变的“可变”因素。最后，他们指出，以家庭为基础、以社区为依托的社区互助养老模式是解决目前农村养老的可行之法。[①]我国提出和发展互助养老的时间较短，相关研究较少，还处于研究的初期，但是我国自古有邻里互助的优良传统。[②]2012年，国家颁布的《中华人民共和国老年人权益保障法》明确了提倡老年人互助服务；2017年国务院印发《国家老龄事业发展和养老体系建设》（国发［2017］13号）一文中提出，应大力发展农村互助养老服务；2018年的政府工作报告中提出，要大力发展农村互助养老服务。在此背景下，学者展开了相关研究，产出成果主要集中在近年。因此，本章将我国农村互助养老的研究归纳为以下几个方面。

一是对互助养老模式的研究。有学者提出构建城市社区互助养老模式需要从三个方面入手：加强政府的公共资源投入、借助社会非营利机构的力量来构建、注重对高龄人口的思想引导。[③]与此同时，根据城市社区群体养老需求的差异，将社区老年人之间的互助模式分为经济补充型、精神慰藉型和综合型三类，并结合社区互助养老实践，提出未来城市社区互助养老需要从制度保障、资源整合、多元互助和培训机制等方面进一步发展和完善，指出了城市互助养老的主客观条件与需求，并根据群体养老需求的差异，提出不同的互助养老模式，具有一定的理论参考价值。[④]此外，也有学者通过梳理国内外互助养老的理论与实践成果，结合自身研究调查的现状、课程建设和相关护理人才培养等，初步提出互助养老服务的知识支持体系，并在此基础上探索社区互助养老的时间模式、对策研究等，希

① 张云英、张紫薇：《农村互助养老模式的历史嬗变与现实审思》，《湘潭大学学报》（社会科学版）2017年第41卷第4期，第34-38页。

② 景军、赵芮：《互助养老：来自“爱心时间银行”的启示》，《思想战线》2015年第4期，第72-77页。

③ 张宇颖、毕红霞：《我国城市社区互助养老模式文献综述》，《合作经济与科技》2019年第1期，第169-171页。

④ 阳慧、张国海：《城市社区互助养老问题研究》，《湖北理工学院学报》（人文社会科学版）2020年第3期，第48-52页。

望能给我国刚刚起步的互助养老提供理论依据和相关经验。[①] 另外，还有学者通过实证分析的方式对社区互助养老设施的使用效率进行分析，指出我国社区互助养老设施的总体使用效率为52.1%，有改进的余地和改善的空间，并指出各省社区互助型养老设施的使用情况存在差异，需要因地制宜地为不同省份互助养老设施使用效率的提升指明方向。这类研究也对优质社会资源均衡分配，实现国内养老服务需求化发展有指导性意义。[②]

二是通过具体实践研究农村互助养老的发展现状。张彩华等在研究村庄互助养老幸福院模式产生的历史背景与现实情境、政策与实践空间的基础上，论述了幸福院模式的产生、组织管理机制以及互助机制，拟将幸福院模式进行推广，并探讨了该模式可持续发展的条件，最后介绍了美国农村互助养老“村庄”模式中可被我国发展农村互助养老借鉴的经验。[③] 刘妮娜在《互助型社会养老——乡土模式的理论与实践》一书中，从我国乡村振兴的背景下提出中国农村老龄化面临新的挑战和机遇，同时提出应该发展具有中国特色的农村互助养老模式。在回顾近几年我国互助养老实践和学术探讨的基础上，通过具体数据分析了中国发达地区和欠发达地区农村老年人目前的照料现状及影响因素、互助现状及影响因素，进而提出在发达地区农村构建“互助服务 + 设施 / 项目”的乡土模式，在欠发达地区农村构建“以开展互助服务为主”的乡土模式。最后，阐述了未来农村互助型社会养老发展存在的主要问题、实现路径的具体设计和相关对策建议。高凯、胡秋明以 2017 年全国养老服务典型案例为分析对象，通过对农村养老运营流程中关键环节的解析，揭示了农村养老改革实现可持续目标的内在机制，构建了可持续的农村养老运营理论模型，提出中国需构建由政府主导、市场和社会力量发挥重要作用的农村养老模式。[④] 另有杨康、李放从“村庄本位”角度提出农村互助养老关键在于自主治理，结合美国的“村庄”互助养老模式，提出深化中国农村互

① 陈雪萍、郑生勇、唐浥云等：《互助养老服务理论与实践》，上海交通大学出版社，2017，第 1-4 页。

② 马广博、倪培凡、张泽：《社区互助养老设施的效率测度与优质均衡路径研究——基于三阶段 DEA 模型的实证分析》，《河南科技大学学报》（社会科学版）2021 年第 39 卷第 5 期，第 47-53 页。

③ 张彩华：《农村互助养老——幸福院的案例与启示》，社会科学文献出版社，2020，第 25 页。

④ 高凯、胡秋明：《中国农村养老运营模式如何实现可持续——基于 2017 年全国养老服务业典型案例的分析》，《农业经济问题》2022 年第 3 期，第 44-59 页。

助养老自主治理的概念，并提出这一互助模式需要树立人本主义与合作生产理念，构建以自治为基础的合作治理体制，培育自主组织引领的参与式治理方式，完善资源保障、制度供给与多元互助的长效治理机制，以此保障农村互助养老的发展。① 还有黄岚根据卫贵武同志的提案，整理出在“十四五”期间，四川省可逐步推广“时间银行”互助养老模式，并从加强顶层制度设计、壮大社区志愿者队伍、制定服务标准体系、建立管理信息化平台和加大推广宣传力度五个方面建言献策。② 还有谢美葵通过在福建省农村建立“党建+养老服务中心”工作机制，将老年人活动中心、老年协会全部转型为农村养老服务中心，按照民办非企业单位登记，接受村级党组织的统一领导，充分依靠村级党组织建好、管好、做活村级互助幸福院，逐步实现“有人管事、有钱办事、有章理事”的互助养老方式。③ 这是目前农村互助养老比较容易实现的做法之一。最后，曹静玺、杜智民对当前农村现有的养老现状进行了总结，指出农村现有养老模式存在保障不足、传统家庭养老模式功能弱化等现象，互助养老是解决当下农村养老的较好选择，但在实施过程中面临大众认知、基层组织管理和政府供给困境、传统观念阻碍等现实困难，提出应立足老人需求，强化基层组织职能，健全外在制度、优化内在制度，稳定资金来源，拓展筹资渠道等建议。④

三是构建农村互助社会养老的理论体系。有学者提出以资金互助为基础，通过组织动员和服务互助，创建以社区居家养老为主阵地的互助养老模式，尝试建立圈层化、整合化、网络化、制度化的农村互助型社会养老体系。⑤ 还有以某地区某村为例，从群体和准群体的生活状况、当地服务需求以及开展互助养老的优势及限制因素等方面，研究农村社区互助养老服务体系的建设。⑥ 此类研究注重农村互助养老的定位，具有构建框架的意义。在此框架下，我们需要突出农村特殊群体互助养

① 杨康、李放：《自主治理：农村互助养老发展的模式选择》，《华南农业大学学报》（社会科学版），2021 年第 20 卷第 6 期，第 56-64 页。

② 黄岚：《互帮互助 推广“时间银行”养老模式》，《四川政协报》2021 年 10 月 14 日，第 003 版。

③ 谢美葵：《提升农村互助养老服务水平》，《中国社会报》2021 年 10 月 12 日，第 004 版。

④ 曹静玺、杜智民：《农村互助养老模式：发展逻辑、现实困境与路径优化》，《中国经贸导刊》2021 年 11 期，第 60-62 页。

⑤ 刘妮娜：《农村互助型社会养老：中国特色与发展路径》，《华南农业大学学报》（社会科学版）2019 年第 18 卷第 1 期，第 121-131 页。

⑥ 方文丽、叶良均、曹新维：《农村社区互助养老服务体系建设研究——以安徽省蒙城县王集乡 X 村为例》，《农村经济与科技》2020 年第 19 期，第 238-240 页。

老需求的差异性。同时，近年，有学者从不同的理论视角去诠释互助养老。如李亚雄、安连朋提出以“嵌入性”理论视角关注农村留守老人养老模式，指出从家庭养老到乡村互助养老的嬗变逻辑，生计模式转变及异地而居常态化、代际关系中心下移、父权权威弱化及“文化反哺”现象的出现等，使家庭养老模式供给主体脱嵌于乡土社会，宗族网络、邻里网络与政府主体通过“关系”和“制度”嵌入养老实践，此互助模式可为农村留守老人建立新的养老方案。①郭剑平、王彩玲以某互助村（H村老年关爱之家）近十年运营中面临供给主体力量薄弱、寄生式的供给模式和不利的外部环境等导致其互助养老发展受限的案例开展研究，并引入共生理论，将共生单元、共生模式、共生环境与互助养老服务供给主体、供给模式和供给环境相结合，剖析目前此互助村互助服务供给困境及原因，为建立责任共担的共生单元、构建对称性互惠供给的共生模式、营造互惠共生的发展环境提供相应的策略，从而破解农村互助养老的难题。②还有部分学者研究了近两年农村互助养老制度的优势与困境。如邱梦娇以乡村振兴为背景，关注农村空巢老人互助养老的现状，认为互助养老面临资金投入不稳定、供需不平衡、制度建设滞后、传统观念与认知阻碍等现实困境。面对这些困境，提出须从政府引导、村社支持、村民参与以及社会力量协同四个角度对互助养老服务进行干预，提高理论层次，带动实践水平。③李永萍在乡村转型和建设的视野下，研究互助养老的实践逻辑，他认为农村养老的问题化逻辑是家庭、市场和国家等多重力量共同影响的结果，突出养老模式的制度调控很必要。因此，需要充分挖掘农村养老制度的优势，促进家庭制度、土地制度和村社制度的调整，构建“组织—动员—服务”的互助养老机制，将农村养老的制度优势转化为老龄化农村社会的智力势能。这为互助养老和乡村建设提供了重要方向。④另外，韩振秋就农村互助养老如何实现可持续发展提出了几点思考，他认为农村互助养老可持续发展需要明确政府部门的责任，鼓励地方创新实践，促进多样化发展，加强人才

① 李亚雄、安连朋：《脱嵌与嵌入：农村留守老人养老从家庭养老到互助养老的嬗变——以陕西省凤翔县Z村为个案》，《理论月刊》2021年第9期，第104-112页。

② 郭剑平、王彩玲：《共生理论视角下农村互助养老服务供给困境及优化策略——以“H村老年关爱之家”为例》，《湖北农业科学》2021年第60卷第19期，196-199+211页。

③ 邱梦娇：《乡村振兴背景下农村空巢老人互助养老的困境与出路》，《北京农业职业学院学报》2021年第35卷第5期，第65-70页。

④ 李永萍：《中国农村养老的制度优势与实践定位兼论互助养老的路径》，《贵州社会科学》2021年第8期，第159-168页。

培训培养，争取行政支持，与乡村振兴战略相结合，积极借鉴农村互助养老的国际经验等。这为农村互助养老的后续发展提供了理论支持。①

近几年，姚亮认为农村互助养老须把握好以下几关。第一，把好“思想关”。只有社会各方对互助养老在思想上达成共识，形成合力，才能在实际工作中有效推动互助养老。第二，把好“责任关”。在互助过程中明确政府、市场和社会的角色、定位、职责，形成共建、共治、共享的互助养老格局。第三，把好“平台关”。政府、市场和社会力量都要参与到平台建设中，从“有形”平台整合互助养老资源，从“无形”平台加强社会支持。第四，要把好“资金关”。稳定资金来源和严控互助养老成本是关键。第五，把好“服务关”。提供优质互助养老服务能保“存量”，拓宽互助养老服务内容能保“增量”。此研究将理论与实践结合，深入浅出地将农村互助养老的要点把握，对创新实践具有指导意义。②

四是对农村群体参与互助养老意愿及其实现方式的研究。第一类是对实施农村互助养老群体是否愿意参与，以及何种方式参与度高的问题进行了全国性的调查研究。结果表明，农村群体的互助养老意愿较低。越是靠近东部，群体越希望通过志愿照顾的方式参与；越是靠近西部，群体越是希望通过获得经济补偿的方式参与。③第二类是对某省农村老年人互助养老的施助意愿调查，结果发现老年人的施助意愿较低，并指出哪些因素对互助意愿有显著影响。④第三类是在身份认同视角下，研究农民互助养老意愿。郑沃林通过使用“千村调研”数据进行实证估计后，认为农村互助养老的主要本质在于对集体的身份认同，身份认同促使农民更关注集体利益从而形成互助养老的动机，团结规则在身份认同中发挥了中介作用：对经济下层农民而言，身份认同影响团结规则，促使他们参加互助养老；对经济中层和上层农民而言，身份认同难以通过团结规则促使其参加互助养老；相反，村规民约形成具有强制性和普遍性的社会规范，能够促使中上层农民尊重身份认同

① 韩振秋：《农村互助养老可持续发展的几点思考》，《中共南昌市委党校学报》2021 年第 19 卷第 4 期，第 36-39 页。

② 姚亮：《推进互助养老必须把好“五道关”》，《中国人口报》2021 年 10 月 21 日，第 003 版。

③ 于长永：《农村老年人的互助养老意愿及其实现方式研究》，华中科技大学学报（社会科学版）2019 年第 33 卷第 2 期，第 116-123 页。

④ 李丹、毕红霞：《农村互助养老中老年人的施助意愿及其影响因素研究——基于山东省调查》，山东农业大学学报（社会科学版）2020 年第 4 期，第 58-65 页。

演化而成的团结规则，从而践行其中的养老互助义务。因此，强化身份认同及团结规则有助于农民参加互助养老。[①] 杜智民、曹静玺就农村面临家庭养老模式功能弱化，在放开三孩生育政策的背景下，研究分析农村互助养老的参与意愿。研究基于西安市 357 名 60 岁及以上老年人的调查，通过数据分析后，发现影响农村老年人参与互助养老的因素中，社区人员互动频率、"养儿防老"观念和社区满意度是直接表象因素，生活担忧度是间接中层因素，居住方式和家庭年收入是次间接中层因素，婚姻、生活自理能力、文化程度、子女学历和年龄是深层因素。为了解决农村互助养老的发展困境，需要进一步改变老年人"养儿防老"的传统观念，引导老年人积极参与互助养老。[②]

二、国内互助养老的实践历程与新进展

（一）国内互助养老的实践历程

20 世纪末到 21 世纪初，随着我国人口老龄化的初步显现，国内一些地方也开始探索互助养老，并形成了以结伴活动的互助、城市社区志愿互助服务和农村"幸福院"互助实践模式为主的三种互助养老实践模式。

1. 结伴活动的互助养老实践模式

20 世纪末，杭州、天津等地逐渐形成了老人之间的相互帮助模式。最初的形式就是在社区邻里之间，有一些有专长或者有专业知识的老人，如会理发、能修理电视机、会看病等，他们也愿意为其他老人服务，由此就慢慢形成了老人之间的帮扶，长期坚持下来，参与的人数就会越来越多，老人们都在互帮互助中生活，其乐无穷。这种模式发展到 2013 年时有了新的变化。2013 年 12 月，山西阳泉官坊街社区将结伴互助养老与本社区的实际情况相结合，开展了"独居老人、携手结伴、幸福晚年"的活动，组织本社区的空巢老人建立结伴互助养老小组，两年多的时间里结成养老互助小组 10 多对，这些老人一起生活，相互照应，非常融洽。[③] 随后几年，这种模式继续扩大，出现了抱团养老，将子女不

① 郑沃林：《身份认同对农民互助养老意愿的影响及其异质性分析》，《华中科技大学学报》（社会科学版）2021 年第 35 卷第 5 期，第 58-68 页。

② 杜智民、曹静玺：《三孩生育政策下农村老年人互助养老参与意愿的实证分析》，《长安大学学报》（社会科学版）2021 年第 23 卷第 4 期，第 107-115 页。

③ 陈雪萍、郑生勇、唐浥云等：《互助养老服务理论与实践》，上海交通大学出版社，2017，第 17-18 页。

在身边的老人或者退休的老人结成团队并寻找合适的养老院一起生活，老人们相互之间可能是老同事，也可能是老战友、老邻居、老朋友等，一起入住养老院，增加了不少友情和亲情，他们相互之间帮助就更不遗余力了。老人在这样的养老院里生活，其乐融融，这种模式的不断发展，跟参与结伴互助的老人特征和结伴互动的种类、组织形式有关。一般来讲，参与者都是退休后60岁左右的老人，他们从忙到闲有很大的不适应，结伴可以再次找到忙的感觉；老人们相互有类似的生活经历，共同话题较多，相互倾诉、相互帮助有助于缓解老人生活中的压力与困惑。同时，结伴互助的种类是多种多样且适合老年人的，一般根据老年人的年龄划分为适合高龄老人的娱乐活动（包括年龄在75周岁以上的老人，主要安排活动量较少的交谈、游戏或者一些静养项目）；适合中龄老人的健康活动（主要是年龄在65~75周岁之间的老人，互助活动的量和范围都会大一些，以户外或者室内比较安全的项目为主，如室内乒乓球、中秋赏月、重阳登高等）；适合低龄老人的康健活动（主要针对65岁以下老人，精神状态好、精力充沛，既可以组织有一定体力的活动，也可以组织较为舒缓的各种室内外活动）。此外，在结伴互助组织形式上坚持灵活、多样、自愿和自治的原则，通过亲友互助、邻里互助和社区志愿者互助、抱团互助等形式实现。当然，这种互助也有一些弊端，如活动场地和资金受限，老人参加各种活动会存在安全隐患，相互的帮助在一定范围内有限，国家、政府和社会的支持力度不大等问题。[①]但总体来看，这是我国较早的实现老人互助的实践模式，有一定的借鉴意义。

2. 城市社区志愿互助服务的实践模式

国内第一家提出时间银行互助模式的是1998年上海市虹桥区提篮桥街道晋阳居委会。[②] 1999年，上海有些城市社区开始尝试“老伙伴”的时间银行志愿互助服务活动。[③] 2013年，广州也在各社区推广时间银行的互助养老实践。[④] 两者都是以时间银行制度为蓝本，结合本地区实际情况，推出社区互助养老方式。这种互助养老的主要内容包括：帮助购物服务、帮助打扫个人卫生服务、陪同就医服

① 陈雪萍、郑生勇、唐浥云等：《互助养老服务理论与实践》，上海交通大学出版社，2017，第18-19页。

② 同上书，第44页。

③ 同上书，第40页。

④ 同上。

务、送餐服务、室内清洁服务、陪聊天及散步服务、协助老人参加聚会和社区的相关娱乐活动服务等。相关活动由社会组织承接，互助对象为本社区成员，主要以社区低龄老人作为志愿者在社会组织开展的各类活动中帮助、协助高龄老人，不论出钱还是出力，政府作为见证人，将其贡献记录下来，按小时将服务时间“储存”起来，在低龄老人需要的时候再由其他低龄老人为其按时间提供服务。这种将国外时间银行互助模式结合本地区需要而形成的社区志愿互助服务实践在实际中发挥了重要作用，使上海和广州两地的社区老人受益。随着这种模式的不断持续与推进，我们发现了一些问题，如：志愿服务的内容可能会单一，有些老人的服务仅限于打扫个人卫生、送餐、定时打扫室内；老人的精神护理、情感慰藉等涉及少；低龄老人作为志愿者的人数比较少，服务的能力和水平很有限，技术性的服务很难完成等。最主要的问题还是对时间银行互助养老这种模式存在一些疑问，一是对时间银行的信用问题的质疑；二是对资金和政府角色的定位有疑问。[①]由此可见，时间银行互助模式由国外提出后到现在，还存在一定的缺陷，不过这种低龄老人帮助高龄老人的方式是值得我们借鉴的。

3. 农村“幸福院”互助实践模式

俗话说“远亲不如近邻”，我国民间自古就有互助互帮的传统美德。在当代人口老龄化的背景下，这种传统发挥了巨大的作用。下面将介绍我国首家农村互助的实践模式——“幸福院”模式。2008 年，河北省邯郸市肥乡县肥乡镇前屯村建成了我国首个农村互助“幸福院”。这所“幸福院”的建立有标杆性意义，是我国农村探索互助养老中的典范。起初前屯村里居住的大部分老人子女不在身边（当时村里 60 岁以上留守老人和独居老人占总人数的 40%~50%），村里的生活条件也差，老人们得不到应有的照顾；同时，原村小学又闲置着，于是，村委会就想到集体出资，利用这些闲置的房子集中村里 60 岁以上留守或独居老人共同生活的办法。刚开始就是把原村小学改造成 13 间独立的房间，设置了 25 张床，集体出资为每间房子配备了简单的家具家电和生活用品等，并在院子里建了厨房、储物室和餐厅，使老人吃住分离，相对干净卫生。入住的 25 位老人可以免费居住，老人们相互照料衣食起居，儿女只需要负责吃、穿、住和医的费用，也可以不定

① 陈雪萍、郑生勇、唐浥云等：《互助养老服务理论与实践》，上海交通大学出版社，2017，第 40-44 页。

期到“幸福院”看望老人。[①]由此，诞生了肥乡县乃至全国第一家农村互助养老的实用模式。随后，此模式不断发展、普及和推广，到2011年年底，肥乡县建成互助“幸福院”186家，2012年4月底，肥乡县建成的“幸福院”多达240家，解决了肥乡县3000多名农村独居老人的养老问题。同年，全国各省、市派代表参加肥乡县养老服务体系建设现场会，并将此互助养老模式在各地区推广。肥乡“幸福院”互助模式之所以能取得这么大的成就，得益于他们明确的建设目标和管理方式。解决本地区留守或独居老人的养老是最终目标，在此目标下，坚持老人不离村、村内创条件、大家齐动手、政府多支持的理念，以村委会为主办单位，入住老人相互服务、相互帮助，村里通过各种形式集资，由愿意做志愿者的村民共同参与，有事大家商量着办，完全实现了自治、自主，当地政府只需要给予一定的资金和政策支持。互助的内容主要包括做饭、院内执勤等日常照料，洗衣、端饭、种地等生活照料，阅读报刊、下棋、打牌等文化娱乐活动，还有陪聊、谈心等精神照料。一般互助是年轻点的、身体好点的老人多照料年龄大点的或行动不便的老人。到目前为止，肥乡县根据入住老人的不同需求，已经探索出示范型、标准型、普通型和合作型四种形式的“幸福院”。[②]

在肥乡互助“幸福院”的引领和带动下，广西壮族自治区、重庆市和黑龙江省依托五保村，改建了一批农村互助养老院。2013年，财政部、民政部联合下发《中央专项彩票公益金支持农村幸福院项目管理办法》，并在2013年至2015年，计划安排中央专项彩票公益金30亿元支持全国各地建设农村互助“幸福院”。

（二）国内农村互助养老实践的新进展

1. 北京农村“互助志愿服务+老年餐桌”和“互助志愿服务+综合服务”模式

“互助志愿服务+老年餐桌”实践模式是2012年以来在北京延庆山区农村组建并发展的。由于这里地处山区，大部分老人居住分散，收入较低，采取互助志愿服务的模式比较适宜。延庆区北地村和王仲营村是实践的典型村。此模式主要是村级单位发力实施，资金主要来源于村集体的财政支出和上级政府部门的奖励补贴等。具体的模式是这样的：由村委会开展社区养老管理服务，服务包括老

① 陈雪萍、郑生勇、唐浥云等：《互助养老服务理论与实践》，上海交通大学出版社，2017，第50页。

② 同上书，第51-54页。

人餐桌的运作、财务的管理和人员招聘与管理。通过村民选举的方式产生村委，村委带领村民搞特色种植或者其他形式的增收，增收收入大部分用在发展村民福祉的事情上，其中老年餐桌就是一项。在老年餐桌服务上，两村为老年人免费提供就餐服务，就餐的区别就是每年4~11月份是一日三餐，12月份~次年3月是北方的冬季，依据当地农村的生活习惯，一日两餐。供餐及保洁人员是招聘本地的妇女或者体力较好的中年男性。此外，还为互助老人提供一些娱乐和体检活动，如棋牌、聊天、健身和检查身体等。2014年，延庆区教育部门开展了“老年教育向农村延伸”活动，对当地老年人进行了文化互助，使老人在接受教育的同时增加相互交流的机会，相互得到了一定的精神慰藉。①

“互助志愿服务+综合服务”实践模式。北京的近郊农村地区，具有人口密集度高的特点，因此，形成了以社会企业为主要运营方的幸福晚年驿站，驿站提供休闲娱乐、助餐、日间照料和专业康护保健等服务，比老年餐桌的服务多样化。如顺义区龙王头村的幸福晚年驿站，由一家连锁企业运营，在驿站为老人提供早、中、晚三餐。为了降低运营成本，更好地服务老人，村集体会按月给这家连锁企业一定的补贴，每位老人约200元，老人每月再付400元即可，对行动不便的老人还提供上门送餐服务，一般是由互助志愿者帮忙完成送餐。②

2. 上海农村“互助服务+睦邻”模式和“互助服务+幸福老人村”模式

2015年上海市奉贤区探索远郊农村互助养老服务新模式，即推行农村宅基睦邻“四堂间”互助养老服务。所谓“四堂间”，就是吃饭的饭堂、聊天的客堂、学习的学堂和议事的厅堂。以此来为宅基区域内老人居家互助提供场所，在这四个场所中为老人提供助餐、精神抚慰、文化娱乐活动和健康服务。截至2016年年底，奉贤区已经建成农村宅基睦邻“四间堂”108家。③

此实践模式的组织和运营由村委会和村民一起完成。村委会租用村里闲置的宅基房，配备好灶具、娱乐设施等，组建好村民小组，具体的运作由村民小组负责，一般由两个小组拼成一个“四间堂”，由于小组的成员一般有宗亲关系，居住地都很近，更容易联络感情，有助于形成互帮互助的良好氛围。助餐的形式与其他

① 刘妮娜：《互助型社会养老——乡土模式的理论与实践》，社会科学文献出版社，2020，第143-146页。

② 同上书，第147-148页。

③ 同上书，第149页。

地方有所不同，比较灵活多样，可能与上海经济发达有关。第一种是村委会引入社会组织进行操作，以出资的方式直接购买服务。第二种是基层政府（镇政府）向餐饮企业统一购买助餐服务，统一配送至所有睦邻点。第三种是由年龄较小、身体硬朗的老人为高龄、行动不便的老人进行助餐服务，全过程是自主运营的。这种方式比较实用，既可以降低助餐成本，还能盘活老人中的富余劳动力。此外，睦邻“四间堂”还会定期或者不定期地组织娱乐活动和精神抚慰活动，如让老人在家门口就能听戏看戏，组织“妇女微家·包粽子”活动。总之，在这样的组合家庭中，老人们可以相互交流、相互倾诉，赶走寂寞与孤单。睦邻“四间堂”还会有健康服务，一种是长期追踪老人的身体健康情况，进行记录和预防；另一种是进行体检或义诊，通过常规的验血、B 超、测量血压和血糖等方式为老人做普通检查，不定期也会组织一些有关健康或养生的讲座来加强老人的健康意识和行为。随着这一实践模式的深入发展，现在还要为老人自发提供理发、补鞋、洗衣服、配钥匙等服务，睦邻点的老人在有余力的情况下帮助村里做一些河道检查与维护工作，实现了双向互动的互助趋势。①

“互助服务 + 幸福老人村”实践模式。上海的这种互助养老模式与“互助服务 + 睦邻”模式有所不同。2015 年，上海市堰泾村开创的上海首家公益性农村养老机构，完全由社会组织投资建成，也是一家采用社会组织市场化运作的农村养老机构。该组织租用农村宅基地，利用各种社会资源，为本村及邻近村老人提供 24 小时的照料、托养服务，也为周边村落的老人提供一些餐饮、娱乐或上门护理服务。作为非营利性组织，幸福老人村在运营的过程中接受各级政府、民政局的管理，同时也获得政府的相关优惠与补贴。整个幸福村的工作人员以聘请为主，辅助志愿者服务。主要聘请园长、厨师、护理员。身体较为健康的老人和志愿者可自愿参与服务。老人们成立自己的工作委员会，进行自我管理、自我调整和矛盾的自我化解等工作；志愿者多数以团队形式出现，也有个别是三两个人来服务。特别需要关注的是幸福老人村的费用问题，按照此养老机构的规定，身体较差的老人每月护理费和食宿费是 3200 元，身体较好的老人每月 2000 元上下。② 这种市场化的运营模式在经济发达地区已经实现，这为多样化的互助养老模式增加了

① 刘妮娜：《互助型社会养老——乡土模式的理论与实践》，社会科学文献出版社，2020，第 150-152 页。

② 同上书，第 153-154 页。

新内容。

上述四种互助养老实践模式都是在我国经济发展最好的地区开展的，总的来说，在强有力的基层（村、镇）经济支持下，通过自发组织互助、志愿者帮助和市场化互助，基本能够实现不同农村地区不同老人群体的养老需要，这也为西部农村失独老人互助养老模式构建提供了启发和借鉴。

3. 吉林省私立养老院托养互助服务模式和村“两委”运营的托老互助服务模式

私立养老院的互助养老服务实践模式是吉林省延边市长寿园私立养老院创立的。到 2017 年，已经形成了较为完善的规模。此养老院主要接收失能、半失能和能自理的老人。聘用护理员和厨师，并组成老人团，三者协调进行运营。在日常生活照料方面提供餐饮、卫生打扫、娱乐活动和医疗保健等服务，此外，有需要的情况下，还提供临终关怀与服务。服务过程与上述四种模式类似，不再赘述。截至 2017 年，长寿园需要照顾的老人有 60 多位，院内护理人员共 10 人，相互比例约为 6 ∶ 1。长寿园是由企业投资建成的，运营的主要资金来自老人的托养费。一般来讲，完全失能老人每月的托养费是 2000~2200 元；半失能老人每月的托养费是 1500~1600 元，能自理的老人每月 1200 元。这些费用中包含基本的作息、吃饭和洗浴等服务。按目前的经营情况来看，每月长寿园有一定的盈利，作为私立养老院，同样接受各级政府和民政局的监管。①

吉林省松原市为了进一步满足当地养老需求，2017 年在村“两委”和老年协会的组织下，探索建立村级老人集中托养照顾所，简称“托老所”，为老人提供住宿、吃饭、娱乐以及生活照顾服务。托养所配备相应的生活、娱乐设施，居住空间舒适，有多功能活动房、常见的药品和保健用品，餐厨、清洁等设施一应俱全，村委会负责托养所的安全。根据松原市《关于老年托养所建设标准的通知》可知，筹建资金是由政府补贴与村自筹组成（主要是村集体收入和部分的村民捐助），按照 1:1 的比例配套。此外，还有一些企业捐赠。因此，相对来说，资金比较充裕。在此背景下，托养所形成了由政府主导，村主任或村支书联络组建，日常事务由村妇女主任组建志愿者服务队负责的模式。从 2017 年开始探索到现在，形成了井发村、于家村、单家村、河西村等典型的托养互助服务模式。

① 刘妮娜：《互助型社会养老——乡土模式的理论与实践》，社会科学文献出版社，2020，第 173-174 页。

以上为农村互助养老实践的新发展，和20世纪八九十年代开始发展的农村互助养老模式相比，有以下几点变化。一是互助的内容扩大。由原来的助餐为主的互助变成了助餐、文娱、健康等一体化的互助。二是领导组织和管理加强。最新的实践基本都是以村“两委”为依托，在他们的竭力组织和领导下，养老运转正常而平稳，志愿者服务队伍由原来的自发组织变成了在村“两委”带领下的组织，志愿服务变得有序。镇及镇以上政府部门起到主导和支持的作用，配合村“两委”积极展开工作；同时发挥了一些村自治组织的作用，如村妇女组织、老年协会等。三是互助的质量提高。对比可见，新的互助实践在互助过程中都更新了厨卫、健身、住宿等硬件设施，这为提高互助效果起到了客观推动作用。同时，有些私立养老机构配备护理人员、聘请专业人员等，注重聊天沟通、心灵交流等方面，从而提高了互助的质量。四是尊重互助老人的意愿。基本在这三种互助中都发挥了有自理能力或者身体硬朗老人的作用，他们在平时生活中会以助餐、精神慰藉、引导娱乐的形式帮助失能、半失能老人或高龄老人。与此同时，我们也发现互助实践新发展的这几种模式也有一些不足之处，如有些工作人员比较难招聘、护理人员专业水平有限、有些机构资金紧张等。总体来说，这些都是宝贵的经验，为西部农村失独老人互助养老模式构建提供了实践经验。

在现有研究中，对农村失独老人互助养老主题研究成果较少。据中国知网文献检索，截至2019年9月中旬，关于失独老人养老问题的成果有260个左右，其中提及农村失独老人养老问题的成果只有50个左右，含有农村失独老人互助养老的成果有5个左右。现将有关农村失独老人互助养老研究现状归纳为以下四个方面。

第一，对农村失独老人形成原因的分析。从政策角度分析我国从20世纪70年代末开始的计划生育政策是形成独生子女以及失独老人的主要原因。早在2006年有学者就提出此政策下许多家庭都是“4-2-1”结构，再加上人口老龄化速度加快，这种结构的家庭就会面临较大的养老压力。

第二，对农村失独老人养老现状的调查。这几年学者的研究主要集中在失独老人的经济现状、精神状况和制度保障方面，普遍认为失独老人经济紧张，部分老人生活困难。有些不能解决自己的温饱问题，老人身心脆弱，生活态度悲观消极，养老制度缺乏有效保障。这些研究使国家、社会能够基本了解到农村失独老人的养老现状，但仍需深入研究如何养老的问题。

第三，对农村互助养老的研究。成果主要集中在2018、2019年。有学者从理论上对农村互助养老的历史发展、未来走势等进行全面介绍，如2018年的《农村互助养老的历史演进、实践模式与发展走向》；有学者从宏观上对农村互助社会养老的理论体系进行建构，如2019年的《中国农村互助型社会养老的类型与运行机制探析》；又有学者对农村老人参与互助养老意愿及其实现方式进行研究，如2019年的《农村老年人的互助养老意愿及其实现方式研究》；还有一部分学者对农村特殊情况下形成互助养老的具体步骤、模式及困境等初步进行了研究，如农村的空巢老人、山区地区等情况下，怎么构建互助养老路径。

第四，对农村失独老人养老的研究。一些学者指出应通过完善农村养老保险制度、提高失独老人的养老补贴、加强医疗护理等方式来解决养老问题；还有学者指出应加强心理健康服务，为农村的失独老人提供必要的心理辅导和慰藉；另有学者也提出了互助养老模式，如2017年的《我国农村失独家庭互助养老模式探析》。

可见，农村互助养老服务的发展现状已经引起了国内学者的重视。一些研究是从理论上提出多种依据，并进行机制、意愿分析等，预测未来的发展走向，注重宏观把握，但未从实践层面研究具体人群的具体互助养老方式；另一些研究从局部讨论农村现状，提出相应的互助路径、模式等，并指出可能遇到的困境，为本研究的实施提供了一定的实践经验；还有一些研究是以农村失独老人互助养老为主题，提出应以理论为指导，将政府、市场、社会公益团体以及失独老人自身四个方面相结合，但此类研究未能考虑我国东西部的地域差异、老人群体的差异等，有待进一步进行有针对性的研究。因此，本书在综合国内外相关研究的基础上，以西部地区为研究点，以特殊的西部农村失独老人为研究对象，探索适合的具体互助养老模式。

第七章

西部农村失独老人互助养老的意愿调查

依据我国目前农村人口发展的现状，空巢老人、失能老人、失独老人等老人的人数增多，农村发展互助养老既是我国养老的新方式，更是应对这些老人养老的好方式。本章试图将此方式与西部农村失独老人相结合，根据老人目前的养老现状及将来的养老意愿，为其构建专属于西部农村失独老人的互助养老新模式。为此，我们在探索互助养老模式之前，需要对西部地区农村失独老人互助养老的意愿进行调查和分析，课题组选取四川省某县和陕西省某些地区作为重点调查地区，所调查地区基本能代表西南、西北主要地区，能够有重点地了解西部农村失独老人互助养老的意愿情况。同时针对第五章介绍的西部农村失独老人就医难的现状，本章也同时引入我国正在实施的家庭医生签约服务制度，将西部农村失独老人的医疗需求与家庭医生签约服务制度相结合，期望能探索出新型且适合这一群体老人的医疗帮助模式。为此，课题组还对西部农村失独老人是否愿意参与家庭医生签约服务做了重点地区的调查。

第一节　西部农村失独老人互助养老的意愿调查与分析

本节内容是基于川陕两地 13 镇（街道）278 名失独老人的调查，研究西部农村失独老人参与互助养老的意愿。对互助养老意愿的 3 个方面 13 个项目进行 Logistic 回归分析。结果表明：西部农村失独老人整体来讲，都有互助养老的意愿。互助养老的 13 个项目均有显著差异。总的看来，年龄、性别、所处地区和家庭月收入对互助养老都有显著影响，所处地区和家庭月收入的显著性更大。结尾据失独老人不同程度的互助养老意愿，提出有效的政策建议。

根据第五章有关四川省、陕西省农村失独老人的数量可推算出，截至 2021 年年底，西部 12 个省（市、自治区）的农村失独老人人数应该超过了 10 万。这些散落在西南、西北农村的失独老人，年轻时为发展西部农业，为全国提供粮食生产以及西部农村建设和发展做出了重大贡献，老来又失去了子女这唯一的依靠。因此，国家和社会都应该关注和关心这一类老人，了解他们生活中最现实和最困难的事情。目前西部农村失独老人最紧迫的问题就是养老问题。

2018 年的政府工作报告中，明确提出要在城乡适时发展互助式养老。这是在我国人口老龄化加速的背景下，针对目前我国农村养老难题提出的一种新型养老模式。2020 年，《中共中央关于制定国民经济和社会发展第十四个五年规划和二〇三五年远景目标的建议》中提出，“实施积极应对人口老龄化国家战略”。因此，在农村发展互助养老有优势[①]：在互助类型多样化、互助内容全面化和互助老人得到更多精神安慰等方面都具有优势；同时，农村互助养老存在供需错位、服务对象限制、传统观念阻碍、资金扶持不足和缺少法律保障等问题。[②]所以，农村互助养老应继续进行深入、系统、全面研究。本研究将互助养老与西部农村失独老人相结合，调查研究失独老人参与互助养老的意愿，了解失独老人主要互助诉求，具有现实帮扶意义，有助于创新农村不同老人互助养老的模式与机制。

一、文献梳理

（一）国外有关互助养老的理论与模式

第四章、第六章已经详细介绍，因此本章不再重复。

（二）国内有关互助养老的理论与模式研究

1. 对综合性互助养老理论与模式的研究

从文献综述的角度对我国城市群体互助养老的发展历程进行了归总，研究提出构建城市社区互助养老模式需要从三个方面入手：加强政府的公共资源投入、借助社会非营利机构的力量来构建、注重对高龄人口的思想引导。[③]与此同时，根据城市社区群体养老需求的异质性，将社区老年人之间的互助模式分为经济补充型、精神慰藉型和综合型三类，并结合社区互助养老实践，提出未来城市社区互助养老需要从制度保障、资源整合、多元互助和培训机制等方面进一步发展和完善。[④]研究指出了城市互助养老的主客观条件与需求，并根据群体养老需求的差异，提出不同的互助养老模式，具有一定的理论参考价值。另外，也有学者提出从低成本、高效率的可持续福利自生产机制研究互助养老。此观点认为以往研究从血缘说、地缘说、文化说、组织说等视角分析了互助养老的运行机理，却未能揭示其低成本、高效率的可持续福利自生产机制。因此，研究从两个持续运行10

① 贺雪峰：《农村发展互助养老有优势》，《中国妇女报》2020年12月11日，第006版。

② 南振奇：《农村互助型养老发展困境及对策研究》，《生产力研究》2020年第11期，第35-38页。

③ 张宇颖、毕红霞：《我国城市社区互助养老模式文献综述》，《合作经济与科技》2019年第1期，第169-171页。

④ 阳慧、张国海：《城市社区互助养老问题研究》，《湖北理工学院学报》（人文社会科学版）2020年第3期，第48-52页。

年的代表性农村互助养老案例出发，基于连续互惠理论，分析聚集态与网络态结构互助养老的福利生产机制。这为理解并推动互助养老的可持续发展提供了理论视角与案例支持，也为传统的线性连续互惠理论带来了结构性视角，丰富了互惠理论，为互助行为分析提供了一个新的框架。① 此外，还有学者对老龄群体参与互助养老服务的观念进行了溯源，并对建构路径的选择进行了研究。从经济状况、健康程度、日常生活境遇等方面入手，理解并发掘影响老龄主体选择参与养老互助行为的积极观念。同时，通过追溯我国老年人互助观念的来源，发现孝道思想、友悌之爱和道义追求仍然是群体选择互助行为的主要原因；"为人民服务"与雷锋精神是老龄群体诠释互助精神的基本话语；当代社会主义核心价值观中的"和谐""友善"等美德则是时代精神对参与养老互助的现实感召，以此推动以良好价值引领养老互助的实现。② 也有少数学者对比我国互助养老与国外的互助养老模式。如郑军、郭晓晴基于新制度主义理论，将中日互助养老模式进行了对比。从制度性、规范性、文化及认知三个维度，对比分析了中日两国农村互助养老模式的社会基础。在日本社会中，受到政府和农协支持的农村互助养老，拥有法律、政策和具体帮扶措施三位一体的帮助。受社群养老价值观的影响，日本老人有较强意愿参与互助活动。因此，根据农村互助保险社会基础三个维度，中国应从建设农村互助养老组织管理条例、实现云端看病、互助的信息化管理、进行农村互助养老认知宣传和提倡退而不休这五个方面进行改进和完善。③

2. 宏观上对农村互助社会养老的理论体系建构

研究提出以资金互助为基础，以组织动员和服务互助为重点，以社区居家养老为主阵地，创建各类互助养老模式；尝试建立圈层化、整合化、网络化、制度化的农村互助型社会养老体系。④ 还有以某地区某村为例，从群体和准群体的生活状况、当地服务需求以及开展互助养老的优势及限制因素等方面，研究农村社区

① 张继元：《互助养老的福利自生产机制——互惠的连锁效应与结构效应》，《山东社会科学》2021 年第 10 期，第 116-123 页。

② 徐俊、刘丽杭：《老龄群体参与互助养老服务的观念溯源与建构路径选择》，《新疆社会科学》2021 年第 5 期，第 153-161+164 页。

③ 郑军、郭晓晴：《农村互助养老社会基础的新制度主义探索：中日比较及启示》，山西农业大学学报（社会科学版）2021 年第 20 卷第 6 期，第 44-52 页。

④ 刘妮娜：《中国农村互助型社会养老的类型与运行机制探析》，《人口研究》2019 年第 43 卷第 2 期，第 100-112 页。

互助养老服务体系的建设。[①]此类研究注重对于农村互助养老的定位以及宏观指导，具有构建框架的意义，在宏观框架中，研究者也通过比较，突出了农村特殊群体互助养老需求的差异性。近期还有学者基于2019年《中国民政统计年鉴》相关数据，运用三阶段DEA模型和超效率模型，对社区互助型养老设施的使用效率进行实证分析。结果发现，我国社区互助型养老设施的总体使用效率为52.1%，且各省社区互助型养老设施的使用情况存在差异。因此，建议设立资源配置示范标杆，组建多渠道资金供给，构建适老化单元养老服务圈并夯实信息技术资源整合能力。[②]也有学者总结了我国农村互助养老的研究进展和趋势，以中国知网数据库2007—2021年收录的有关农村互助养老的508篇文献为数据源，运用Citespace软件进行分析。研究结果表明：我国农村互助养老的研究经历了萌芽阶段、探索阶段和发展阶段；研究热点围绕明确概念及定位功能、互助模式归类、互助服务需求和供给意愿以及可持续性发展困境与路径四大主题展开。伴随农村社会发展新局面的到来，互助养老服务评估机制构建、“互联网+”农村互助养老模式的应用及互助养老走向乡村互助共同体将成为新的研究热点。[③]还有学者将时间银行互助模式与农村互助养老结合，根据我国农村的现实情况，给予时间银行相应的赋权机制。由于农村老年人的权能衰退、老年歧视主义以及家庭资源弱势累积等原因，致使时间银行互助养老服务遭遇志愿者服务资源的匮乏、老年健康风险叠加、家庭养老心态束缚、互助养老服务成效难以突显等困境。基于赋权机制，从资源、能动性和成果三个维度，围绕互助养老顶层设计、发挥模范榜样效应、整合妇女志愿者力量、形成“82”兑换模式、开创继承转让机制等举措，促进互助养老服务的可持续发展。[④]

① 方文丽、叶良均、曹新维：《农村社区互助养老服务体系建设研究——以安徽省蒙城县王集乡X村为例》，《农村经济与科技》2020年第19期，第238-240页。

② 马广博、倪培凡、张泽：《社区互助养老设施的效率测度与优质均衡路径研究——基于三阶段DEA模型的实证分析》，《河南科技大学学报》（社会科学版）2021年第39卷第5期，第47-53页。

③ 戴建兵、高焰：《我国农村互助养老的研究进展和趋势——基于Citespace的可视化计量分析》，《社会保障研究》2022年第1期，第92-101页。

④ 孙文中：《“时间银行”农村互助养老服务的赋权机制》，《集美大学学报》（哲学社会科学版）2022年第25卷第1期，第64-72页。

3. 对农村群体参与互助养老意愿及其实现方式的研究

一类是对实施农村互助养老，群体是否愿意参与，以及何种方式参与度高的问题进行了全国性的调查研究。结果表明，农村群体的互助养老意愿较低。实现方式上，越是靠近东部，群体越希望通过志愿照顾的方式参与；越是靠近西部，群体越是希望通过获得经济补偿的方式参与。[①] 另一类是对某省农村老年人互助养老的施助意愿调查，并指出哪些因素对互助意愿有显著影响。[②] 随着对农村老人互助养老意愿的进一步研究，2021 年，杜智民、曹静玺以 2021 年国家放开三孩生育政策为背景，分析了三孩生育政策下农村老年人互助养老参与意愿。他们认为，当前农村面临着家庭养老模式功能弱化、社会养老模式保障不足等问题，在此背景下互助养老模式成为解决中国农村养老问题的新出路。为进一步了解老年人对互助养老模式的参与意愿并分析其影响因素，基于西安市 357 名 60 岁（含）以上老年人的调查数据，对老年人互助养老参与意愿及其影响因素进行研究分析，并提出了在硬件上完善互助养老基础设施，建立管理者和组织者的竞争激励机制，在内容上扩展互助养老服务范围等改善建议，以促进互助养老模式的健康、可持续发展。目前成果虽较少，但对研究农村失独老人参与互助养老意愿有重要的借鉴作用。[③] 还有学者将社会网络与农村互助养老服务意愿结合研究，认为农村老人有向他人提供养老服务的意愿是互助养老实现的前提，并以陕西省农村老人的抽样调查数据为基础，探讨社会网络对农村老人养老服务提供意愿的影响。研究表明，网络异质性的增加、与“弱关系”网络成员互动可以显著提升农村老人提供养老服务的意愿，网络关系交往频率对农村老人养老服务提供意愿的影响存在群体差异，社会网络主要通过改善信息获取状况和增进互惠机会提升农村老人的养老服务提供意愿，提出聚焦村庄内生资源开发、推广“能人”带动型互助养老等建议。[④]

① 于长永：《农村老年人的互助养老意愿及其实现方式研究》，《华中科技大学学报》（社会科学版）2019 年第 33 卷第 2 期，第 116-123 页。

② 李丹、毕红霞：《农村互助养老中老年人的施助意愿及其影响因素研究——基于山东省调查》，《山东农业大学学报》（社会科学版）2020 年第 4 期，第 58-65 页。

③ 杜智民、曹静玺：《三孩生育政策下农村老年人互助养老参与意愿的实证分析》，《长安大学学报》（社会科学版），2021 年第 23 卷第 4 期，第 107-115 页。

④ 聂建亮、孙志红、吴玉锋：《社会网络与农村互助养老实现——基于农村老人养老服务提供意愿视角的实证分析》，《社会保障研究》2021 年第 4 期，第 22-33 页。

4. 对农村失独老人互助养老的研究

由于研究农村失独家庭的成果较少，仅占总文献量的5.33%[①②]，在相对较少的研究成果中关于失独群体互助养老的则更少，梳理2015—2020年文献，仅10余篇。一方面是分析影响互助养老的因素，并从政府、市场、社会公益团体及失独群体自身四个方面提出互助养老模式[③④]，偏重理论性；另一方面，以某地区为例，在调查分析养老现状的基础上，分析农村失独群体互助养老模式的优越性及可行性，并阐述了农村互助养老的具体实践模式及影响模式构建的制约因素，最后提出互助养老实现路径及对策建议。[⑤]此外，还有主张动员社区力量，结合社会工作的增权理论，实现农村失独者自我增权与互助。[⑥]

综合研究情况可知，目前学者们对西部农村失独老人人数占比较大、自然条件和经济条件较差、互助养老困境较多等现实状况的关注度较少，对普惠式的扶助政策在不同农村地区落实不到位的现状研究不足。鉴于此，为了能更深入地了解西部农村失独群体对互助养老的认识，为后续差异化互助养老政策、模式的出台奠定基础，开展了本研究。本章的研究与以往研究比较，贡献主要有以下几个方面。一是创新研究内容。本研究抓住互助养老的思路，经过大量调查后，发现互助养老有很大的推广前景，但是对失独老人来说，实施起来困难重重。我们将主要困难进行归纳梳理，从互助养老方式的选择、互助费用选择和互助顾虑三个方面来分析西部农村失独老人互助养老的意愿，达到精准施力的效果，使农村互助养老在失独老人中能落地生根，帮助其解决养老基本问题，安心、快乐地度过晚年。二是创新研究对象。学者们以互助养老为主题，深入了解和分析西部农村失独老人的互助养老意愿，研究对象为西部农村失独老人，有别于普遍化研究互助养老的

① 管鹏、张云英：《农村失独家庭社会保障问题研究综述——基于2001—2015年国内文献》，《社会福利》2016年第1期，第56-61页。

② 戴卫东、李茜：《不同居住方式对农村失独家庭养老需求的影响——基于四川省H县的调查》，《人口与发展》2020年第26卷第1期，第85-96页。

③ 曹毓昕：《我国农村失独家庭互助养老模式探析》，《绥化学院学报》2017年第9期，第23-25页。

④ 刘颖：《我国农村失独家庭互助养老模式探析》，《南方农机》2019年第9期，第82页。

⑤ 邓茜：《农村失独群体互助养老模式及其实现路径研究——以衡阳市H县为例》，硕士学位论文，南华大学，2016年。

⑥ 赵仲杰、姚景、苏陆婷：《增权理论视角下农村失独家庭的社会支持研究》，《安徽农业科学》2019年第8期，第244-247+250页。

对象。三是创新研究方法。本研究将西部失独老人样本按地区划分为平原地区、山区平原交界地区和山区，分析三个不同农村地区失独者对互助养老的意愿和不同需求，以便分类聚焦研究互助政策。

二、对西部三地互助养老意愿的调查与分析

（一）调查地情况

西安市C区位于关中平原中部，靠近西安主城区地带，区内地形平坦，各乡镇经济发展较好，农村旅游、经济作物种植等资源优势明显，基础设施相对较好。C区总面积1584平方公里，辖16个街道232个行政村84个社区。2019年年末，全区常住人口106.42万人，户籍总人口104.53万人，其中城镇人口53.03万人，乡村人口51.49万人。2019年，城镇居民人均可支配收入达到43 463元，农村居民人均可支配收入达到21 590元。截至2020年年底，辖区内共有失独家庭210户400人左右，其中城镇失独人口占比65%、262人，农村失独人口占比35%、138人。调研对象是西安市C区M街道、D街道、W街道和F街道管辖的享受计划生育特殊家庭扶助制度的农村失独老人。陕西省宝鸡市J区位于关中平原西部，该区南接秦岭，北连山塬，西邻甘肃省天水市，是典型的山区平原交界地区，经济发展与省会西安相比，有一定的差距。J区是宝鸡主城区，总面积309平方公里，辖4镇7街68个村56个社区，常住人口39.83万人，其中城镇人口34.9万人，农村人口4.93万。2019年年底，全区财政收入47 497万元，城乡居民人均可支配收入分别达到36 056元和14 645元。截至2020年年底，辖区内共有失独家庭385户750人左右，其中城镇失独人口占比90%，675人；农村失独人口占比10%，75人。调研对象是J区C镇、P镇和J镇管辖的享受计划生育特殊家庭扶助制度的农村失独者。四川省H县位于四川盆地南边，川渝黔交界处，总面积2424平方公里，该县资源匮乏，是典型的山区，经济欠发达。2019年年底，该县辖27个乡镇，户籍人口89.56万，其中，城镇人口22.47万人，乡村人口67.09万人。城镇居民人均可支配收入31 157元，农村居民人均可支配收入17 457元。截至2020年年底，辖区内共有失独家庭约985户1420人。其中，城镇213人，占比15%；农村失独人口1207人，占比85%。调研对象是H县的L街道、D镇、L镇、B镇、C镇、S镇管辖的享受计划生育特殊家庭扶助制度的农村失独者。

（二）数据来源

本章的研究对象为上述西部三地的农村失独者。2020 年 7—10 月对上述地区的农村失独者进行了调查和走访，根据这三地农村地势和社会经济发展状况，分别选取平原近郊西安市 C 区 M 街道、D 街道、W 街道和 F 街道农村失独者共计 106 人，山区平原交界地区宝鸡市 J 区 C 镇、P 镇和 J 镇农村失独者共计 54 人，山区地带四川省 H 县 L 街道、D 镇、L 镇、B 镇、C 镇、S 镇农村失独者共计 118 人，三地失独者共 278 人。

调查分两种形式，一种是问卷形式，另一种是访谈形式。对失独老人问卷共发放 220 份，收回 214 份，有效问卷 209 份，有效率为 95%；访谈失独者 58 人，记录、梳理有效信息 18 条；访谈亲友、邻里和相关负责人 137 人，梳理主要信息 12 条，大部分信息与失独者访谈一致，访谈信息有益地补充和验证了问卷内容。因此，样本具有代表性。调查内容包括失独者基本信息、经济状况和互助状况三类。根据互助养老的文献和三地的实际情况，互助状况分为互助方式选择、互助费用选择和互助顾虑三个方面，调查结果如下（表 7-1-1）。

表 7-1-1　西部农村失独老人互助养老意愿的数据统计

项目	细目	频次	调查对象占全部人数的比重
年龄	49~60 岁[①]	31	14.8%
	61~70 岁	124	59.3%
	71~80 岁	45	21.5%
	81 岁以上	9	4.4%
性别	男	102	48.8%
	女	107	51.2%
所处地区	山区	91	43.5%
	山区平原交界地区	49	23.5%
	平原地区	69	33%

① 目前学界对失独老人年龄界定有两种，第一种是按传统 60 岁老人年龄来界定；第二种是由于失独老人的特殊性，将 49 岁以上（人数少且再生育或收养机会少）的失独者均纳入失独老人的范围一并研究。本研究采取第二种。

续表

项目	细目	频次	调查对象占全部人数的比重
家庭月收入（含政府补助）	1000 元及以下	125	59.8%
	1001~2999 元	71	34%
	3000 元及以上	13	6.2%
互助方式选择	土地迁移，共同劳动	46	22%
	不迁移土地，必要时帮忙劳动	163	78%
	与公办养老院的其他老人混住	11	5.3%
	选择由政府建立的失独者专门养老院	152	72.7%
	选择费用较高的社会化养老机构	46	22%
互助费用选择	完全由政府负担	132	63.2%
	可与政府按比例分担	31	14.8%
	政府给予社会化养老机构一定补贴，个人承担剩余费用	46	22%
互助顾虑（首选）	养老院吃、穿、住和工作人员态度情况	44	21.1%
	养老院活动的自由度	40	19.1%
	住养老院后的心情	25	12%
	自家财产、房产的处置	92	44%
	能否被体面安葬	8	3.8%

（三）数据描述性分析

表 7-1-1 调查统计结果表明，有近 60% 的农村失独老人在 61~70 岁之间，71~80 岁之间的有 45 人，81 岁以上者最少，有 8 人。这三个年龄段的老人正处于丧失或者半丧失劳动能力的状态，49~60 岁之间的失独者大部分有较好的劳动能力。山区居住人数最多，其次是平原地区，最少是山区平原交界地区。家庭月收入在 1000 元及以下者占比（59.8%）最大，3000 元及以上者占比（6.2%）最小。从迁移土地的态度来看，大部分农村失独老人对土地依依不舍，不愿意离开自己的土地、离开农村。从互助方式来看，失独者基本都有意愿入住不同养老机构，大部分失独者希望能住进由政府建立的失独者专门养老院，且费用完全由政府负担，这可能与造成失独的主因有关；还有 22% 的失独者希望能住进费用较高的社

会化养老机构，这些失独者主要集中在平原地区；只有 5.3% 的失独者愿意与公办养老院的其他老人混住。在互助顾虑方面，顾虑最多的是现有自家财产、房产如何处置，次之是养老院吃、穿、住和工作人员态度情况，还有少数失独者关注去养老院后的自由度和心情。此外，有 8 位高龄失独老人最关心去世后能否被体面安葬。总之，农村失独老人对互助方式多倾向于不迁移土地，继续在农村生活，并以选择由政府建立的失独者专门养老院为主，费用大都希望由政府负担。但由于所处地区不同、观念不同，互助顾虑相对来说较多且分散，相对来说，对自家财产、房产的处置更为关注。

三、实证分析

（一）变量选取

本章从西部农村失独老人互助养老意愿的三个方面（互助方式、互助费用和互助顾虑）选取因变量，其中土地迁移为二分变量，其余的为多分类变量。自变量主要包括年龄、性别、所处地区、家庭月收入四个方面。

表 7-1-2　变量定义与赋值

变量	变量定义及赋值
因变量	
互助方式选择	1= 土地迁移，共同劳动　2= 不迁移土地，必要时帮忙劳动
	1= 与公办养老院其他老人混住　2= 选择由政府建立的失独者专门养老院　3= 社会化养老机构
互助费用选择	1= 可与政府按比例分担
	2= 完全由政府负担
	3= 政府给予社会化养老机构一定补贴，个人承担剩余费用
互助顾虑	1= 养老院吃、穿、住和工作人员的态度情况
	2= 养老院活动的自由度　3= 住养老院后的心情
	4= 自家房产、财产的处置　5= 临终能否被体面安葬
自变量	
年　龄	1=49~60 岁　2=61~70 岁　3=71~80 岁　4=81 岁以上
性　别	1= 男　2= 女
所处地区	1= 山区　2= 山区平原交界地区　3= 平原地区
家庭月收入	1=1000 元及以下　2=1001~2999 元　3=3000 元及以上

（二）建立模型

1. 二元 *Logistic* 模型

由于土地迁移是二分类变量，所以选择二元 *Logistic* 回归对土地迁移影响因素进行分析，二元 *Logistic* 回归方程表示为：

$$LogitP = \beta_0 + \sum_{i=1}^{k} \beta_i X_i \cdots\cdots\cdots\cdots\cdots\cdots\cdots\cdots\cdots\cdots\cdots (1)$$

（1）公式中，因变量对该类的分类为（1=土地迁移，共同劳动，2=不迁移土地，必要时帮忙劳动），P 表示对此需要的概率；X_i 为自变量，表示影响土地迁移的各个因素，包括年龄、性别、所处地区、家庭月收入四个方面；β_i 是各自变量的回归系数，β_0 表示常数项。

2. 多元 *Logistic* 模型

$$\ln\left(\frac{P_i}{P_j}\right) = \beta_{i0} + \sum_{i=1}^{p} \beta_{ip} x_{ip} \cdots\cdots\cdots\cdots\cdots\cdots\cdots\cdots\cdots\cdots (2)$$

（2）公式中，住养老院方式、互助费用选择、互助顾虑是多分类变量，采用多元 *Logistic* 回归对其影响因素进行分析。P 为自变量的个数，第j类为参照类，如果因变量有 k 个类别，则需建立 k–1 个模型。β_{ip} 是各模型各变量的回归系数，β_{ip} 是各模型常数项，x_{ip} 为自变量，也包括年龄、性别、所处地区、家庭月收入四个方面。

（三）实证分析

1. 年龄、性别、所处地区和家庭月收入对土地迁移的影响

表 7-1-3　年龄、性别、所处地区和家庭月收入对土地迁移影响因素的二元 *Logistic* 回归结果

变量	B	OR 值
年龄（81 岁以上）		
71~80 岁	43.235	5.978E+18
61~70 岁	22.615	6.631E+9

49~60 岁	19.833	4.104E+8

续表

变量	B	OR 值
性别（男）		
女	–1.948***	0.143
所处地区（平原地区）		
山区平原交界地区	–3.933***	0.020
山区	–1.934***	0.145
月收入（3000 元及以上）		
1001~2999 元	–19.032	<0.001
1000 元及以下	–1.787*	0.167
常量	–19.640	<0.001
卡方显著性检验	<0.001	
–2 倍对数似然	118.398	
Cox&Snel R^2	0.386	
Nagelkerke R	0.592	
H–L 检验显著性	0.985	

注：*、**、*** 分别表示在 10%、5%、1% 水平上显著。

表 7–1–3 从四个方面分析了西部农村失独老人对土地迁移的影响因素。由卡方 sig 值、R 的方值、Hosmer 和 Lemeshow 检验值来看，模型回归拟合效果理想。

性别、所处地区、家庭月收入对土地迁移项有显著影响。女性比男性的土地迁移意愿低 0.143 倍，这可能与女性更依恋土地有关；与平原地区相比，山区平原交界地区和山区失独者的土地迁移意愿更低，分别低 0.02、0.145 倍；家庭月收入 3000 元及以上比家庭月收入 1000 元及以下失独者的土地迁移意愿高 0.167 倍，可能与家庭月收入较高者多处于平原地区有关。相对而言，陕西关中平原的经济条件要好于其他调查地区，且人均土地数量较少，他们大部分有意愿将土地迁移，提高土地的利用率，增加收入。年龄对是否愿意迁移土地没有显著影响，可能是大部分失独者超过 60 岁，处于丧失或者半丧失劳动能力的状态，土地对他们生活的实际意义有限。

2. 年龄、性别、所处地区和家庭月收入对住养老院方式的影响

表 7-1-4　年龄、性别、所处地区和家庭月收入对住养老院影响因素的多元 *Logistic* 回归结果

住养老院的方式（a）		B	Exp（B）	显著性
选择由政府建立的失独者专门养老院	截距	19.085		0.000
	年龄（49~60 岁）			
	81 岁以上	−38.670***	1.606E−17	0.000
	71~80 岁	−18.949***	0.000	0.000
	61~70 岁	−16.051***	0.000	0.000
	性别（女）			
	男	−0.082	0.922	0.905
	所处地区（山区）			
	平原地区	−0.581	0.560	0.791
	山区平原交界地区	1.649*	5.203	0.072
	家庭月收入（1000 元及以下）			
	3000 元及以上	19.163***	2.101E+08	0.000
	1001~2999 元	17.068	2.586E+07	0.993
社会化养老机构	截距	14.453		0.000
	年龄（49~60 岁）			
	81 岁以上	−34.993***	6.34765E−16	0.000
	71~80 岁	−17.347***	0.000	0.000
	61~70 岁	−15.737	0.000	
	性别（女）			
	男	−0.594	0.552	0.461
	所处地区（山区）			
	平原地区	4.494*	89.45398369	0.068
	山区平原交界地区	2.989**	19.86465245	0.045
	月收入（1000 元及以下）			
	3000 元及以上	17.694***	48354322.678	
	1001~2999 元	16.578	15833001.652	0.993
	卡方显著性检验	卡方值	129.283	
		P 值	<0.001	
	−2 倍对数似然	仅截距	201.892	
		最终	72.609	
	Cox&Snell R^2	0.461		
	Nagelkerke R	0.6		
	McFadden	0.422		

注：a. 参考类别为：与公办养老院其他老人混住。

b. *、**、*** 分别表示在 10%、5%、1% 水平上显著。

表 7-1-4 分析了四个方面对住养老院的影响因素，从模型检验的各个指标来看，多元回归的效果都较好。

一方面，在由政府建立的失独者专门养老院项目上，年龄、所处地区、家庭月收入在选择由政府建立的失独者专门养老院上有显著影响。与公办养老院其他老人混住相比，49~60 岁失独老人绝大部分选择由政府建立的失独者专门养老院，说明年龄越小越愿意选择失独者专门养老院而不是与公办养老院其他老人混住，可能是因为年龄小的失独者自尊心更强。山区平原交界地区失独老人选择由政府建立的失独者专门养老院而不是与公办养老院其他老人混住的比率是山区 5.203 倍，说明山区失独者相对要求较低。

另一方面，平原地区失独老人相较山区失独老人，选择社会化养老机构要高 89 倍，主要与平原地区经济条件好于山区、社会化养老机构相对较多的情况有关，山区几乎没有社会化的养老机构，对此还很陌生；山区与平原交界地区失独老人选择社会化养老机构是山区的 19 倍，说明山区平原交界地区的经济条件稍差于平原地区，但比山区要好，所以也有部分失独者愿意选择社会化养老机构。通过总结可知，家庭月收入在 3000 元及以上和 1001~2999 元的失独老人，选择社会化养老机构的比例远高于收入在 1000 元及以下的，收入在 3000 元及以上的比例又高于收入在 1001~2999 元的。

性别对选择由政府建立的失独者专门养老院，还是选择费用较高的社会化养老机构都没有显著影响。可能不论哪种住养老院方式，男性、女性都愿意选择。这一点，在访谈信息中得到印证。在西安市 C 区 M 街道的 L 先生（56 岁）家里调查，2010 年唯一的儿子因车祸去世，2018 年妻子在病痛和悲伤中离世。妻子去世后，他一个人生活，平时都是外甥女和外甥女婿帮忙。在问及是否考虑住养老院时，他说："现在还能动，就在家待着吧，房子挺新的（原本是给儿子的婚房）。要是老了，或者干不动了，就去养老院，也不能老给外甥女添麻烦。"四川省 H 县 S 镇 M 夫妇（67 左右），孩子离世十多年，两人都有慢性病，平时靠哥哥一家照料，在问及是否愿意住养老院时，他们很释然地回答："老了肯定得住，也没有啥大的要求，有人照顾就行。"还有访谈到了宝鸡市 J 区 G 村的 G 先生（71 岁），2019 年就已住进本村的养老院。访谈时见他面色红润，精神状态良好。他自己感叹道："当时是没有办法了，有病自己管不了自己了，抱着试试的心态，来到养老院。在这里有人专门照顾，不用操心，吃喝都好，比在家里强。"

3. 年龄、性别、所处地区和家庭月收入对互助费用的影响

表 7-1-5 年龄、性别、所处地区和家庭月收入对互助费用影响因素的多元 *Logistic* 回归结果

费用选择（a）		B	Exp（B）	显著性
可与政府按比例分担	截距	–3.132		0.000
	年龄（49~60 岁）			
	81 岁以上	–16.438	7.262E–08	1.882 72E–18
	71~80 岁	1.637*	5.139	0.054
	61~70 岁	0.242	1.273	0.752
	性别（女）			
	男	–0.581	0.559	0.242
	所处地区（山区）			
	平原地区	2.466**	11.772	0.020
	山区平原交界地区	0.992*	2.696	0.144
	家庭月收入（1000 元及以下）			
	3000 元及以上	18.320***	9.041E+7	0.000
	1001~2999 元	1.840**	6.294	0.044
政府给社会化养老机构一定补贴、个人承担剩余费用	截距	–6.643		0.000
	年龄（49~60 岁）			
	81 岁以上	–16.148***	9.707 71E–08	0.000
	71~80 岁	3.803***	44.848	0.004
	61~70 岁	2.236*	9.355	0.070
	性别（女）			
	男	–0.793	0.453	0.161
	所处地区（山区）			
	平原地区	3.171**	23.834	0.033
	山区平原交界地区	1.647	5.19	0.188
	月收入（1000 元及以下）			
	3000 元及以上	20.209***	5.979E+08	
	1001~2999 元	3.303***	2.718E+01	0.002

续表

费用选择 a		B	Exp（B）	显著性
	卡方显著性检验	卡方值	167.147	
		P 值	<0.001	
	–2 倍对数似然	仅截距	277.990	
		最终	110.843	
	Cox&Snell R^2	0.551		
	Nagelkerke R	0.646		
	McFadden	0.418		

注：a. 参考类别为：完全由政府负担。

b. *、**、*** 分别表示在 10%、5%、1% 水平上显著。

表 7–1–5 也是从年龄、性别、所处地区和家庭月收入方面对互助费用的影响因素进行分析，不论从卡方检验 sig 值、Cox & Snell R 的方值和 Nagelkerke R 的方值，还是 Hosmer 和 Lemeshow 检验 sig 值来看，模型回归方程拟合得都较好。

一是与完全由政府负担相比，在选择政府给社会化养老机构一定补贴、个人承担剩余费用项目上，年龄、所处地区、家庭月收入对选择政府给社会化养老机构一定补贴、个人承担剩余费用有显著影响。49~60 岁者更愿意选择政府给社会化养老机构一定补贴后，个人承担剩余费用，可能是这部分失独者有劳动能力，有一定的经济积累，在还可以继续劳动，有较好收入的情况下，选择此项的意愿就比较大。选择政府给社会化养老机构一定补贴，个人承担剩余费用的意愿依次是平原地区 > 山区与平原交界地区 > 山区。其中，平原地区是山区的 23.834 倍，原因同前文分析。政府给社会化养老机构一定补贴，个人承担剩余费用的失独老人，家庭月收入 3000 元及以上者最多，其次是家庭月收入 1001~2999 元者，说明随着收入的增加，更多失独者愿意选择政府给社会化养老机构一定补贴，个人承担剩余费用的养老方式。

二是与完全由政府负担相比，在选择与政府按比例分担项目上，年龄、所处地区、家庭月收入对选择与政府按比例分担有显著影响。与完全由政府负担相比，71~80 岁者更愿意与政府共同分担，可能是这部分失独者的各种扶助金较多，还有一部分积蓄，有分担的经济能力。选择与政府按比例分担的失独老人，平原地区比山区高 11.772 倍，山区平原交界地区比山区高 2.696 倍。比起完全由政府承担，家庭月收入 3000 元及以上者更愿意与政府按比例分担，其次是家庭月收入 1001~2999 元者。综合来看，收入越高的失独者，越愿意选择养老条件较好的养老机构，希望能得到更好的养老服务。

与完全由政府负担相比，性别对选择政府给社会化养老机构一定补贴、个人承担剩余费用，还是选择与政府按比例分担没有显著影响，可能与男女月收入基本相同有关。

4. 年龄、性别、所处地区和家庭月收入对互助顾虑的影响

表 7-1-6　年龄、性别、所处地区和家庭月收入对互助顾虑影响因素的多元 *Logistic* 回归结果

互助顾虑（a）		B	OR 值
养老院吃、穿、住和工作人员的态度情况	截距	0.945	
	年龄（49~60 岁）		
	81 岁以上	−1.016	0.362
	71~80 岁	−1.571**	0.208
	61~70 岁	−0.781	0.458
	性别（女）		
	男	0.264	1.302
	所处地区（山区）		
	平原地区	−1.406	0.245
	山区平原交界地区	−2.101***	0.122
	月收入（1000 元及以下）		
	3000 元及以上	0.398	1.489
	1001~2999 元	−0.099	0.906
住养老院后的心情	截距	−0.03	
	年龄（49~60 岁）		
	81 岁以上	−2.284	0.102
	71~80 岁	−3.161***	0.042
	61~70 岁	−2.451***	0.086
	性别（女）		
	男	0.48	1.616
	所处地区（山区）		
	平原地区	1.566*	4.788
	山区平原交界地区	0.981*	2.668
	月收入（1000 元及以下）		
	3000 元及以上	−0.624	0.536
	1001~2999 元	0.168	1.183

续表

互助顾虑（a）		B	OR 值
养老院活动自由度	截距	-1.032	
	年龄（49~60 岁）		
	81 岁以上	-4.947	0.007
	71~80 岁	-2.083**	0.125
	61~70 岁	-0.889	0.411
	性别（女）		
	男	0.141	1.152
	所处地区（山区）		
	平原地区	1.65	5.209
	山区平原交界地区	0.148	1.16
	月收入（1000 元及以下）		
	3000 元及以上	3.688*	39.965
	1001~2999 元	1.426	4.161
临终能否被体面安葬	截距	-2.71	
	年龄（49~60 岁）		
	81 岁以上	23.129	1.11E+10
	71~80 岁	-1.096	0.334
	61~70 岁	-0.731	0.481
	性别（女）		
	男	-0.203	0.816
	所处地区（山区）		
	平原地区	1.565	4.784
	山区平原交界地区	-0.486	0.615
	月收入（1000 元及以下）		
	3000 元及以上	-0.76	0.468
	1001~2999 元	-0.927	0.396
卡方显著性检验		卡方值	153.873
		P 值	<0.001
-2 倍对数似然		仅截距	328.722
		最终	174.849
Cox&Snell R^2			0.521
Nagelkerke R			0.556
McFadden			0.265

注：a. 参考类别为：自家房产、财产的处置。

b. *、**、*** 分别表示在 10%、5%、1% 水平上显著。

表 7-1-6 分析了年龄、性别、所处地区和家庭月收入对互助顾虑的影响因素，从模型检验的各指标来看，多元回归的效果都较好。

首先，与自家房产、财产的处置相比，年龄、所处地区对养老院吃、穿、住和工作人员态度情况项目有显著影响。71~80 岁比 49~60 岁考虑吃、穿、住和工作人员态度低 0.208 倍，说明年龄越大，对养老院基本条件的要求就越低；山区比山区平原交界地区考虑吃、穿、住和工作人员态度高 0.122 倍，说明山区失独者现有的生活条件有限，考虑住养老院时，依然关心养老院生活的基本条件。

其次，与自家房产、财产的处置相比，年龄、家庭月收入对养老院活动自由度项目有显著影响。71~80 岁比 49~60 岁考虑养老院活动自由度低 0.125 倍，可能年龄越大，心态越好，真是“七十而从心所欲，不逾矩”；家庭月收入高者（3000 元及以上）比家庭月收入低者（1000 元及以下）考虑养老院活动自由度低 39.965 倍，可能高收入者愿意入住社会化养老机构的居多，社会化养老机构的自由度更大。因此，对此问题的顾虑较少。

再次，与自家房产、财产的处置相比，年龄、所处地区对住养老院后的心情项目有显著影响。49~60 岁比 61~70 岁、71~80 岁顾虑住养老院后的心情分别高 0.086 和 0.042 倍，说明较年轻的失独者还是在犹豫住不住养老院的问题，毕竟养老院的自由是有限的，在他们有劳动和自由活动能力的时候去住养老院，会感到很“憋屈”，没有在自己家舒坦。平原地区和山区平原交界地区分别比山区顾虑住养老院后的心情高出 4.788 和 2.688 倍，可能这两个地区生活各方面都很便利，他们已经习惯了这种生活方式。因此，就比较担心去养老院后吃、住和环境不习惯，会影响心情。

最后，调查发现，在 81 岁以上的 9 位失独老人中，有 8 位只选择了临终能否被体面安葬这项，可见高龄老人对现实的生活条件和精神娱乐需求已经减少，最担心的是离世后，能否被政府部门和亲友体面安葬，可能他们比较认同：“人活一生，应善始善终。”

总的来说，互助顾虑最大的是自家财产、房产的处置问题，不仅模型分析中最为显著，访谈信息中提到最多的也是这一项。在四川省 H 县 B 镇调查时，失独老人 T 先生直接提出这个问题：“我家的房子当年花了 10 多万，修得好好的，现在让我去住养老院，房子怎么办？是留着还是卖掉？留着吧，留给谁？卖了吧，产权不明确，莫（没）人敢买。”于是，调查组专访了该镇 L 主任，他说：“这个问题现在国家政策确实没有明确的规定，我们也不好操作。但解决不了这个问题，又很难说服老人们去养老院。”

四、研究结论与政策建议

（一）研究结论

本章研究通过对西部农村失独老人互助养老意愿3类13个项目的对比研究，总结出以下几个结论。

首先，西部农村失独老人虽然互助养老意愿强烈程度不同，但总体都有互助养老的意愿。从调查结果看，被调查对象基本都认为自己老了以后住养老院可能性最大。年龄较小的失独者在现有劳动能力的情况下，暂时在自己的能力范围内养活自己，但总有“老的时候，干不动的时候”，去养老院养老是比较妥善的方式。

问卷统计结果也表明，所有被调查的失独对象都对互助意愿进行了不同的选择，没有人因为不愿意互助养老而拒绝选择。所以农村失独老人有互助养老的意愿，只是意愿强烈的程度不同。

其次，在愿意互助养老的前提下，互助养老的13个项目都有显著差异。土地迁移方面，有78%的失独者都不愿意迁移土地，只希望必要时能有人“搭把手”，此项差异显著。可能与长期在自己土地上耕种，不想改变现有土地状况，对土地有较深的感情有关。在养老院选择方面，选择住由政府建立的失独者专门养老院比例最高（72.7%），与其他两种方式比较，差异最为显著。互助费用选择方面，希望完全由政府负担的占比63.2%，其他两种费用承担方式的占比差异较小。互助顾虑方面，最大顾虑是自家财产、房产的处置问题，此项与其余4项有显著差异，顾虑养老院吃、穿和住及工作人员态度，养老院活动自由度和心情这3项的差异不明显。绝大部分高龄失独者最担心离世后能否被体面安葬。

最后，对互助养老意愿的影响因素分析后发现，不同的互助类别其影响因素也有不同程度的差异。①在互助方式选择上，性别、所处地区和家庭月收入对土地是否迁移有显著影响；与公办养老院其他老人混住相比，年龄、所处地区和家庭月收入对选择由政府建立的失独者专门养老院有显著影响。②在互助费用选择上，与完全由政府负担相比，年龄、所处地区和家庭月收入对选择政府给予社会养老机构一定补贴、个人承担剩余费用有显著影响。③在互助顾虑上，与自家财产、房产的处置相比，年龄、所处地区对养老院吃、穿、住及工作人员的态度和住养老院后的心情有显著影响；年龄、家庭月收入对养老院活动的自由度有显著影响。

整体而言，西部农村失独老人有互助养老的意愿。但由于年龄、性别、所处地区和家庭月收入的不同，互助养老的意愿存在不同程度的差异。其中，所处地区和家庭月收入是不同互助意愿影响因素中的显著变量。

（二）政策建议

1. 农村基层政府积极动员失独者加入互助养老的行列

本章研究表明，西部农村失独老人在经过多年的艰难生活后，对自己的养老有较清晰、成熟的认识，依靠亲朋和政府是权宜之计；长久来看，互助养老是大的趋势，与谁互助、怎样互助就成了必然要考虑的问题。了解到这种现状后，建议西部农村基层政府能重视起来，积极动员失独者根据不同的地区、年龄和收入情况等，早日加入互助养老的行列，并做好互助养老的各项保障，坚定失独者互助养老的信心。根据各地的养老优势与失独者互助养老需求，逐步开始发展农村失独老人的互助养老模式。

2. 以立法的形式明确失独者入住养老院后，自家财产、房产的处置政策

不论实际访谈还是数据分析，都已表明失独者目前最大顾虑是自家财产、房产的处置问题。此问题在访谈时有些人说得比较直接，有些人说得比较隐晦，但不论是哪种，都是关心这个问题的。可见，这个问题已经成了互助养老的最大绊脚石。因此，建议各级政府重视并尽快以立法的形式明确失独者自家财产、房产的各种权利与保护以及处置政策，使失独者入住养老院前，能妥善处置好财产和房产，安心入住，安心养老。

3. 调整农村养老机构，归整建立失独者专门养老院

研究进一步发现，山区和山区与平原交界地区的失独者更倾向于选择住失独者专门养老院。一是因为他们从思想上倾向于由政府主持的养老机构；二是因为他们觉得自己还是和别的老人群体不一样，如果和别的老人混住，会很不舒心、不自在。别的老人有子女，甚至孙辈来看望。看到这些，又会想起自己的伤心事，难免更失落。与其这样，不如有专门的养老院，让情况类似的人一起生活，相互开导，过得可能更舒心、自在。因此，建议将现有的农村养老院、幸福院和互助院等养老机构进行调整，至少每个县区能为失独老人归整建立 1 所专门的养老院，方便他们共同生活。

4. 动员社会力量，多方筹建社会化养老机构

本章研究同时表明，在经济条件较好的平原近郊地区，失独者更愿意入住社会化的养老机构。随着我国经济社会发展，社会化养老势不可当。在近郊地区，社会化养老机构已悄然兴起，他们能够提供比公办养老院更好的养老、医疗等条件，环境、服务也好。但研究已发现，平原近郊地区的失独者接受新事物、新观念较快，他们在看到社会化养老机构的优势后，在经济条件允许的情况下，多数还是考虑这些养老机构，希望自己的晚年能过得更舒适。因此，建议政府对社会化养老的可行性和可操作性深入调查，能够出台鼓励、支持和发展社会化养老的政策，并对有意帮助农村失独老人的养老机构给予政策和资金倾斜，利用好市场化运作模式，满足要求较高的失独者的养老需求。

此外，还需大力培养护理和社会工作专业人才，引导更多青年人服务失独老人。研究表明，在西部农村失独老人有互助养老意愿的情况下，应考虑如何做好互助养老的问题。如果失独老人的观念都有所转变，希望尽早入住养老院，那么不论何种互助养老，都需要大量的护理和社会工作专业人才。而目前这两类专业人才的培养还比较滞后，需求缺口较大。因此，建议国务院、教育部联同其他部门，能够优先考虑在中等职业院校、高等职业院校普遍设置这两个专业，引导更多青年人学习这些专业，将来有志从事此行业，为失独老人服务的同时也为其他老人群体服务。

根据此内容的调查与分析，西部农村失独老人是有互助养老意愿的，只是由于各自所处年龄阶段不同，对互助的内容和互助的想法还各有不同；但是随着老人年龄的增大，互帮互助更有利于晚年生活。

第二节　西部农村失独老人“一对一”家庭医生签约服务参与意愿分析

针对西部农村失独老人长期慢性病就医难问题，结合我国正在推行的家庭医生签约服务制度，提出“一对一”家庭医生签约服务模式：对失独老人进行分组后，组建了“一对一”联系的医护团队，形成了四种具体的实施方案，并运用模糊层次分析法对陕西三地农村失独老人参与“一对一”家庭医生签约服务的意愿进行了分析。结果表明，大部分老人比较愿意参与此模式。此研究对农村失独老人就医难问题的解决有一定的帮助，也为我国家庭医生签约服务制度的具体化提供了

实践经验。

我国家庭医生签约服务制度出台于2016年（2016年6月国家卫生计生委体制改革司制定《关于家庭医生签约服务的指导意见》）。此制度明确规定签约医生优先向“老年人、孕产妇、儿童、残疾人等人群以及高血压、糖尿病、结核病等慢性疾病患者，严重精神障碍患者，农村贫困人口，计划生育特殊家庭等重点人群提供服务”。农村失独老人既是老年人中的特殊群体，又是我国计划生育政策下的特殊人群，且大部分失独老人伴有长期的慢性疾病，应该得到家庭医生签约服务的优先服务和重点关注。因为具备居住集中、交通方便、医疗条件好的条件，此签约服务制度适用于生活在城市的老人，可以采取分层分级签约诊疗的方式。[①②]然而与城市的情况相比，农村地区的家庭医生签约服务研究才刚起步。2018年，周晓容等为了解农村地区家庭医生签约服务的现状、分析存在的问题，对四川省雅安市6个乡镇的相关人员进行了访谈，结果发现，当前家庭医生签约服务存在基层卫生机构服务能力不足、签约服务包设计不科学、考核激励机制缺失、设备及基本药物配备不足、信息化建设滞后等困难，并提出相关建议。[③]2019—2021年有关农村家庭医生签约服务的研究非常少，主要是针对我国的某些地区展开现状调查。如李慧娟、李秀霞等以甘肃省天水地区为例，了解农村地区乡村医生签约服务现状并探讨发展对策。结果发现，到2018年7月，在天水市抽样调查的6个行政村中有84.5%的村民户签约了乡村医生服务；294名村民中，有45.2%的村民了解签约服务的主要目的，13.8%的村民了解签约的主要内容，60.5%的村民表示赞同签约服务，91.2%的村民表示愿意免费参与，34.7%的村民表示愿意付费参与签约服务，72.8%的村民愿意选择村卫生室作为首诊机构，64.3%的村民表示会主动向村医寻求帮助，68.7%的村民愿意定期接受村医的健康信息采集工作。天水市调查的7名村医中，有57.1%的村医表示赞同签约服务，42.9%的村医表示签约服务具有一定的可行性，71.4%的村医表示可以胜任签约工作，57.1%的村医表示需要增加医疗卫生设备，85.7%的村医表示增加了日常工作量，28.6%

---

① 姚银蓥、周亮亮、熊季霞等：《我国家庭医生签约服务现状的系统评价》，《中国卫生事业管理》2019年第3期，第168-171+210页。

② 红丽：《美国：家庭医生制度满足个性化需求》，《中国信息界》2016年第4期，第46-48页。

③ 周晓容、邓靖、彭美华：《农村地区家庭医生签约服务现状及对策研究》，《卫生经济研究》2018年第4期，第52-55页。

的村医表示提高了劳动报酬，71.4% 的村医表示自己曾主动入户提供服务。建议签约服务的构建应因地而异，优化供需平衡，循序渐进地推广签约服务。[①]2021 年，郭学清、张艳春、秦江梅等针对 2015—2019 年北京平谷区家庭医生签约服务政策及服务提供等情况，分析签约服务工作概况和存在的问题，其中签约服务人员增长速度低于重点人群增长速度，全科医生、社区护士、防保人员在签约服务团队中占比逐年下降，并提出政策建议。整体签约率从 26.5% 上升至 34.8%；重点人群签约数从 71 942 人增长至 108 891 人，年均增长率 6.1%，重点人群签约率从 83.3% 上升至 93.0%。平均每名全科医生签约人数从 424 人增长至 580 人，签约重点人数从 273 人增长至 393 人，全科医生人均负荷逐年增加，效率呈上升趋势。签约总人数年均增长率为 9.4%，续约率从 40.7% 增长至 94.8%，新签约人数占比从 40% 降至 6.2%，表明签约服务人群不断稳定。可见，北京市平谷区家庭医生签约服务数量与质量均呈提升态势，居民认可度逐年提升；医生签约服务人均负荷逐年增加，效率逐年提升，但人才队伍建设相对滞后，有待加强。[②]生活在农村的失独老人，由于居住比较分散、交通不便、经济收入较低、乡村医疗条件有限，加之自身的丧子之痛，心理负担重，精神状态差，不愿意与外界过多交往等主客观原因，其就医问题便成为难题。因此，针对农村失独老人的现状，要根据这些老人的特殊性，探索适合他们的家庭医生签约服务模式。

本研究是在前人研究的基础上，对陕西省榆林市清涧县（代表西北山区）、西安市长安区（代表西部平原地区）、汉中市南郑区（代表西南山区）三地的农村失独老人进行实际调查与走访，提出在采用现代化通信设备的前提下，实施农村失独老人“一对一”家庭医生签约服务模式，并制定了具体的实施方案。由于失独老人的特殊性，在实施之前，对他们是否愿意参加“一对一”家庭医生签约服务的意愿进行了调查和分析，以此来确定此方案实施的可行性。因此为了能科学地分析失独老人的参与意愿，本研究以实际调查为例，通过建立农村失独老人参与“一对一”家庭医生签约服务的分析指标体系，运用模糊层次分析法对陕西

① 李慧娟、李秀霞、邢新等：《甘肃省农村地区家庭医生签约服务现状调查》，《中国公共卫生管理》2019 年 10 月。

② 郭学清、张艳春、秦江梅等：《北京市农村地区家庭医生签约服务发展现状与对策研究——基于北京市平谷区 2015—2019 年常规监测数据分析》，《中国初级卫生保健》2021 年第 35 卷第 6 期，第 1-4 页。

省农村失独老人的参与意愿进行分析。本研究能为解决农村失独老人就医难问题提供新思路、新方法。

一、“一对一”家庭医生签约服务模式的具体内容

根据马斯洛的需求层次理论，失独老人在生理需求、安全需求、社交需求、尊重需求和自我实现需求这五个方面都有一定的期望。从农村失独老人的实际情况分析他们对安全需求的渴望更大，身体是否健康是失独老人最大的安全关注，只是迫于农村目前医疗条件的限制和自己特殊的“身份”，农村失独老人无法得到较好的医疗关爱。在此现实情况下，我们提出“一对一”家庭医生签约服务模式，此模式既能为解决农村失独老人就医难问题提供一定的帮助，又能打消他们的许多心理顾虑。根据我们的调查，农村失独老人现有疾病大多数是长期的慢性病，突发病例较少，常见的慢性病有以下几种：慢性心脑血管疾病、糖尿病、中风后遗症、慢性骨科疾病等。[①②] 因此，此模式构建的具体内容如下。

（一）分组农村失独老人

分组以镇（村）为单位，一个镇的规模如果不大，失独老人数量也不多，就以镇为单位，将本镇内的失独老人联系起来，形成一个小组，并建立微信群、QQ群，以便联系。在失独老人较为密集的镇里，以村为单位，将 1~2 个村的失独老人联系起来，形成一个小组。如此类推，一个镇大概会形成 1~3 个小组；每组失独老人的数量最多不超过 15 人，人数较少的镇，也可以 10 人左右组成一组。

（二）组建医护团队

对农村失独老人进行统计分组后，组建具体的医护团队。由于农村医疗条件的限制，给失独老人配备各个专科的医生显然不太可能；但根据我国现有对村镇卫生所（医院）的要求，各村镇卫生所（医院）配备了全科医生和护理人员，这就为医护团队的组建提供了现实基础。组建医护团队，并不需要另外寻找医护人员，可充分利用基层卫生所（医院）的人力资源，将这些全科医生和护理人员作

① 温兴祥：《相对剥夺对农村中老年人健康状况的影响——基于中国健康与养老追踪调查数据的分析》，《中国农村观察》2018 年第 11 期，第 110-127 页。

② 马天娇、李晶华、张莉等：《家庭医生签约服务模式下长春市某城区社区医务人员的工作满意度及影响因素调查》，《医学与社会》2019 年第 2 期，第 30-33+51 页。

为组建的核心成员。[①]根据实际调查，每形成一个失独老人小组，就需要组建一个医护团队，进行“一对一”式的对接服务。因此，每个失独老人小组至少应配备全科医生1名，较为专业的护理人员1~2名，在失独老人小组数量较多的镇（村），可以聘请村里有经验或者经过培训的愿意作为（有偿）护工的人员，配合医护人员对自己负责范围内的失独老人进行护理（按次数计费），所请护工人员定时去老人家里护理兼观察病情。这些人员的配备根据实际病情和经济情况而定，没有具体数量要求。可按照上述方法将村镇卫生所（医院）的医护人员分为若干个团队，与失独老人小组进行“一对一”联系。如果医护人员的团队不够，可适当选择一个团队负责两到三个失独老人小组，加大对护工人员的聘用；如果医护团队较为多，服务对象较少，可将失独老人的分组变小，以满足“一对一”联系的需要，尽量形成固定且长期的“一对一”联系。这样就组建起来简易但能发挥实际作用的医护团队。

（三）实施的具体方案

在失独老人分好组，医护团队建立起来后，建议在农村失独老人中实施“一对一”的家庭医生签约服务模式。具体实施方案有以下四种。

第一种方案是医护团队每周“一对一”进家实际巡诊一次。在医护人员配备比较充分、失独老人数量少且文化程度都不高的情况下，可以采取此方案。此方案是在医生上午接诊完其他病人后，利用下午时间，到失独老人家里去巡诊。这样可以让医护人员实际地接触到老人的病情，面对面地交流，由于老人文化程度不高，当面可了解得更清楚，从而达到对症下药的效果。但这并不是最有效率的方案，毕竟在一些失独老人比较集中的村镇实施起来有很大的困难。因此，我们更推荐后面的三种方案。

第二种方案是医护团队每周通过电话巡诊一次。在医护人员配备与失独老人分组能够合理匹配的情况下，可以采取电话巡诊的方式，医护人员与老人每周约好打电话的时间，只要老人能够讲清楚病情，这种方案就可以实施。这样医护人员就可以在有空的时候与老人交流病情，所受限制较小，问诊的效率会比第一种有所提高。

第三种方案是医护团队每周通过电脑或智能手机视频巡诊一次。此方案对失

① 贾成梅、徐金水、郭海健等:《江苏省乡镇卫生院卫生人力资源现状分析》,《现代预防医学》2019年第1期，第297-300页。

独老人掌握现代化通信设备的要求较高，医护人员会每周主动与老人视频一次，交谈病情。但在紧急情况下，老人必须能够独立地使用电脑或智能手机的视频功能，这样才能及时与医护人员联系上。这种方案可行性较强，在视频的过程中，不仅能听到老人的讲述，还可以看到他本人，这对病情的判断有利，问诊效率大幅度提高。

第四种方案是医护团队通过微信、QQ 方式随时与老人交流病情。这种方案对老人的要求进一步提高，需要老人的文化程度高一些，能够使用电脑或手机的打字或者语音、视频等功能，而且能够正确地表述病情，医护人员根据所表述的内容来判断病情。此方案可以随时随地进行，包括发微信、QQ 留言等，其方便程度增大，医护人员可以接纳的失独老人团队也可以增多，比较适合失独老人数量较多的地区。

二、建立农村失独老人参与"一对一"家庭医生签约服务的意愿分析指标体系

"一对一"家庭医生签约服务模式构建完成后，失独老人是否愿意参与，要进行相应的分析。本研究根据失独老人的实际情况和现有的村镇医护人员基本情况，形成了分析的指标体系。本体系由目标层、准则层和指标层构成，从失独老人收入现状、失独老人受教育程度、失独老人现有疾病、失独老人使用现代化通信设备的情况、"一对一"医护团队的组建、"一对一"家庭医生签约服务实施的具体方案等六个方面确定了具体的分析指标（见表 7-2-1）所示。

三、基于模糊层次分析法的农村失独老人参与"一对一"家庭医生签约服务的意愿分析

在农村失独老人参与"一对一"家庭医生签约服务的意愿分析中，涉及多种模糊的影响因子。因此，为了使分析结果客观合理，本研究采用层次分析法确定各级指标的权重，通过模糊综合评价法对分析中涉及的影响因子进行量化处理，进而对农村失独老人参与"一对一"家庭医生签约服务的意愿进行科学分析与评价。[①]

① 伍凯、谢超：《模糊层次分析法下的常德首能项目绿色施工管理综合评价》，《建筑技术开发》2018 年第 10 期，第 110-113 页。

（一）建立评价指标集

在表 7-2-1 所示的评价指标体系中，定义一级指标集为$U=\{U_1,\ U_2\ \cdots,U_p\}$，其中，$U_i(i=1,2,\cdots,p)$为第$i$个影响因子，$p$为影响因子的个数；定义二级指标集$U_k=\{U_{k1},\ U_{k2}\ \cdots,U_{km}\}$，其中$U_{k,j}(j=1,2,\cdots,m)$为一级影响因子$U_k$的第$j$个影响因子，$m$为二级影响因子的个数。

（二）确定评价评语集

评价集是评价者对被评价对象可能作出的各种总的评价结果组成的评语等级的集合。用V表示，即

$$V=\{v_1,v_2,\cdots,v_n\}$$

其中：v_j代表第j个评价结果，$j=1,2,\cdots,n$。n为总的评价结果数。

本研究将评价结果分为四个等级，评价集 V={ 非常愿意，比较愿意，基本愿意，不愿意 }，对应的评分值为 C={90 分及以上，75 分及以上，60 分及以上，60 以下 }。

表 7-2-1　参与“一对一”家庭医生签约服务的意愿分析指标体系

	一级指标	二级指标
参与“一对一”家庭医生签约服务的意愿分析指标体系	失独老人收入现状	年收入 5000 元以上（含 5000 元）
		年收入 3000~5000 元（含 3000 元）
		年收入 3000 元以下
		无收入，依靠养老金和各种补贴
	失独老人受教育程度	从未上过学
		小学文化程度
		初中文化程度
		高中文化程度
	失独老人现有疾病	心脑血管疾病
		糖尿病
		中风后遗症
		骨科疾病
	失独老人使用现代化通信设备的情况	任何现代化通信设备都不会使用
		会使用固定电话
		会使用数字移动电话
		会使用电脑视频
		会使用智能手机视频

续表

	一级指标	二级指标
参与“一对一”家庭医生签约服务的意愿分析指标体系	“一对一”医护团队的组建	以镇（村）为单位组建
		将失独老人按计划人数分组
		配备全科医生的数量
		配备较为专业的护士数量
		需要配备护工的数量
	“一对一”家庭医生签约服务实施的具体方案	每周进家实际巡诊一次
		每周通过电话巡诊一次
		每周通过电脑或智能手机视频巡诊一次
		通过微信、QQ 方式随时与老人交流病情

（三）确定指标权重

确定指标权重的方法一般有层次分析法（AHP）、专家调查法及德尔菲法等。[①]权重的确定直接影响最终的评价结果，因此必须合理地确定各项指标的权重。本研究采用层次分析法确定权重，得到各项评价指标的权重值如表 7-2-2 所示。

表 7-2-2 指标权重值

一级指标	权重	二级指标	权重
U_1	0.10	U_{11}	0.18
		U_{12}	0.21
		U_{13}	0.26
		U_{14}	0.35
U_2	0.12	U_{21}	0.32
		U_{22}	0.27
		U_{23}	0.23
		U_{24}	0.18
U_3	0.14	U_{31}	0.23
		U_{32}	0.28
		U_{33}	0.27
		U_{34}	0.22

① 赵华杰：《基于模糊层次分析法的安全管理评价模型研究》，《内蒙古煤炭经济》2017 年第 12 期，第 117–119 页。

续表

一级指标	权重	二级指标	权重
U4	0.21	U_{41}	0.22
		U_{42}	0.29
		U_{43}	0.23
		U_{44}	0.16
		U_{45}	0.10
U5	0.23	U_{51}	0.24
		U_{52}	0.27
		U_{53}	0.21
		U_{54}	0.15
		U_{55}	0.13
U6	0.20	U_{61}	0.32
		U_{62}	0.28
		U_{63}	0.25
		U_{64}	0.15

（四）确立隶属矩阵

将表 7-2-1 中二级指标的每一项因子对事先确定的评语等级进行评价并进行综合归一，可以得到$U_{i,j}$对评价集　的隶属度向量$R_{i,j}=(r_{ij1},r_{ij2},r_{ij3},r_{ij4},r_{ij5},r_{ij6})$。其中，$r_{ijg}=v_{ijg}/N$，$g=1,2,3,4,5,6$；$v_{ijg}$为参评失独老人中认为指标$U_{i,j}$属于$v_g$等级的人数；$N$为参评失独老人的总数。按照上述方法将第$i$个一级指标下的所有二级指标进行评价可得到对应的隶属度矩阵R_i：

$$R_i=\begin{bmatrix} r_{i1} \\ r_{i2} \\ \vdots \\ r_{ij} \end{bmatrix}=\begin{bmatrix} r_{i11} & r_{i12} & \cdots & r_{i16} \\ r_{i21} & r_{i22} & \cdots & r_{i26} \\ \vdots & & & \\ r_{ij1} & r_{ij2} & \cdots & r_{ij6} \end{bmatrix}$$

（五）生成评价结果

由于农村失独老人参与“一对一”家庭医生签约服务意愿分析中涉及的因素很多，且各因素之间存在着不同的层次关系，因此，首先需要对一级指标即失独老人收入现状、失独老人受教育程度、失独老人现有疾病、失独老人使用现代化通信设备的情况、“一对一”医护团队的组建及“一对一”家庭医生签约服务实施的具体方案六个因素进行单层模糊综合评价，设评价结果为 B ，则：

$$B = A * R$$

通过对一级指标进行评价，可以得到农村失独老人参与“一对一”家庭医生签约服务意愿分析四个方面的评价向量：B_1、B_2、B_3、B_4。这四个评价向量共同构成了农村失独老人参与“一对一”家庭医生签约服务意愿分析的综合评价矩阵 R^* ，然后根据一级指标权重 A^* ，通过矩阵合成运算得出农村失独老人参与“一对一”家庭医生签约服务意愿分析的评价向量：

$$B^* = A^* * R^*$$

最后根据最大隶属度原则确定最终的评价结果。

下面将应用上述模型和方法对陕西省农村失独老人的调查结果进行分析和评价。本研究对清涧县、长安区和南郑区三地的失独老人进行了实际调查，参与调查的失独老人共 150 人，亲友、邻里共 120 人。对参与调查的失独老人和亲友、邻里进行问卷调查、访谈，并采集了调查意愿的评价数据。调查期间共发放问卷 270 份，收回有效问卷 258 份，问卷有效率为 95.6%，访谈 20 人，收到有效访谈记录 8 条，随后对每项指标根据已经确定的评价集进行单层次和双层次模糊综合评价。

1. 确定隶属度

按照农村失独老人参与“一对一”家庭医生签约服务意愿的评价指标体系，采用问卷调查的方式对各二级指标进行评价，归一化处理后，得到各影响因子对应于评价集的隶属度，见表 7-2-3。

2. 单层次模糊综合评价

由表 7-2-2 得到各二级影响因子的权重向量：

$$A_1 = (0.18, 0.21, 0.26, 0.35) \qquad A_2 = (0.32, 0.27, 0.23, 0.18)$$

$$A_3 = (0.23, 0.28, 0.27, 0.22) \qquad A_4 = (0.22, 0.29, 0.23, 0.16, 0.10)$$

$$A_5 = (0.24, 0.27, 0.21, 0.15, 0.13) \qquad A_6 = (0.32, 0.28, 0.25, 0.15)$$

由表 7-2-3 得到各影响因子的模糊评判隶属矩阵：

$$R_2=\begin{bmatrix}0.1&0.7&0.2&0\\0.3&0.6&0.1&0\\0.2&0.5&0.2&0.1\\0.1&0.6&0.2&0.1\end{bmatrix}\qquad R_1=\begin{bmatrix}0.1&0.6&0.3&0\\0.2&0.7&0.1&0\\0.1&0.7&0.1&0.1\\0.3&0.6&0.1&0\end{bmatrix}$$

$$R_3=\begin{bmatrix}0.2&0.5&0.2&0.1\\0.3&0.6&0.1&0\\0.1&0.7&0.2&0\\0.4&0.4&0.2&0\end{bmatrix}\qquad R_4=\begin{bmatrix}0.4&0.5&0.1&0\\0.2&0.4&0.2&0.2\\0.3&0.5&0.1&0.1\\0.2&0.6&0.2&0\\0.1&0.7&0.1&0.1\end{bmatrix}$$

$$R_5=\begin{bmatrix}0.2&0.3&0.3&0.2\\0.2&0.6&0.1&0.1\\0.1&0.6&0.3&0\\0.1&0.7&0.1&0.1\\0.3&0.4&0.2&0.1\end{bmatrix}\qquad R_6=\begin{bmatrix}0.1&0.4&0.3&0.2\\0.2&0.6&0.1&0.1\\0.3&0.4&0.3&0\\0.1&0.5&0.3&0.1\end{bmatrix}$$

表 7-2-3　隶属度表

一级	二级	隶属度			
指标	指标	非常愿意	比较愿意	基本愿意	不愿意
U_1	U_{11}	0.1	0.6	0.3	0
	U_{12}	0.2	0.7	0.1	0
	U_{13}	0.1	0.7	0.1	0.1
	U_{14}	0.3	0.6	0.1	0
U_2	U_{21}	0.1	0.7	0.2	0
	U_{22}	0.3	0.6	0.1	0
	U_{23}	0.2	0.5	0.2	0.1
	U_{24}	0.1	0.6	0.2	0.1
U_3	U_{31}	0.2	0.5	0.2	0.1
	U_{32}	0.3	0.6	0.1	0
	U_{33}	0.1	0.7	0.2	0
	U_{34}	0.4	0.4	0.2	0

续表

一级	二级	隶属度			
指标	指标	非常愿意	比较愿意	基本愿意	不愿意
U_4	U_{41}	0.4	0.5	0.1	0
	U_{42}	0.2	0.4	0.2	0.2
	U_{43}	0.3	0.5	0.1	0.1
	U_{44}	0.2	0.6	0.2	0
	U_{45}	0.1	0.7	0.1	0.1
U_5	U_{51}	0.2	0.3	0.3	0.2
	U_{52}	0.2	0.6	0.1	0.1
	U_{53}	0.1	0.6	0.3	0
	U_{54}	0.1	0.7	0.1	0.1
	U_{55}	0.3	0.4	0.2	0.1
U_6	U_{61}	0.1	0.4	0.3	0.2
	U_{62}	0.2	0.6	0.1	0.1
	U_{63}	0.3	0.4	0.3	0
	U_{64}	0.1	0.5	0.3	0.1

根据模糊综合评价计算模型 $B = A * R$，计算出各一级指标的评价向量：

$$B_1 = A_1 * R_1 = (0.19,\ 0.65, 0.15, 0.01)$$

同理可得：

$$B_2 = (0.18,\ 0.61, 0.17, 0.04)$$

$$B_3 = (0.25,\ 0.56, 0.17, 0.02)$$

$$B_4 = (0.25,\ 0.51, 0.15, 0.09)$$

$$B_5 = (0.18,\ 0.52, 0.20, 0.10)$$

$$B_6 = (0.18,\ 0.47, 0.24, 0.11)$$

3. 双层次模糊综合评价

设农村失独老人参与“一对一”家庭医生签约服务的意愿对评价集{非常愿意，

比较愿意，基本愿意，不愿意｝的评价向量为 B^{*} ，则有：

$$B^{*} \quad A^{*} * R^{*} = (0.10, 0.12, 0.14, 0.21, 0.23, 0.20) \begin{bmatrix} 0.19 & 0.65 & 0.15 & 0.01 \\ 0.18 & 0.61 & 0.17 & 0.04 \\ 0.25 & 0.56 & 0.17 & 0.02 \\ 0.25 & 0.51 & 0.15 & 0.09 \\ 0.18 & 0.52 & 0.20 & 0.10 \\ 0.18 & 0.47 & 0.24 & 0.11 \end{bmatrix}$$

$$= (0.21, 0.54, 0.18, 0.07$$

根据最大隶属度原则，由于 $MAX(0.21, 0.54, 0.18, 0.07)=0.54$ ，因此，评价农村失独老人参与“一对一”家庭医生签约服务的意愿为“比较愿意”。

若进行评分，可计算出农村失独老人参与“一对一”家庭医生签约服务意愿的综合评分为：

$$S = B^{*} * C^{T} = 0.21\times100 + 0.54\times80 + 0.18\times60 + 0.07\times40 = 77.80$$

四、研究结果

本研究从农村失独老人最关注的医疗问题入手，将我国正在推行的家庭医生签约服务制度与农村失独老人长期慢性病就医的实际困难相结合，提出“一对一”家庭医生签约服务模式的四种方案，并针对这一模式对陕西省三地失独老人进行了实际调查与分析。结果表明，大部分农村失独老人在经济条件有限的情况下，比较愿意接受和参与“一对一”家庭医生签约服务模式。因此，希望此模式能够得到各级政府的肯定和支持，以及基层部门的大力配合，逐步实施，以帮助解决农村失独老人长期慢性病就医难问题，并希望此模式对推进我国家庭医生签约服务制度具体化能够提供一定的实践经验。

综合上述，西部农村失独老人与其他农村地区的老人一样，有参与家庭医生签约服务的意愿，鉴于失独老人的特殊身份，本研究认为使用“一对一”模式比较合适。因此，在西部农村失独老人互助养老模式构建过程中，要重点考虑家庭医生签约服务，并根据具体的模式，灵活借鉴和运用好家庭医生签约服务，更好地为这一群体服务。

第八章

西部农村失独老人互助养老的模式构建

本研究团队通过一年多的调研，基本掌握了西部重点省份农村失独老人的生活现状、经济收入和医疗状况，并通过访谈、分析、总结、归纳等方式对目前此类老人养老的主要问题进行了总结。在研究对比中确定，西部农村失独老人能够以互助养老模式养老。本章以自我效能理论、福利多元主义理论、需要层次理论、社会治理理论为理论基础，以目前全国已经建成的互助院、幸福院等模式为借鉴，在此基础上，探索研究适合西部农村失独老人互助养老的模式，以此缓解老人的心理压力，打开心结，重建西部农村失独老人的自我价值，实现自我价值重构与互助养老并重，在互助养老模式构建中重构价值观念，在价值观念的重构中探索具体的互助养老模式。希望本研究能促进我国农村互助养老服务的发展，为关爱农村老人和乡村振兴提供一定的指导，进一步丰富我国农村互助养老的理论内容。同时，在第五章、第七章中我们调查和分析了西部农村失独老人医疗现状和参与家庭医生签约服务的意愿。本章将家庭医生签约服务制度与农村互助养老相融合，能使互助养老的理论研究更深入、全面，也有助于家庭医生签约服务制度在农村有新的发展思路和理念，促使农村医疗体系与养老体系融合化、一体化发展。

互助养老是世界普遍认可的一种养老方式，2018年起，政府大力倡导。本研究通过对特殊地区（西部）、特殊人群（失独老人）进行调查和分析，对这些年轻时为西部发展做出重要贡献的失独老人具有现实的帮扶意义。探索发展适合的互助养老模式，能够使农村互助养老的理念得到具体的发展与落实，为多元化互助养老模式的发展积累实践经验、开阔思路，为农村其他老人群体的互助养老提供一定的理论支撑，有助于创新农村养老的模式与机制，不断深化和完善我国养老制度。

第一节　西部农村失独老人互助养老模式构建的理论基础

探索和构建适合农村失独老人互助养老的路径，需要一定的理论基础。本研究根据西部农村失独老人的养老现状，结合理论，为西部农村失独老人互助养老提供理论基础。

第一，根据马克思主义理论之辩证唯物主义观点，世界的本源是物质的。因此，正视客观世界存在的一切是我们认识世界的基础。失独是客观存在的，这是无法更改的现实，人们如何去看待失独，就是观念问题了，只将失独看成是一个家庭的一件不幸的事情，依然与失独者正常往来，不戴任何有色眼镜去接触，是符合马克思主义辩证唯物论的，同时这样的做法也会使失独者心理压力减小，敏感度降低，容易与周围人来往。相反，如果早就种下了不良的观念，由此而产生言语和行为上轻视、鄙视甚至嘲笑或对失独者的侮辱，那么，这种先入为主的主观臆断就会给失独者带来巨大的伤痛。因此，运用马克思主义辩证唯物论，首先要客观、正确地看待失独这种现象。对失独者而言，这两种理论依然适用，从现实出发，实事求是地看待人生，重视自身价值，在有生之年，能通过自己的努力充实生活，在实践中，取得成果或成就，这正是对世俗歪曲观念的验证与反驳。

运用马克思主义唯物辩证法理论，一切从实际出发，坚持一分为二的观点分析现象或问题。失独是老人群体中的一种现象，是一件值得国家、社会在人口发展方面关注的事情。对失独者来说是一件悲伤的事情，但若能重整旗鼓，又会遇到人生的新境界。

第二，根据马斯洛需要层次理论，人的需要分为五个层次，由低到高的顺序依次为：生理需要、安全需要、社交需要、尊重需要和自我实现需要。“越是高级的需要，对于维持生存的需求就越不迫切。高级需要不大善于支配、组织以及调动机体的自主反应和其他能力（例如，人们对于安全的需要比对于尊重的需要更偏执、更迫切）……”[①]这也就是说，对于一般人来讲，是否能按照自己的意愿实现自我价值，是一个长期的过程，但在平常的生活中，生理需要、安全需要、社交需要的需求强烈程度是比较高的。如果生活在相对比较贫困或者物质条件有限的环境里，人们对于安全需要和社交需要的渴望比其他三种需要更强烈。西部农村失独老人对于生理需要、安全需要、社交需要、尊重需要和自我实现需要这五个方面都渴望获取。但是，从老人的内心来讲，比起其他几个层次的需要，他们对安全需要的渴望最大，身体是否健康其实是老人最重要的关注点，只是迫于农村目前的医疗条件和自己特殊的“身份”，老人无法达到自己需要的健康程度。[②]调查发现，超过 90% 的被调查者都提出过这个问题。其次，对社交需要也很强烈。在农村的环境下，其实老人生活的圈子很小，大部分常年以村为主要活动范围，每天见到的都是共同居住了几十年的老邻居、老乡亲，越是这样，在突然的失独状态下，他们与邻里、好友之间就越有距离感，就越觉得和别人不一样，久而久之，

① 亚伯拉罕·马斯洛：《动机与人格》，许金声等译，中国人民大学出版社，2012，第 74 页。
② 同上书，第 74-77 页。

疏远的关系难以形成较好的往来。然而，对失独者来说，他们是需要这样的熟人来往的，长期的孤独更会加重心理压力和负担。调查中就发现，有少部分失独老人处于长年不出家门的状态，也不敢出家门，他们认为即便出了家门，和别人也没有话说。这说明长期的自我封闭生活，让老人的社交需求减弱；同时也发现，这些老人会出现急躁、执拗和病情加重的现象。因此，根据社交需要理论，在互助养老路径形成的过程中，应充分考虑西部农村失独老人的社交需要，使老人的社交能力再次展现，社交效果显著提高。

第三，从社会心理学角度来讲，当人或其他动物经历无法控制的有害事件时，就会习得一种被动和无助感。[①]这是一种本能性的表现，需要用自我控制的方式来走出悲痛或无助，通俗地讲，就是经常为自己鼓励、打气，如经常对自己说“我能，我认为我能”“我能做好”“我能做得更好”等言语来开导和鼓励自己。在此基础上，需要通过完成事件的成功体验，来增强自信心和获得感。农村失独老人需要有强大的内心和对自我能力、价值的充分肯定，敢于跟自己说“我能”，有利于他们走出阴霾，开始新的生活。同时，在成功完成事件的过程中增强自我效能。自我效能理论的意义是，“对自己能力与效率的乐观信念可以获得很大的回报。自我效能感较高的儿童和成年人更有韧性，较少焦虑和抑郁。他们还生活得更健康……在日常生活中，自我效能指引我们制定有挑战性的目标，并在面对困难的时候具有较强的韧性……”[②]农村失独老人在无助与痛苦中生活，与自我效能理论使用有相类似的生活背景，如果能充分调动老人的情绪和行为能力，撇开失独的悲痛，让老人认真、成功地完成一件或者几件事情，在这个过程中，能力与效率、乐观与自信就会全然体现，老人的观念也会发生改变，如果能长久坚持，正能量、积极的心态会战胜悲痛和消极。因此，互助是一种很好的让老人去体验成功的方式，如果能够通过互助的方式让他们再次发挥自我效能，并且获得一定的成就感或社会回报，那么他们的心理问题也会随之淡化甚至消除，而这个过程中老人所获得的快乐与成就，能让他们再次燃起生活的希望。所以，可将自我效能的发挥与具体的养老路径相结合，让老人在相互的帮扶中，领悟自我、开导自我，实现自我价值。

---

① 戴维·迈尔斯：《社会心理学》，张智勇、乐国安、侯玉波等译，人民邮电出版社，2016，第42页。

② 同上书，第41页。

第四，福利多元主义理论。福利多元主义是指社会福利可以由公共部门、营利组织、非营利组织、家庭和社区共同负担，政府的角色转变为福利服务的规范者、福利服务的购买者、物品管理的仲裁者以及促进其他部门从事服务供给的角色，其中两个最主要的方面是参与和分权。此理论源自1978年英国沃尔芬德的《沃尔芬德的志愿组织的未来报告》。其核心观点是社会福利可以由公共部门、营利组织、非营利组织、家庭和社区共同负担，政府角色转变为福利服务的规范者、福利服务的购买者、物品管理的仲裁者以及促进其他部门从事服务供给的角色，而不是再由政府一手负责完成福利服务。这一理论在近年的养老研究中很受关注，说明该理论对于养老服务有很大的启示和帮助，特别是多元化的社会福利服务组织的形成、壮大和发展，使得他们在养老服务中的地位越来越重要，如社区、社会组织、村委等作为多元化的社会福利服务主角，在不同区域承担着不同的责任。又如，这些组织的参与，使得政府的角色转变较大，有些地区的政府组织变成了支持者，而非执行者或者决策者。政府购买养老服务交于社会组织，由社会组织自行按照需求运营养老机构，有些社会组织是非营利性的，有些社会组织有盈利的目的，但不论如何，通过这些形式，能实现不同地区的养老需求。再如，需要养老的家庭、成员或志愿者（义工）也会参与到相应养老机构的组织中，老人会成为养老机构的"半个主人"，自我管理、相互帮助，给自己和他人都带来了福利，志愿者（义工）为老人服务的同时也会给自己积累将来养老的财富，为更多的年轻人作出榜样。因此，福利多元主义比较适合当今多元养老的理论，在西部农村失独老人互助养老的过程中，同样需要老人、志愿者、社会组织和政府等多部门、多组织的联合与协调，理解好、运用好此理论是非常必要的。

第五，从自我价值理论来讲，人是自由的，人可以对自己进行不同的定义，在定义自己的过程中，就是人与外界世界发生相互关联的过程。所以，人的价值"存在于人（主体）与客体（事物）的关系之中，是主体与客体之间的需要与满足的关系。根据这种看法，价值既不取决于主体，也不取决于客体，而是存在于客体的属性或功能之中"[①]。同时，人和其他动物有区别，人有意识和自我意识，能意识到什么是自己需要的，什么是不需要的，并且能将自己的需要转变成对所指对象的欲望。于是，为了满足自己的欲望，人能自觉承担责任，并在实现欲望

① 江畅：《幸福与和谐》，人民出版社，2005，第70页。

的过程中实现自我价值。可见，价值的实现要有三个必备条件。一是外在事物的实用价值；二是人的欲望与这种实用价值相结合；三是通过人的努力，最终外在事物的实用价值满足了人的欲望。这种价值论越来越多地得到了哲学、社会学和心理学的认可。因此，在西部农村失独老人互助养老模式的构建过程中，也应该充分考虑到老人的这种价值理论，在积极正确的引导下，首先使老人有某种或某些欲望，互助方式相当于有了认识和了解外部事物（人）的平台。通过此平台，重点注意与自己欲望有联系的外在事物（人），互助的过程就是了解外在事物（人）实用价值的过程，再利用外部事物或服务他人的过程满足自己的欲望，自身价值也就实现了。同时，通过互助劳动、相互照料、相互安慰的方式将对自我责任与价值的认知介绍给其他失独老人，逐渐改变老人们的传统观念，在共同的生活中重新认识自我，重新定义自我。这样既可减轻农村失独老人的思想负担，又可使老人愿意打开心门，增加自身的责任感，愿意与他人交往，愿意在帮助他人的过程中实现自我价值。因此，在互助养老路径形成的过程中能使农村失独老人解放思想，换位思考，重新定位自我和自我的价值。

第六，需要社会治理理论做支撑。社会治理指政府、社会组织、企事业单位、社区以及个人等多种主体通过平等的合作和沟通等方式，依法对社会事务、社会组织和社会生活进行规范，最终实现公共利益最大化。我国的社会治理是在执政党的领导下，由政府组织主导，吸纳社会组织等多方面治理主体参与的治理活动，是以实现和维护广大群众权利为核心。因此，多元化治理主体作用重大。然而，我国实现社会治理的前提是社会不断走向成熟，政府、社会和个人之间有较强的相互信赖、相互合作；政府能进行不断的自我调整和定位，使公共管理权利在不同的社会组织之间进行重组与配置，形成以政府为主导，各类经济、社会组织和个人协同参与社会公共事务管理的局面。社会治理理论能够带来协调的利益博弈和资源整合，使得治理主体之间最终达成共识，合理配置社会资源，使社会效益最大化。农村失独老人养老就是社会公共事务之一，互助养老机构的形成，需要依靠政府、社会团体、各类经济组织和热心志愿者的参与和帮助，在达成共识的基础上，合理、优化地配置各种资源，形成合力，办好互助养老。

第二节　三种互助养老模式构建研究

一、三种互助养老模式构建

针对西部农村老人的养老现状，结合目前国内外互助养老的经验，并依据农村失独老人的特殊性及相应的六个理论基础，尝试从以下三个方面探索西部农村失独老人互助养老的具体路径。

第一，西南山区自发互助型养老模式的路径探索。自发互助型养老是国内外互助养老研究和实践的基本形式，这种互助形式一般在互助养老区域人数较少、物质条件充裕的情况下展开。经调查发现，西南山区失独老人总体人数较多，但居住比较分散，具体到各个区域，人数并不多，适合自发互助型养老。农家出产物虽多，但交通不便，难以转化为经济收入；距离所在地的乡镇卫生所较远，医疗条件也有限；老人的思想观念比较淳朴，恋家情结较重，这些特点都适合自发互助型养老的开展。此模式范例有河北肥乡的互助幸福模式，领导、组织的外围工作均由村委会完成，发挥村委会的主要组织作用，乡（镇）政府和民政局起到政策支持和监督作用。互助组内的成员是主体，主要是由他们自愿形成互助小组，把最小的组织结构建立起来，然后组内成员经过历练、考察等方式，选出能够胜任组长的人选，作为本小组各种活动的策划和领导者。组长的责任比较重大。一是要与组内成员有良好的沟通与协调，在人尽其能的情况下，得到本组成员丰富的物质支持，以维系本组的日常生活。若遇到冬天或其他情况，组长应及时与村委会联系，在各部门的协助下，解决生活问题。二是合理安排好组内成员的分工，使互助的成员都能感觉到自己是有用之人，要鼓励和激励组员树立新目标，实现新价值。三是要做好组员的健康记录，能将这项工作落实到每个成员，形成周记录、月记录和年记录，等家庭医生或村卫生所医生巡诊时能给出详细的记录，为医生的诊断提供依据。在相互照料方面，坚持年龄小的失独老人帮助照顾年龄大的失独老人的原则。原因是就目前调查得知，大部分失独老人的心理负担还是很重，他们与外界的联系并不是很频繁，可见思想包袱还是有的，所以对于志愿者工作要有效地控制频率及范围。志愿者一般是外来人员，偶尔一两次帮助失独老人还行，次数多了，会让失独老人觉得更累、

更难受，这也是与其他群体老人互助养老的不同之处。这样就形成如下图所示的自发互助型养老模式。（见图 8–2–1）

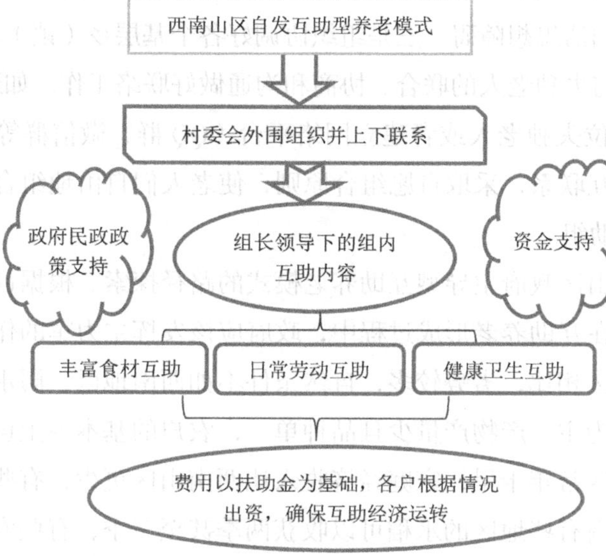

图 8–2–1　西南山区自发互助型养老模式

具体互助过程如下：将分散居住的失独老人集中到某一两户条件较好的家中，以 3~5 户为一个互助组，视情况而定，可利用村镇闲置土地或迁移失独老人的土地，作为共同劳动的平台，山区较为丰富的农产品基本能满足生活需要；同时实行自我管理，相互照料饮食起居，自发组织平时的娱乐活动，在劳动和相互照料中重建自我价值，获得新生。长时间的互助生活中，很多老人可能就会敞开心扉，将自己的痛苦与不幸，倾诉给其他老人，释放精神压力；在共同的劳动过程中，相互帮助、相互开导，获得物质和精神上的双收获。在医疗互助方面，建议大力开展和实施家庭医生签约服务制度，由于这部分老人人数少且居住分散，建议实施村镇医生“一对多”电话巡诊模式，一个互助组可安排一名乡镇医生负责，对组内所有老人通过电话问诊的方式实现平时的医疗管理与服务[①]；若组内老人出现重大疾病，组员可协助联系基层政府和医院，帮助就诊、护理等。

① 郭会宁:《农村失独老人参与“一对一”家庭医生签约服务的意愿分析——基于陕西清涧县、长安区、南郑县三地的调查》，《中国卫生事业管理》2020 年第 1 期，第 51–54 页。

此外，乡（镇）政府、村委会需做好前期三方面的工作。一是了解失独老人现有的居住情况。对他们居住的分散程度、交通状况和拥有的土地数量等进行全面梳理，为互助的实现做好客观条件的准备。二是了解失独老人的精神状态和情绪，为实现互助扫清思想障碍。三是组织协调好各个基层乡（镇）政府、村委会，为乡（镇）政府与失独老人的联合、协商和沟通做好联络工作。如通过统一打印、发放电话本给每位失独老人或者建立网络平台（QQ 群、微信群等）等方式使区域内失独老人相互联系，采取自愿组合原则，使老人们自由地组合在一户或少数几户家里形成互助组。

第二，西北山区政府主导型互助养老模式的路径探索。根据社会治理理论和自我价值理论，在互助养老形成过程中，政府应该发挥主力军的作用。西北地区的山区与西南地区相比，劣势较多，自然条件不如西南地区，雨水较少，耕地以黄土地和沙土地为主，产物产量少且品种单一，农户的基本卫生设施也比较少。如由于大部分地区常年干旱，家庭经济收入比西南山区更少，有些地区一年只有一次收成，而西南有些地区的水稻可以收获两季甚至三季，有些农户还在水稻收获季之间插种其他农作物，收入相对比较可观，西北山区很难实现这样的收成。西北的公共交通资源也有限，有时出门办事要走上好几天。因此，农户一般有事，要几件事能一起办时才出趟门，没事基本不出门，这与西南山区还是有区别。西南山区虽然道路崎岖，弯道多，但由于经济条件相对较好，公共交通发展比较快，因此，比西北山区要强一些。西北山区的医疗卫生条件有限，村里、乡镇的卫生所或医院，全科医生的数量不足，有些地区就直接聘请以前的赤脚医生来工作，医疗水平有限，同时医疗器械严重缺乏，很多基本的检查都做不了，很多诊断依然是凭借经验。但西北山区的失独户数比西南地区少，区域性的自发互助条件不充分。因此，应该探索发展政府主导型互助养老路径。政府主导型互助养老在第六章的互助养老实践中已经介绍，如果只是参照某种模式，可能会出现偏差，因此，研究糅合了国内目前几种政府主导型互助养老的优势或特点，结合西北山区农村失独老人的现状，探索因地制宜的互助路径，由政府相关部门牵头组织。失独老人们对现在的生活虽然有很多不满，但也无可奈何，因此，需要给老人们找个主心骨。多年来，各级政府在中国共产党的领导下，为当地群众办好事、办实事，老百姓有目共睹。所以，由政府主导的互助养老成为了西北山区农村互助养老的主要模式。在这样的背景下，我们探索了如何组建政府主导型互助路径。

整体设计如下：以乡（镇）基层政府为单位，由几个乡（镇）政府联合为地区内失独老人建立专门的互助院（最佳），或者联系当地已有的养老院，设置专门的床位给失独老人，整个养老过程由当地政府和互助院主导并完成。养老过程中，可将失独老人分为两类，一类丧失或者半丧失劳动力的失独老人，在政府政策、资金的支持下，结合自己的养老扶助金，共同负担互助院或养老院养老费用。老人们共同生活，平时相互帮助，在遇到困难时，可求助于院内工作人员，借助外力，解决困难。另一类有劳动能力的失独老人居住在互助院的同时可继续经营自己的土地或承包土地，使他们有实现自我价值的途径。另外，政府需要组织村里的党员、爱心村民或者失独老人自发成为志愿者，为这些老人提供一些日常的照料，并长期为老人组织一些娱乐活动和健康检查，鼓励老人自己参与组织与管理，在各种活动中，失独老人才会开导、充实自己。在就医方面，采取村指定固定医生定时巡诊的方式。由于西北地区地广人稀，即便建立了互助院或养老院，距离乡镇医院也较远。失独老人生活在一起，相对集中。因此，可以让医生定期为老人检查身体，监督健康状况；在老人有重大疾病时，及时与基层政府部门、县级以上医院联系和协助，解决老人的问题，所以，指定固定医生巡诊是比较合适的方式。[①]西北山区政府主导型失独老人互助养老模式详见图 8-2-2。

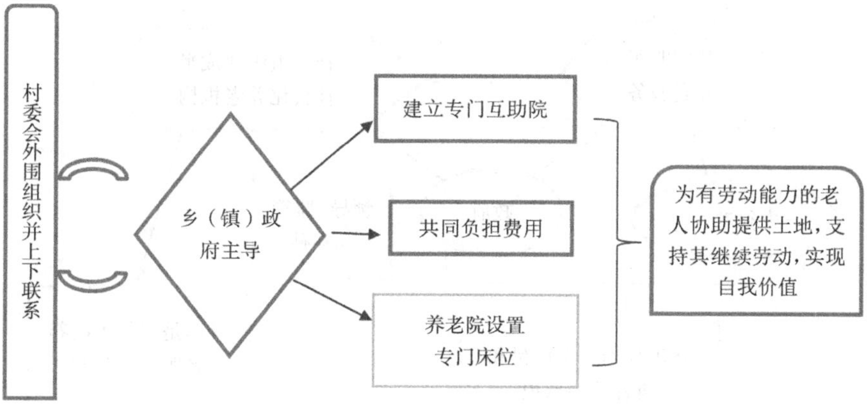

图 8-2-2　西北山区政府主导互助型养老模式

① 郭会宁：《农村失独老人参与"一对一"家庭医生签约服务的意愿分析——基于陕西清涧县、长安区、南郑县三地的调查》，《中国卫生事业管理》2020 年第 1 期，第 51-54 页。

第三，西南、西北近郊地区半市场化的互助养老模式的路径探索。不论西南、西北地区，近郊的农村相对山区农村，经济要宽裕得多。调查发现，有些失独老人的政府扶助金和村集体收益加起来，每月收入能达到3000元以上，这与其他两个山区相比，经济条件相当不错。乡镇卫生所的医疗条件有很大的改善，而且交通也较为便利。人们出行的公共交通工具可以实现村村通，每天发车频次也比较高。除此以外，还有网约车、出租车都可以到村里，所以出门比较方便，这就加快了人与人之间的联系与交流，也加快了人们养老观念的更新。调查时发现，在西安市长安区已经有社会组织建成的私立养老机构，有少部分失独老人便向我们打听这些养老机构的情况，可见，其思想转变还是比较大的。调查同时也发现，在郊区也存在这样的问题，由于人口密度大，有各种老人想住（公办）养老院，但床位十分紧张，真的是“一床难求”。针对这种情况，老人们在经济比较宽裕的情况下，考虑私立养老院的人数增多了，这就为近郊地区探索半市场化的互助养老路径提供了土壤。在这样的条件下，针对西部近郊失独老人，适合建设半市场化互助养老机构。（如图8–2–3所示）

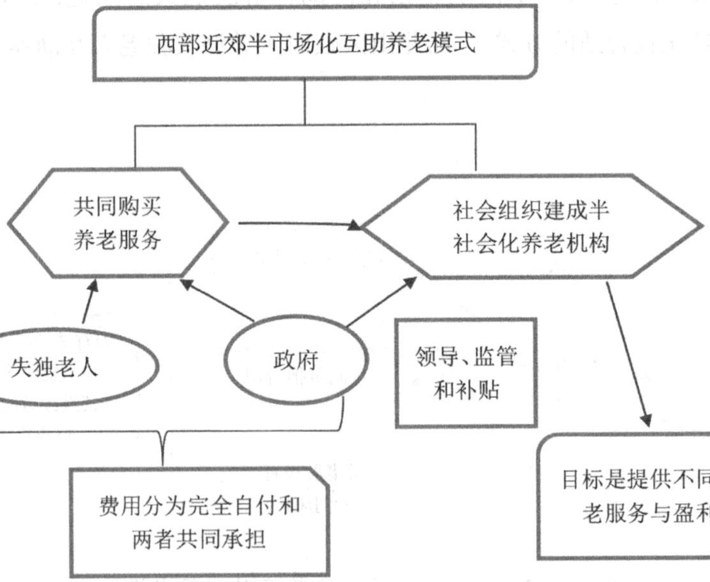

图 8–2–3　西南、西北近郊地区半市场化互助养老模式

以下是对这一模式探索的整体设计。借鉴浙江安吉县社会组织参与农村互助养老模式、吉林省延边市长寿园私立养老院托养互助服务模式及我国社会主义市

场经济建设的经验，可探索发展半市场化的互助养老路径，即引入政府的政策和市场化的专业养老机构，通过政府与失独老人共同购买服务的方式与市场化养老机构合作。政府将这一群体的养老服务统筹安排，交予社会组织，为这些社会组织提供一定的优惠政策或减免政策；同时，鼓励、引进更多有实力的社会经济团体、民间组织或者个人参与失独老人的互助养老，按照社会主义市场经济的运行方式，创办适合本地失独老人的互助养老机构，提供更多、更优质的养老服务。同样，在政府指引和政策支持下，社会组织在创办养老机构的过程中需注意以下几个方面，以确保互助养老的持续发展。

第一，基层政府要对创办养老机构的团体、组织进行严格的审查，确保他们的资质和创办互助养老机构的能力符合要求，达到标准。第二，让创办者与当地的失独老人有相互的了解。创办者应大量调研和了解本地失独老人的生活现状；失独老人也应该通过政府介绍、实际考察等方式了解社会组织的经济实力与创办互助养老机构的能力。在双方都有意向的基础上，允许社会组织通过自己的方式来创办互助养老机构。第三，按照社会主义市场经济的方式运行互助养老机构。主旨是兼顾失独老人的养老与养老机构的利益，达到互助老人和创收发展双重效果。第四，费用承担问题。此类养老机构要根据当地农村的生活水平，制定合理的收费标准。费用采取政府补贴与失独老人自付相结合的方式，协商出一定的支付比例，由双方共同承担；也可由失独老人自付费用，政府提供相应政策。当然，失独老人完全自付和与政府补贴共同承担所提供的服务应有差别，不可一刀切。总之，社会化养老机构要有较强的服务理念和宗旨，更要有热情、周到的服务。调查发现，经济发展较好的地区失独老人一般有一定的存款或者较为固定的经济收入，当地政府也有相应的补助，所以实施社会参与型互助养老路径具有可行性。此模式在医疗互助方面，希望把保障工作做细、做周到。因此，建议社会组织联系本地区有护理专业的高校，与村、镇卫生机构联合，将护理专业大学生经常性地以实习、实践方式安排到养老机构，为其提供日常的护理；同时，为失独老人提供以现代化通信设备为媒介的“一对一”医疗服务，指导其就医或者用药。[①]

---

① 贾成梅、徐金水、郭海健等：《江苏省乡镇卫生院卫生人力资源现状分析》，《现代预防医学》2019 年第 1 期，第 297-300 页。

二、西部农村失独老人家庭医生签约服务的伦理规范

在上述西部农村失独老人互助养老的三种模式构建中，都在医疗方面与家庭医生签约服务制度结合，提出了具体的路径，但这是一项长期的工作，为了能更好地服务老人，不论是对医护人员还是对失独老人自己，都要有一些伦理规范。

以下我们从两方面来研究应该制定的一些伦理规范。农村失独老人家庭医生签约服务模式中，医护人员起主导作用。因此，对医护人员来说，应该遵从以下几点伦理规范要求。

（一）同等对待，忠于职守

虽然农村失独老人具有社会的特殊性，但他们应该和其他村民拥有同等的医疗权利和待遇。有些失独老人的经济不够宽裕，行动多有不便，作为医护人员要能多多理解和包涵，能够长期不厌其烦地为他们提供医疗服务，能忠于职守，不要将他们与其他病患区别对待等。

（二）廉洁奉公，不图钱财

作为医护人员，要了解农村失独老人的不幸遭遇。农村失独老人，因为各种原因导致唯一的孩子先他们而去，心中的悲凉与失落，不可想象。而年轻一代能有今天的国富民强的基础，很多要归功于他们当年的付出。所以，在医护人员长期接诊过程中，要有爱心和善心，不要用金钱去衡量出诊的价值，更不要出现勒索、变相涨价或者找理由拒绝接诊等违背医生职业道德的行为。同时，对农村失独老人来讲，也要遵守一些伦理规范。

（三）真诚相待，亲如一家

由于失独老人长期的自我封闭，他们的疑虑较多，很有可能不相信医护人员的指导和劝解，固执地按自己的想法去做，如不配合医生巡诊，不吃药，不听从医生的诊断，认为医生是骗他的钱财等。如此只会耽误自己的病情，也让医护人员的努力付诸东流，并可能引起不必要的医患矛盾等。因此，农村失独老人一定要相信医生，相信他们的医术，相信医生是来拯救自己的。在这样长期的照顾与被照顾中，才会亲如一家，也有利于治疗和控制失独老人的病情，有利于医护人员稳定地从事这项工作，并吸引新的医护人员加入。

人与人的交往，其实就是心灵的沟通与交往。能够达到这种程度，彼此之间就能相互理解。因此，老人就医过程中，所提出的要求更趋近于合理化，医护人

员满足的可能性就越大，双方的关系就能更融洽。这既有利于失独老人的健康，也有利于家庭医生签约服务的深入探索与发展。

第三节　陕西农村智障失独家庭养老建议

一、对陕西农村智障失独家庭的扶助建议

根据调查，农村智障失独家庭由于其特殊性，无法与智力正常的失独老人一起参与常见的三种互助养老模式，因此，对陕西农村智障失独家庭根据实际情况提出相关的养老建议。根据智力障碍的等级及失独的具体情况，他们都有不同的养老需求，然而目前同质化的、普惠式的扶助政策对这些差异化的养老需求还很难满足，因此，出台针对智障失独家庭的养老扶助政策细则就很关键，对此本研究提出以下几点建议。

（一）加强并提高各县级政府对其的关注度和扶助力度

这一群体在基层很容易被忽视，主要是因为该群体人数较少，重视度不够，加之个别村、镇为了“面子”，容易出现“只说好的，不说坏的”现象；再经层层汇报后，各级政府认为扶助对象的生活和养老应该比较好。因此，建议各县级政府能对这类失独家庭“另眼相看”，采取“一事一议”的形式为他们重新建档立案（毕竟户数少），将他们目前养老的具体情况详尽了解。在此基础上，从县级到乡（镇）、到村安排专员负责联系，确保基层政府能随时直接了解他们的养老困难和需求，特别是把重度智障失独家庭和高龄家庭作为重点了解对象，做到有效“上传”信息；并建立“月巡访”制度，由乡（镇）、县两级政府主管领导亲自巡访，搜集到最准确、最现实的住房、医疗等情况，再根据每户的实际需求，结合相关政策，拿出能够直接解决其基本养老困难的办法和措施，实现“一对一”精准施策。

（二）提高扶助资金的利用率，充实物质生活

本调查发现，陕西省智障失独家庭的各项扶助金总额很充裕，每月拿到2000至3000元及以上人数占到调查总人数的74.5%。依据陕西农村的生活状况，这样水平的扶助金足以使其生活得很好，然而实际并不是这样。据大多数照料人反映，每月都有扶助金结余，这与国家的扶助初衷不符。在对Y市D县的10户、H市N区的5户、X市C区的17户、W市H县及D县8户和S市S县的7户调查时，

照料人都说扶助账户有结余。其中，H 市 N 区的 1 户失独 2 年，结余 4 万多元；S 市 S 县的 1 户失独 4 年，结余有 3 万多。可见，这些扶助金发放后并没有很好地利用，也就产生不了较好的效用。因此，建议提高农村智障失独家庭扶助资金的利用率。首先，依据性别、年龄和智力障碍等级，将不同家庭生活需求与现有扶助资金总额、家庭月收入相结合；接着在各级政府、村委会协调监管下，动用结余资金，为其或是修缮房屋，或是添加家具、家电，或是购置衣物被褥，并按月足量购买生活用品、食品，等等，充实这些家庭的物质生活，提高养老质量。

（三）对照料人权责进行立法管理，并制定动态照料人服务制度

在调查中也发现，重度智障失独家庭的照料人很重要，几乎家里所有的事情都需要照料人操办；非重度智障失独家庭的照料人虽然不是事事都照料，但也需要操不少心。然而，从目前调查的实际来看，这种照料方式有两个方面的缺陷，一是在照料人的确定上，制度不完善。大部分照料人是依据农村的家族亲属远近关系确定，一般近亲属是出于宗族和道义两方面的义务而履行照料；但是近亲属也有自己的家庭，也要劳动、打工和照顾家，如果花大量时间照料，对他们有一定的经济损失。二是照料人的权责很不明确。政府对照料人有一定依赖，即便在政府工作人员明知有“猫腻”的情况下，还是让他们继续照料，主要是目前没有相关法律作为依据，如果来“硬的”，照料人可能会撒手不管，再找更合适的人选就难了，这种两难的境况，在重度智障失独家庭表现尤为突出。所以，一方面，建议政府能够考虑到照料人的实际情况，将照料义务与照料报酬相结合，建立有偿照料制度，尽可能减轻照料人的经济压力，提高照料人的积极性。另一方面，尽快从立法的角度对照料人的权责明晰，并制定动态照料人服务制度。只有根据年龄、性别和智力障碍等级等，从法律角度明确了每户照料人的权力和责任，才能在照料人服务不周时有根有据地进行判定，随之找出照料问题的症结，再想办法解决。如果根据判定，照料人确实没有照料能力，在无其他人可照料的情况下，政府可将照料权委托给镇或县合适的养老院，由养老院履行照料职责，政府对养老院进行监管。

（四）建议逐步设立专门床位，对农村智障失独家庭实施集中供养，并加强精神慰藉

调查同时发现，非重度智障失独家庭是有住养老院意愿的，对集中供养有一定的共识，毕竟随着年龄的增长，在干不动的时候怎么养老，确实是需要慎重考虑的事情，且非重度智障失独家庭的照料人不是事事照料，所以他们觉得去养老院还是比较稳妥。在这种情况下，乡（镇）、县级政府可以积极行动起来，在现有乡（镇）、县的养老院中为智障失独家庭老人设立专门床位，动员、鼓励这些老人尽早入住养老院，并在养老院生活中，安排专业人员或志愿者对其定期进行精神慰藉，同时，针对这一群体喜欢热闹的实际需要，多组织娱乐活动，使老人过得舒心。重度智障失独家庭受照料人的影响比较大，出现了不愿意去养老院的现象。如果从立法和制度上能够规范照料人，且照料人有能力长期照料，直至被照料人去世，那就可以让其长期照料；如果在照料过程中无法履行照料人的职责，照料不周，也可以由政府协调，让这些老人尽早入住乡（镇）、县养老院，同样设置专门床位，并定期对其进行精神慰藉，多搞娱乐活动，让他们都能过上体面幸福的晚年生活。

参考文献

[1] 张宁、吴雄、唐虹、刘碧：《中国农村养老保障的历史演进与现实考察》，西南财经大学出版社，2018 年。

[2] 黄耀明：《失独家庭社会工作干预体系构建研究》，中国社会出版社，2020 年。

[3] 徐天琪：《人口政策概论》，杭州大学出版社，1993 年。

[4] 马寅初：《新人口论》，中国人口出版社，1979 年。

[5] 杨魁孚、梁济民、张凡：《中国人口与计划生育大事要览》，中国人口出版社，2001 年。

[6] 刘春梅：《农村养老资源的供给及模式研究》，中国农业出版社，2019 年。

[7] 杨晓升：《失独：中国家庭之痛》，太白文艺出版社，2014 年。

[8] 韩生学：《中国失独家庭调查》，群众出版社，2017 年。

[9] 潘金洪：《独生子女家庭养老风险研究》，中国社会出版社，2009 年。

[10] 王广州、胡耀岭、张丽萍：《中国生育政策调整》，社会科学文献出版社，2013 年。

[11] 苏珊·纽曼：《独生子女欢乐与挑战》，贾明译，文汇出版社，2004 年。

[12] 沈长月、夏珑、石兵营、李平菊、谭琪：《失独家庭救助与社会支持网络体系研究》，华东理工大学出版社，2016 年。

[13] 蔡聚雨：《养老康复护理与管理》，第二军医大学出版社，2012 年。

[14] 周博、王维、郑文霞：《特色养老——世界养老项目建设解析》，江苏凤凰科学技术出版社，2016 年。

[15] 杭州和睿养老产业发展有限公司编著《中国式持续照料养老社区开发全流程解析：CCRC 的中国本土化实践经验》，化学工业出版社，2020 年。

[16] 张彩华：《农村互助养老——幸福院的案例与启示》，社会科学文献出版社，2020 年。

[17] 陈雪萍、郑生勇、唐浥云等：《互助养老服务理论与实践》，上海交通大学出版社，2017 年。

[18] 亚伯拉罕·马斯洛：《动机与人格》，许金声等译，中国人民大学出版社，2012 年。

[19] 戴维·迈尔斯：《社会心理学》，张智勇、乐国安、侯玉波等译，人民邮电出版社，2016 年。

[20] 江畅：《幸福与和谐》，人民出版社，2005 年。

[21] 让－保罗·萨特：《存在主义是一种人道主义》，周煦良、汤永宽译，人民邮电出版社，2016 年。

[22] 王广州、郭志刚、郭震威：《对伤残死亡独生子女母亲人数的初步测算》，《中国人口科学》2008 年第 1 期。

[23] 陈恩：《全国“失独”家庭的规模估计》，《人口与发展》2013 年第 19 卷第 6 期。

[24] 谢勇才、黄万丁、王茂福：《失独群体的社会救助制度探析——基于可持续生计视角》，《社会保障研究》2013 年第 1 期。

[25] 蒋慧、王芳：《社区失独家庭养老困境分析及解决对策》，《全科护理》2013 年第 11 卷第 25 期。

[26] 王建平、冯林玉：《失独老年人意定监护的制度设计》，《天府新论》2014 年第 2 期。

[27] 齐恩平、傅波：《完善失独老人养老路径的法律探析》，《天津商业大学学报》2013 年第 35 卷第 5 期。

[28] 袁野：《论失独者收养制度的构建》，《学理论》2013 年第 19 期。

[29] 姜国民、姜影：《重构家庭功能保障体系》，《人口与计划生育》2011 年第 9 期。

[30] 晁霞、高春凤：《城市社区失独老人面临的问题与对策研究》，《产业与科技论坛》2014 年第 13 卷第 6 期。

[31] 郭倚铭：《明天我们如何养老——失独家庭养老困境探究》，《东方企业文化》2014 年第 15 期。

[32] 杨子仪:《我国失独者养老困境及援助路径研究》,《社会工作》2014 年第 1 期。

[33] 谢勇才:《失独家庭社会保障的现实困境与破解之道》,《探索》2016 年第 4 期。

[34] 贾锋:《农村失独老人社会救助权的国家保障》,《理论探索》2014 年第 2 期。

[35] 郝君富、李心愉:《德国长期护理保险:制度设计、经济影响与启示》,《人口学刊》2014 年第 36 卷第 2 期。

[36] 沈建、张汉威:《德国社会养老保障制度及其启示》,《宏观经济管理》2008 年第 6 期。

[37] 王丽丽:《大庆市“失独”家庭问题的现状分析及对策》,《大庆社会科学》,2014 年第 4 期。

[38] 李志建:《日本老年人社区照顾调研报告》,《中国物业管理》2010 年第 10 期。

[39] 金舒:《韩国废弃小学校舍再利用对我国的启示》,《城市地理》2014 年第 20 期。

[40] 陈立、刘智勇:《失独老人专门养老院建立的必要性及其策略》,《中国老年学杂志》2018 年第 38 卷第 13 期。

[41] 韩振燕、夏林、李跃:《失独老人养老困境与应对策略》,《中国老年学杂志》2018 年第 38 卷第 9 期。

[42] 张宇颖、毕红霞:《我国城市社区互助养老模式文献综述》《合作经济与科技》,2019 年第 2 期。

[43] 戴卫东、李茜:《不同居住方式对农村失独家庭养老需求的影响——基于四川省 H 县的调查》,《人口发展》2020 年第 26 卷第 1 期。

[44] 张艳丹:《构建失独老人养老保障体系的对策建议》,《劳动保障世界》2013 年第 9 期。

[45] 宋健:《中国“失独”家庭的养老问题与对策》,《探索与争鸣》2016 年第 1 期。

[46] 管鹏、张云英:《农村失独家庭社会保障问题研究综述——基于 2001—2015 年国内文献》,《社会福利》(理论版)2016 年第 1 期。

[47] 周学馨、孙婷:《供需协调视角下“五位一体”失独家庭养老服务政策体系

研究》，《探索》2018 年第 1 期。

[48] 孔伟艳、曾红颖、李璐等：《精准补齐基本公共服务短板——以四川省汶川县残疾人养老服务为例》，《宏观经济管理》2020 年第 7 期。

[49] 穆光宗：《论失独者养老的国家责任和公民权利》，《东岳论丛》2016 年第 37 卷第 8 期。

[50] 何茜：《国外互助养老模式对我国农村地区养老的借鉴与启示》，《农业经济》2018 年第 6 期。

[51] 陈浩天、李玲睿：《近十年来中国农村养老服务的研究趋向与价值前瞻——基于 Cite Space 知识图谱的可视化分析》，《西北人口》2021 年第 42 卷第 5 期。

[52] 景军、赵芮：《互助养老：来自“爱心时间银行”的启示》，《思想战线》2015 年第 41 卷第 4 期。

[53] 李亚雄、安连朋：《脱嵌与嵌入：农村留守老人养老从家庭养老到互助养老的嬗变——以陕西省凤翔县 Z 村为个案》，《理论月刊》2021 年第 9 期。

[54] 郭剑平、王彩玲：《共生理论视角下农村互助养老服务供给困境及优化策略——以 H 村老年关爱之家为例》，《湖北农业科学》2021 年第 60 卷第 19 期。

[55] 李永萍：《中国农村养老的制度优势与实践定位兼论互助养老的路径》，《贵州社会科学》2021 年第 8 期。

[56] 南振奇：《农村互助型养老发展困境及对策研究》，《生产力研究》2020 年第 11 期。

[57] 张继元:《互助养老的福利自生产机制——互惠的连锁效应与结构效应》,《山东社会科学》2021 年第 10 期。

[58] 徐俊、刘丽杭：《老龄群体参与互助养老服务的观念溯源与建构路径选择》，《新疆社会科学》2021 年第 5 期。

[59] 戴建兵、高焰：《我国农村互助养老的研究进展和趋势——基于 Citespace 的可视化计量分析》，《社会保障研究》2022 年第 6 期。

[60] 聂建亮、孙志红、吴玉锋：《社会网络与农村互助养老实现——基于农村老

人养老服务提供意愿视角的实证分析》，《社会保障研究》2021 年第 4 期。

[61] 赵仲杰、姚景、苏陆婷：《增权理论视角下农村失独家庭的社会支持研究》，《安徽农业科学》2019 年第 47 卷第 8 期。

[62] 郭学清、张艳春、秦江梅等 ：《北京市农村地区家庭医生签约服务发展现状与对策研究——基于北京市平谷区 2015—2019 年常规监测数据分析》，《中国初级卫生保健》2021 年第 35 卷第 6 期。

[63] 温兴祥：《相对剥夺对农村中老年人健康状况的影响——基于中国健康与养老追踪调查数据的分析》，《中国农村观察》2018 年第 6 期。

[64] 马天娇、李晶华、张莉等：《家庭医生签约服务模式下长春市某城区社区医务人员的工作满意度及影响因素调查》，《医学与社会》2019 年第 32 卷第 2 期。

[65] 伍凯、谢超：《模糊层次分析法下的常德首能项目绿色施工管理综合评价》，《建筑技术开发》2018 年第 45 卷第 20 期。

[66] 赵华杰：《基于模糊层次分析法的安全管理评价模型研究》，《内蒙古煤炭经济》2017 年第 24 期。

[67] 黄盛泉、秦伟：《失独者养老问题及解决途径探析》，《长春工业大学学报》（社会科学版）2014 年第 26 卷第 4 期。

[68] 谢勇才、丁建定：《失独父母的社会保障诉求及其实现路径——基于失独父母四份诉求书的分析》，《国家行政学院学报》2015 年第 6 期。

[69] 侯秀丽、王保庆：《我国失独现状的分析与思考》，《湖南师范大学社会科学学报》2014 年第 43 卷第 2 期。

[70] 孙炜红：《失独家庭养老困境研究》，《四川理工学院学报》（社会科学版）2014 年第 29 卷第 4 期。

[71] 陈协平、丁芳：《失独老人社会保障体制探究》，《湖北警官学院学报》2013 年第 26 卷第 6 期。

[72] 穆光宗：《中国传统养老方式的变革和展望》，《中国人民大学学报》2000 年第 5 期。

[73] 王洋：《全面部署计生特殊困难家庭社会关怀工作》，《中国人口报》2014 年 1 月 30 日。

[74] 杨春：《失独家庭养老可参照“三无”老人保障办法》，《南方日报》2012 年 9 月 21 日。

[75] 方芳：《国际化视野下养老保障制度比较研究》，《南京人口管理干部学院学报》2010 年第 26 卷第 4 期。

[76] 王洛：《英国老人的社区照顾》，《中国老年报》2005 年 11 月 22 日。

[77] 吴建华、潇光伟、黄海：《近代以来日本家庭结构与功能的变迁》，《西南师范大学学报》（人文社会科学版）2000 年第 5 期。

[78] 罗晓媛、刘君：《农村失独老人养老状况的调查研究——基于黑龙江省一个贫困县》，《黑河学院学报》2018 年第 9 卷第 2 期。

[79] 赵洁：《国外互助养老发展模式及借鉴》，《中国人口报》2019 年 5 月 10 日。

[80] 刘妮娜:《农村互助型社会养老: 中国特色与发展路径》,《华南农业大学学报》（社会科学版）2019 年第 18 卷第 1 期。

[81] 于长永：《农村老年人的互助养老意愿及其实现方式研究》，《华中科技大学学报》（社会科学版）2019 年第 33 卷第 2 期。

[82] 张云英、张紫薇：《农村互助养老模式的历史嬗变与现实审思》，《湘潭大学学报》（社会科学版）2017 年第 41 卷第 4 期。

[83] 马广博、倪培凡、张泽：《社区互助养老设施的效率测度与优质均衡路径研究——基于三阶段 DEA 模型的实证分析》，《河南科技大学学报》（社会科学版）2021 年第 39 卷第 5 期。

[84] 杨康、李放：《自主治理：农村互助养老发展的模式选择》，《华南农业大学学报》（社会科学版）2021 年第 20 卷第 6 期。

[85] 黄岚：《互帮互助　推广“时间银行”养老模式》，《四川政协报》2021 年 10 月 14 日。

[86] 谢美葵:《提升农村互助养老服务水平》,《中国社会报》2021 年 10 月 12 日。

[87] 邱梦娇：《乡村振兴背景下农村空巢老人互助养老的困境与出路》，《北京农业职业学院学报》2021 年第 35 卷第 5 期。

[88] 郑沃林：《身份认同对农民互助养老意愿的影响及其异质性分析》，《华中科技大学学报》（社会科学版）2021 年第 35 卷第 5 期。

[89] 杜智民、曹静玺：《三孩生育政策下农村老年人互助养老参与意愿的实证分析》，《长安大学学报》（社会科学版）2021 年第 23 卷第 4 期。

[90] 贺雪峰：《农村发展互助养老有优势》，《中国妇女报》2020 年 12 月 11 日。

[91] 郑军、郭晓晴:《农村互助养老社会基础的新制度主义探索: 中日比较及启示》,《山西农业大学学报》（社会科学版）2021 年第 20 卷第 6 期。

[92] 孙文中：《“时间银行”农村互助养老服务的赋权机制》，《集美大学学报》（哲学社会科学版）2022 年第 25 卷第 1 期。

[93] 范琳琳：《我国失独群体互助养老问题研究》，硕士学位论文，武汉大学，2017 年。

[94] 王峰：《我国失独者权益保障制度供给研究》，博士学位论文，对外经济贸易大学，2017 年。

[95] 杨阳：《失独群体抗逆力的社会工作干预研究——基于南京市鼓楼区 M 街道的调查》，硕士学位论文，重庆大学，2017 年。

[96] 胡志瑞：《失独者权利保护研究》，硕士学位论文，云南财政大学，2015 年。

[97] 袁珍:《城市失独家庭养老保障研究》,硕士学士论文,安徽财政大学,2014 年。

[98] 张莹莹：《城市失独群体养老保障研究》，硕士学位论文，山东师范大学，2016 年。

[99] 程星:《失独家庭国家补偿标准研究》,硕士学位论文,华中师范大学,2018 年。

[100] 巩晓雯：《失独家庭国家补偿制度研究》，硕士学位论文，华中师范大学，2015 年。

[101] 李光旭：《完善上海社区养老保障体系研究》，硕士学位论文，上海工程技术大学，2010 年。

[102] 孙晓芹：《上海城市老年人养老生活满意度及其影响因素研究》，硕士学位论文，上海工程技术大学，2011 年。

[103] 武琼：《英国养老金制度变迁中政府责任定位研究》，博士学位论文，河北大学，2011 年。

[104] 宋葳：《评瑞典养老金制度改革及效果》，硕士学位论文，河北大学，2009 年。

[105] 姜雪:《互助养老概念下农村资源整合建筑计划研究——以辽南地区为例》，硕士学位论文，大连理工大学，2020 年。

[106] 唐喆：《成都市农村失独老人养老问题研究》，硕士学位论文，四川省社会科学院，2015 年。

[107] 李贞怡：《我国失独老人养老问题研究》，硕士学位论文，河南大学，2014 年。

[108] 陈玉梅：《无过失先天智力障碍社会保障权利兑现研究》，硕士学位论文，华东师范大学，2014 年。